P. Thies (Hrsg.)

**Advanced Web Technology –
Effektive Bereitstellung von Information
im World Wide Web**

Eine synoptische Darstellung zum Stand
ausgewählter Techniken.

Schriftenreihe
Information Systems & Services

Herausgegeben von:

Prof. Dr. Peter Lehmann, Prof. Dr. Udo Mildenberger, Prof. Holger Nohr, Prof. Dr. Christian Rathke, Prof. Dr. Alexander Roos, Prof. Dr. Bettina Schwarzer, Prof. Dr. Peter Thies

Competence Center Information Systems & Services (CC:ISS)
Hochschule der Medien Stuttgart
Wolframstraße 32
70191 Stuttgart

Prof. Dr. Marion Büttgen
Lehrstuhl für Unternehmensführung
Universität Hohenheim (510E)
Schloss Osthof/Ost
70593 Stuttgart

Peter Thies (Hrsg.)

Advanced Web Technology – Effektive Bereitstellung von Information im World Wide Web

Eine synoptische Darstellung zum Stand ausgewählter Techniken.

Bibliografische Information der Deutschen Nationalbibliothek

Die Deutsche Nationalbibliothek verzeichnet diese Publikation in der
Deutschen Nationalbibliografie; detaillierte bibliografische Daten sind
im Internet über http://dnb.d-nb.de abrufbar.

ISBN 978-3-8325-2432-6

Logos Verlag Berlin GmbH
Comeniushof, Gubener Str. 47,
10243 Berlin
Tel.: +49 (0)30 42 85 10 90
Fax: +49 (0)30 42 85 10 92
INTERNET: http://www.logos-verlag.de

Vorwort der Herausgeber

Die Schriftenreihe *Information Systems & Services* präsentiert ausgewählte Ergebnisse der Forschung des gleichnamigen Competence Centers an der Hochschule der Medien in Stuttgart. Das Competence Center vereint Forschungsschwerpunkte, die sich mit aktuellen Fragestellungen aus den Bereichen Business Intelligence & Knowledge Management, Kooperationstechnologie & Semantic Web, Dienstleistungsmanagement sowie Service-orientierte Architektur beschäftigen.

Die interdisziplinäre Gruppe setzt sich aus Forschenden der Studiengänge Wirtschaftsinformatik, E-Services und Information Systems & Services zusammen. So findet eine fruchtbare Verbindung informationstechnischer, betriebswirtschaftlicher, dienstleistungsorientierter sowie medienwirtschaftlicher Themen statt.

Der vorliegende Band entstand im Rahmen einer Studienreihe zu technologischen Potentialen des World Wide Web, wie sie sich heute zuweilen unter dem Sammelbegriff *Web 2.0* darstellen. Hierbei wurde ein besonderer Fokus auf Mechanismen gelegt, die die Informationslogistik des einzelnen Benutzers unterstützen. Hierzu zählen etwa Methoden wie das Tagging von Informationsobjekten ebenso wie das automatisierte Aussprechen von Empfehlungen durch Informationssysteme.

Die zeit- und bedarfsgerechte Bereitstellung von Information ist unter den heute vorherrschenden Rahmenbedindungen des World Wide Web von besonderer Bedeutung. Vor der Geburt des Web war es oft problematisch, zu einer komplexen Fragestellung zeitnah eine ausreichende Menge an Informationen zu gewinnen. Heute steht eher die Bewältigung unmittelbar zugreifbarer, jedoch oft unüberschaubarer Informationsmengen im Vordergrund. Nicht nur die Trennung in brauchbare und unbrauchbare Inhalte sondern darüber hinaus die weitergehende Bewertung ihrer Relevanz für eine bestimmte Fragestellung sind in zunehmendem Maße erfolgsentscheidend.

Die als Web 2.0 bezeichnete Teilmenge des World Wide Web ist sehr stark von einer partizipativen Rolle der Nutzer als Mitgestalter und Informationslieferanten geprägt. Ihre bisherige Rolle als reine Konsumenten relativiert sich vor dem Hintergrund von Systemen für z.B. Online-Auktionen wie Ebay oder Online-Enzyklopädien wie Wikipedia. Der Nutzer wird auf diese Weise zumindest temporär auch zum Produzenten, was auch tiefgreifende ökonomische Veränderungen nach sich zieht. Der Benutzer selbst schafft durch seine Interaktion mit dem World Wide Web Information und Metainformation, die wiederum genutzt werden kann, um seine Informationsversorgung und die anderer Benutzer weiter zu optimieren.

Der vorliegende Band stellt eine Auswahl von Themen vor, die im Rahmen des Web 2.0 eine besondere Rolle für die individuelle Informationslogistik spielen. In den einzelnen Kapiteln werden die Themen, damit verbundene Herausforderungen sowie Lösungsansätze detailliert beschrieben und deren Anwendungspotentiale aufgezeigt. Umfangreiche Literaturverzeichnisse am Ende eines jeden Kapitels ermöglichen dem Leser eine weitere Vertiefung und runden das Informationsangebot dieses Sammelbands ab.

Die Herausgeber wünschen dem Buch eine gute Aufnahme in Wissenschaft und Praxis. Eine Übersicht über bisher in dieser Reihe erschienene Titel findet sich am Ende dieses Buchs.

Stuttgart, Januar 2010   Die Herausgeber

Inhaltsverzeichnis

Abbildungsverzeichnis

Tabellenverzeichnis

Vorwort

Das World Wide Web ist - quantitativ gesehen - eine der größten Errungenschaften der Menschheit. Das Ausmaß dieser weltweit größten verteilten Datenbank stellt alles bislang informationstechnisch dagewesene in den Schatten. Milliarden von Menschen nutzen dieses Artefakt täglich. Ja, sogar im Weltraum ist es schon verfügbar. Der moderne Astronaut twittert heute über seine Tätigkeiten und Eindrücke.

Ob wir das World Wide Web als große Datenbank, als Dienst, als ein gigantisches Ökosystem oder aus einer der vielen weiteren Perspektiven betrachten, müssen wir dennoch eingestehen, dass es wieder einmal die noch vergleichsweise junge Wissenschaft der Informatik gewesen ist, die uns dieses längst nicht erschlossene Betätigungsfeld gegeben hat. Informatik ist heute allgegenwärtig. Ihre Verfahren und Ergebnisse tragen wesentlich zu Innovationen in anderen Disziplinen bei. So sind etwa in der Medizin früher undenkbare diagnostische Möglichkeiten durch bildgebende Verfahren wie die Tomographie verfügbar. Die Fahrzeugtechnik mit elektronischem Stabilitätsprogramm, Navigationsgerät, Einparkhilfe etc. ist heute ohne Informatik undenkbar. Die Liste ließe sich nahezu beliebig fortsetzen.

Herausgreifen möchte ich insbesondere die Wirtschaftsinformatik, also die Nutzung der Informatik für die Wirtschaft[1]. Der Nutzen der Informatik für die Wirtschaft ist derat vielfältig, dass es schwierig ist, hier eine sinnvolle Abgrenzung zu finden. Die Informatik ist ein großer „Enabler". So sind durch sie auch hier wesentliche Impulse von der Automatisierung von Unternehmensprozessen bis hin zu gänzlich neuen ökonomischen Ansätzen wie etwa E-Business gegeben worden.

Die Fülle der Beiträge der Informatik sollte jedoch nicht darüber hinwegtäuschen, dass die Systeme, die durch sie möglich geworden

---

[1] http://www.gi-ev.de/fileadmin/redaktion/Download/was-ist-informatik-lang.pdf, S. 20, zugegriffen am 01.02.2010

sind, auch mit großen Herausforderungen einher gehen. Der Mensch ist heute von diesen Systemen abhängig geworden. Wir müssen nicht gleich über die Folgen eines Computerausfalls in einem Airbus-Passagierflugzeug spekulieren, um einzusehen, dass unser Leben inzwischen mittelbar, teils sogar unmittelbar von Verfahren und Ergebnissen der Informatik abhängt.

Auch in der Wirtschaftinformatik geht es um immense Werte. Zwar stehen hier im Fehlerfall zumeist nicht schwere Personenschäden im Vordergrund, und dennoch trägt die Wirtschaftsinformatik eine hohe Verantwortung für das Wohlergehen unserer Wirtschaft, also mittelbar auch unserer Gesellschaft. Was würde geschehen, wenn z.B. bei einem großen deutschen Automobilbauer die Fertigung für einen ganzen Tag stillstehen würde? Mit welchen Folgen wäre ein international tätiges Bankhaus konfrontiert, wenn es für einen vergleichbaren Zeitraum nicht mehr am Internethandel von Wertpapieren teilnehmen könnte oder seine Kundenkontakte nicht mehr im World Wide Web betreuen könnte? Welche Zeitung würde erscheinen, welches Fernsehprogramm würde gesendet, wenn ein Systemfehler den Content für nur einen Tag unbrauchbar werden ließe? Wieviele Familien wären dadurch in ihrer wirtschaftlichen Existenz bedroht? Nun, darüber zu spekulieren, sei Anderen vorbehalten.

Wir alle sind heute davon abhängig, die richtige Information, zur richtigen Zeit, am richtigen Ort zur Verfügung zu haben. Eine effektive Informationslogistik ist zur wesentlichen Grundlage unseres Handelns geworden, und ihre Bedeutung wird weiter zunehmen. Dies hat uns dazu veranlasst, einen Sammelband zu ausgewählten Themen zusammenzustellen, die sich mit der Informationslogistik im World Wide Web befassen.

Alexander Schmid führt in das Tagging von Informationsobjekten im Allgemeinen ein. Vertiefend behandelt er das Tagging von nicht-textuellen Objekten wie etwa Audio- und Videoinhalten. Petra Amann-Prazak beschreibt die Motivation von Benutzern, Informationsobjekte zu taggen und somit einen Mehrwert auch für andere Benutzer zu schaffen. Dabei geht sie zudem auf das Verhalten von Benutzern im Zusammenhang mit Tagging ein. Hannes Meyer stellt mit seinem Beitrag zur Benutzermodellierung wesentliche Grundlagen für eine Vielzahl von Folgeanwendungen dar. Dabei geht er sowohl auf die Erhebung von Daten als auch auf unterschiedliche Repräsentationen von Benutzermodellen ein. Tobias Steimer beschreibt in seinem Kapitel die Möglichkeiten des Adaptive Navigation Support. Er erläutert die grundlegenden Eigenschaften adaptiver Navigation sowie deren Freiheitsgrade. Inna Avrutina geht in ihrem Kapitel auf Systeme ein, die dem Benutzer für ihn potentiell relevante Information empfehlen. Dabei knüpft sie an die Kapitel von Meyer und Steimer an und stellt verschiedene Verfahren vor, die insbesondere zur direkten Bewertung der inhaltlichen Relevanz von Informationsobjekten herangezogen werden können. Um einen tieferen Einblick in die Arbeitsweise heutiger Suchmaschinen zu geben, stellt Gunther Heinrich schließlich das Ranking von Suchergebnissen vor. Durch seine Ausführungen wird deutlich, dass die Relevanz von Web Sites z.B. zur so genannten Suchmaschinenoptimierung längst nicht mehr durch lokale Maßnahmen allein bestimmt werden kann.

Ich wünsche Ihnen bei der Lektüre des Buchs viel Freude und hoffe, dass wir Ihnen neue Einblicke vermitteln können.

Stuttgart, Januar 2010 Peter Thies

1 Informationslogistik im Web 2.0

Peter Thies

1.1 Einleitung

Die zeit- und bedarfsgerechte Versorgung von einzelnen Mitarbeitern oder ganzen Teams mit Information ist nicht erst seit Aufkommen des World Wide Web (nachfolgend kurz WWW oder Web) von großer Bedeutung. Seit jeher ist eine effektive Informationslogistik in nahezu allen Facetten des menschlichen Daseins von existentieller Bedeutung, etwa im privaten wie im wirtschaftlichen Kontext.

Das Vorhandensein des World Wide Web führt zu einer auf den ersten Blick schnelleren Erreichbarkeit von benötigter Information. Aktivitäten, die im Zusammenhang mit der Rückgewinnung von Information stehen, werden als *Information Retrieval* bezeichnet. Aufgrund des schieren Ausmaßes dieser längst größten Datenbank der Welt ist es jedoch problematisch, die für einen bestimmten Anwendungszusammenhang erforderliche Information in einer geeigneten Struktur aufzufinden. Suchmaschinen, wie z.B. Google Search, sollen uns helfen, die Fluten zu bändigen. Dies geschieht jedoch nicht immer mit dem nötigen Erfolg. So ist es heute kein Problem mehr, genügend Informationsquellen zu einem Thema im WWW auszumachen. Deren Selektion und Priorisierung etwa hinsichtlich Relevanz, Qualität und Aktualität jedoch ist eine große Herausforderung.

Am 20.08.2009 hat Google Search[1] für den Suchbegriff „Software Engineering" 74.400.000 Sucherfolge (so genannte Hits) gemeldet. Hierunter sollten zweifellos einige zweckdienliche Informationen zu finden sein. Doch, wer kann mehr als 74 Mio. Web Sites besuchen und recherchieren, ob dort die gewünschten Informationen verborgen sind? Sicherlich niemand, und daher ist es notwendig, über weitere Maßnahmen nachzudenken, um sowohl die Effizienz als auch

---

[1] http://www.google.de

die Effektivität von Informationsrecherchen zu optimieren. Dies ist
nicht nur für das Web sondern auch für firmeninterne Intranets,
Portale usw. von ebenso großer Bedeutung. Derartige Systeme sind
zwar längst nicht so groß wie das WWW, besitzen jedoch auch mittlerweile durchaus Seitenzahlen im oberen Hunderttausenderbereich.
Herkömmliches Information Retrieval stößt hier an seine Grenzen.
Neue Ansätze sind nötig.

1.2 Bisherige Entwicklung des World Wide Web

Die Entwicklung des World Wide Web hat sich seit seiner Erfindung
durch Tim Berners-Lee Ende der 80er Jahre am CERN[2] in Genf
in verschiedenen Schritten vollzogen. Zunächst war nur eine Bereitstellung statischer Inhalte zu erkennen, die nach und nach durch
die Anbindung an Datenbanken zu dynamischem Content überging.
Im weiteren Verlauf entstanden E-Commerce beziehungsweise E-
Business und mit ihnen der Dotcom-Boom und eine massive globale
Verbreitung des Web.

Diese Entwicklungsstufe war trotz aller Dynamik hinsichtlich der
Verbreitung des Web jedoch stets dadurch gekennzeichnet, dass es
eine klare Rollenverteilung zwischen dem jeweiligen Informationsan-
bieter und den -konsumenten gab (vgl. herkömmliche Shop-Systeme).
Erst später kam es schließlich zu einer Vermischung dieser statischen Rollenverteilung. Dies war der Zeitpunkt, als das WWW begann, sich als inter- und intraorganisationale Kooperationsplattform
durchzusetzen.

Neben den bis dahin rein technischen Fragestellung kamen im
Rahmen des E-Commerce oder allgemeiner E-Business ökonomische
und durch die Kooperationsaspekte auch organisationspsychologi-
sche und soziologische Fragestellungen hinzu. Um das auf dem Internet basierende World Wide Web hatte sich eine interdisziplinäre
Wissenschaft entwickelt.

---

[2]http://www.cern.ch/, zugegriffen am 12.08.2009, Conseil Européen pour la
Recherche Nucléaire oder auch European Council for Nuclear Research

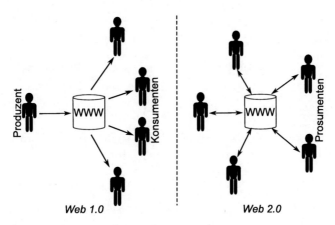

Abbildung 1.1: Unterschied zwischen Web 1.0 und Web 2.0 bzgl. der Rollenverteilung zwischen Produzent und Konsument

Die nun nicht mehr zwangsläufige Trennung der Rollen Konsument und Anbieter brachte dem WWW unter anderem die Bezeichnung des *Mitmach-Web* ein, die den interaktiven und kooperativen Charakter des heutigen World Wide Web deutlich macht. Ein bedeutender Teil der Nutzer des Web lässt sich heute in Anlehnung an Toffler (1980) als Prosumenten (engl. Prosumer) bezeichnen.

Neben dieser Entwicklung führten weitere Eigenschaften zu dem heute oftmals unter dem Begriff Web 2.0 existierenden WWW. Erstmals wurde der Begriff Web 2.0 in den Magazinen *CIO* und *InfoWorld* der International Data Group (IDG)[3] Ende 2003 bzw. 2004 sichtbar. Durch den Artikel von O'Reilly (2005) erhielt der Terminus Web 2.0, der jedoch nicht von allen Experten unkritisch gesehen wird, eine rasante Verbreitung. Die Kritiker führen zu recht an, dass die heute unter Web 2.0 subsumierten Dienste, ihre Eigenschaften und zugrunde liegende Techniken schon vor der Geburt des Begriffs Web 2.0 existierten und der interaktive Charakter des heutigen Web

---

[3]http://www.idg.de, zugegriffen am 12.08.2009

von Beginn an intendiert war. Zu den Eigenschaften des Web 2.0 gehören in Anlehnung an O'Reilly (2005) etwa

- die Konzentration auf spezialisierte Nischenangebote (Long Tail),

- einzigartige Datenpools,

- die Ausweitung der Kooperationsbeziehungen auch auf das gemeinsame Zusammentragen von Daten,

- das Sammeln von Daten aufgrund von Benutzeraktivitäten,

- das Aufweichen strikter Nutzungsrechte mit dem Ziel einer beschleunigten Evolution, die von vielen getragen wird,

- die Einführung von Perpetual Beta, um schnelle Anpassungen von Diensten zur Verfügung zu stellen,

- kooperative Ansätze, die allein durch eine Rekombination von bestehenden Diensten (Mashup) oder das Hinzufügen von wenig neuer Applikationslogik bereits einen großen Mehrwert stiften sowie

- die Ablösung von Applikationen basierend auf einzelnen Netzwerkknoten hin zu netzwerkweiten Anwendungen.

Diese Eigenschaften werden nachfolgend erläutert.

1.2.1 Long Tail

Der Begriff des Long Tail geht auf Arbeiten von Gladwell (2000) und Anderson (2006)[4] zurück. Hierbei geht man davon aus, dass das World Wide Web einen besonders positiven Effekt auf den Vetrieb von Nischenprodukten hat. Nischenprodukte zeichnen sich dadurch aus, dass ein herkömmlicher Anbieter von ihnen nur sehr geringe

---

[4]http://www.wired.com/wired/archive/12.10/tail.html, http://www.thelongtail.com/, zugegriffen am 24.08.2009

Stückzahlen in seinem Einzugsgebiet absetzen kann (vgl. Abbildung 1.2). Aufgrund dessen ist der Vetrieb solcher Artikel für ihn bei geringer Absatzmenge zudem kostenintensiv und daher uninteressant. Er setzt in der Regel auf den Vertrieb von Massenprodukten.

Durch das Web entfallen räumliche Grenzen weitgehend. Plötzlich erreicht ein Anbieter eine sehr große Anzahl von Kunden, die an einem Nischenprodukt interessiert sind. In der Summe kann er somit sehr viel Umsatz mit diesem Produkt erzielen, was für ihn nun sehr interessant ist.

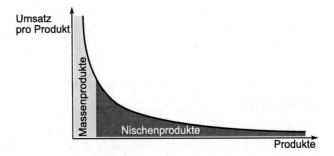

Abbildung 1.2: Long Tail

Als entscheidend für den Long Tail gilt einerseits die Möglichkeit für jeden Netzteilnehmer als Hersteller aufzutreten (Verlängerung des Long Tail). Weiterhin steht es jedem Netzteilnehmer frei, als Anbieter aufzutreten (Höhenzunahme des Long Tail). Diese Händler übernehmen zudem die Rolle von Filtern, so dass der Zugang zu den Produkten effizienter möglich wird, als dies ohne das WWW möglich gewesen wäre.

Der wohl bekannteste Anbieter, der von dem Long Tail profitiert, ja wahrscheinlich sogar maßgeblich an seiner Entstehung beteiligt gewesen ist, ist der Online-Marktplatz Ebay[5]. Mittlerweile werden neben Nischenprodukten jedoch auch sehr viele Massenprodukte über diesen Dienst vertrieben.

---

[5]http://www.ebay.de/, zugegriffen am 20.10.2009

1.2.2   Einzigartige Datenpools

Standen bisher lokal verfügbare Applikationen im Mittelpunkt des
Interesses (vgl. z.b. Microsoft Office oder SAP-Unternehmenssoft-
ware), so sind heute einzigartige, global verfügbare Datenpools bzw.
Datenbanken von übergeordneter Bedeutung. Als einzigartig lassen
sich Datenpools klassifizieren, die nur mit sehr großem Aufwand erstellt werden können. Hierzu zählen etwa Geoinformationen oder
bibliographische Datenbanken. Hinzu kommt die Abhängigkeit einer Vielzahl von potentiellen Nutzern dieser Daten, die sowohl als
Intermediär als auch als Endnutzer auftreten können. Ein sehr er-
folgreicher Intermediär ist heute Google mit den Diensten Google
Earth[6] und Google Maps[7].

1.2.3   Sammeln von Daten aufgrund von Benutzer-aktivitäten

Obwohl datenschutzrechtlich sicherlich hoch brisant, setzen doch immer mehr Systeme auf die Beobachtung von Benutzeraktivitäten.
Suchmaschinen profilieren deren Nutzer, in dem sämtliche Anfragen
gesammelt und z.b. mit der jeweiligen IP-Adresse des Endgeräts des
Benutzers assoziiert werden. Anbieter sozialer Netzwerke wie etwa
Facebook[8] und Xing[9] nutzen die zugrundeliegenden Datenstrukturen in Form von Freundschaften, Zugehörigkeiten zu Communities
und vieles andere mehr und verkaufen diese Einblicke an Firmen, die
diese für ihre geschäftlichen Interessen auswerten und nutzen.

1.2.4   Netzwerk-basierte Applikationen und Mashup

Durch die Bereitstellung von Informationsdiensten über Program-
mierschnittstellen (engl.: Application Programming Interfaces, APIs)

---

[6]http://earth.google.de/, zugegriffen am 24.08.2009
[7]http://maps.google.de/, zugegriffen am 24.08.2009
[8]http://www.facebook.com, zugegriffen am 01.12.2009
[9]http://www.xing.com, zugegriffen am 01.12.2009

können diese Dienste in Form von Komponenten assembliert und rekombiniert werden. Dies kann einerseits im Backend z.b. auf Basis von *Web Services* aber auch durch Frontend-basierte Ansätze wie etwa Asynchronous Javascript and XML (AJAX)[10] oder Ruby on Rails[11] geschehen. Dabei sind die Web Services als Dienste zu sehen, die über Remote Procedure Calls in der Regel unter Verwendung des SOAP-Protokolls in Applikationen eingebunden werden. Als Transportprotokoll für SOAP[12] wird oft HTTP verwendet. Web Services lassen sich jedoch auch mit Hilfe des REST-Ansatzes (Fielding, 2000) (Representational State Transfer) realisieren und integrieren. Bei der Frontend-Integration von Diensten, die auch als *Mashup* bezeichnet wird, kommen sowohl rein Programmiersprachen-basierte Ansätze wie AJAX und Ruby on Rails zur Anwendung als auch grafisch orientierte Ansätze mit Entwicklungsumgebungen, die die „zusammengeklickten" Mashups dann wiederum in geeigneten Code wie z.b. Javascript[13] exportieren.

Eine wesentliche Voraussetzung für ein Mashup von Diensten und Inhalten sind jedoch Nutzungsrechte, die eine Wiederverwendung der zu integrierenden Dienste nicht behindern. Hier sind etwa Dienste wie Flickr[14] oder Wikipedia[15] zu nennen, die eine Wiederverwendung der Inhalte explizit vorsehen. Exemplarisch für wenig restriktive Nutzungsrechte ist die Creative Commons License[16] mit ihrem Slogan „Some rights reserved". In ihrem heutigen Entwicklungsstand adressiert sie Randbedingungen, die bislang nur von Open Source Software z.b. unter der GNU GPL[17] (GNU General

---

[10] http://code.google.com/apis/ajaxlanguage/, zugegriffen am 24.08.2009

[11] http://rubyonrails.org/, zugegriffen am 24.08.2009

[12] http://www.w3.org/TR/soap12/, zugegriffen am 25.08.2009

[13] Spezifikation des Sprachkerns unter http://www.ecma-international.org/publications/standards/Ecma-262.htm, zugegriffen am 25.08.2009

[14] http://www.flickr.com/, zugegriffen am 01.12.2009

[15] http://de.wikipedia.org, zugegriffen am 01.12.2009

[16] http://creativecommons.org/, zugegriffen am 25.08.2009

[17] http://www.gnu.org/copyleft/gpl.html, zugegriffen am 25.08.2009

Public Licence) bekannt waren, auch für andere Inhalte wie z.B. Bilder im Web.

1.2.5 Perpetual Beta

Die Organisation des Software-Prozess in strikten Phasenmodellen wie z.b. dem Wasserfallmodell (Royce, 1970) und dem V-Modell[18] hat im Laufe der Jahre verschiedene Schwachstellen dieser Ansätze insbesondere bezogen auf kleine und mittlere Projekte zutage treten lassen. Hat man zunächst mit Prototyping (z.b. Connell und Shafer, 1989) oder Spiralmodell (Boehm, 1988) auf eine bis dahin mangelhafte Interaktion mit dem Auftraggeber reagiert, so sind es heute Maßnahmen, die insbesondere einer Dynamisierung der Software-Entwicklung zuträglich sind.

Unter dem Begriff der *Agilität*[19] sind neue Herangehensweisen wie etwa Extreme Programming (Beck, 1999; Beck und Andres, 2004), Scrum (Degrace und Stahl, 1990) und Crystal (Cockburn, 2004) geschaffen worden. Ihnen ist gemeinsam, dass sie durch eine Anpassung der Prioritäten bestimmter Projektaufgaben (z.b. wird hier einsetzbare Software höher priorisiert als deren umfassende Dokumentation) sowie der Akzeptanz praktischer Gegebenheiten (z.b. sich auf ändernde Anforderungen (Moving Targets) einstellen) die Produktivität von Entwicklungsprojekten massiv steigern sollen.

In diesem Zusammenhang steht auch der Begriff *Perpetual Beta*. Mit ihm wird gewissermaßen die andauernde Weiterentwicklung von Web-Applikationen adressiert. Waren in den bisherigen Software-Prozessmodellen nach dem Alpha- und Beta-Stadium einer Software auch noch die *Release* sowie Zwischenstadien vorgesehen, so wird heute auf eine umfassende Qualitätssicherung vor der Auslieferung verzichtet. Die sich daraus ergebenden Defizite und Risiken werden bewusst in Kauf genommen. Als großer Vorteil dieses Vorgehens lässt

---

[18]Zur modernen Variante namens V-Modell XT siehe: http://www.v-modell-xt.de/, zugegriffen am 25.08.2009

[19]vgl. das Agile Manifesto von 2001, http://agilemanifesto.org/, zugegriffen am 15.01.2010

sich jedoch eine massive Effizienzsteigerung (vgl. Time to Market) anführen. Die Qualitätssicherung wird so in Teilen auf die Anwender übertragen, deren Zahl und damit auch die Zahl der Testfälle wesentlich größer ist, als eine Firma selbst im Rahmen eines herkömmlichen Qualitätssicherungsverfahrens bereitstellen könnte. Vor dem Aufkommen des Web 2.0 wurden mit vergleichbaren Ansätzen im Open-Source-Umfeld, wie z.b. bei der Entwicklung des Betriebssystems Linux[20], sehr positive Ergebnisse hinsichtlich der sich langfristig einstellenden Software-Qualität gemacht. Systeme, die nach diesem Ansatz früh ausgeliefert werden, erhalten oft die Bezeichnung Bananenprodukte: Sie reifen bei den Kunden.

1.3 Social Software

Bereits vor der Erfindung des World Wide Web hat sich eine Vielzahl von Wissenschaftlern mit der computergestützten Zusammenarbeit (engl. Computer-supported Cooperative Work, CSCW) befasst[21]. Das Web hat auch hier seine Spuren hinterlassen und einen bis dahin ungekannt großen Anwendungskontext für diese Wissenschaft hervorgebracht.

Die Etablierung des Forschungsgebiets CSCW begann um das Jahr 1985 (Grudin, 1991). Der Begriff CSCW geht auf Irene Greif und Paul Cashman zurück (Greif, 1988). Es wurden mehrere Versuche der Abgrenzung des Gebiets durchgeführt (z.B. Bannon et al., 1988; Ellis et al., 1991; Grudin, 1991), von denen besonders (Schmidt und Bannon, 1992) Anklang fand.

Software zur Umsetzung und Unterstützung von Aspekten der CSCW kann als *Groupware* bezeichnet werden. Es existiert jedoch keine einheitliche Definition des Begriffs Groupware. Unterschiedliche Definitionen können nachgelesen werden bei Bornschein-Grass (1995); Johansen (1988); Greenberg (1991); Opper und Fersko-Weiss

---

[20]http://www.linuxfoundation.org/, zugegriffen am 25.08.2009
[21]siehe CSCW Journal von Springer, vormals Elsevier, http://www.springer.com/computer/journal/10606, zugegriffen am 26.08.2009

(1991); Wilson (1991); Lewe und Krcmar (1991); Finke (1992); Oberquelle (1991). Exemplarisch wird an dieser Stelle die Definition von Opper und Fersko-Weiss (1991) herausgegriffen. Bei ihnen wird der Terminus Groupware sehr generell als „any information system designed to enable groups to work together electronically" verwendet.

Während die Definitionen des Begriffs Groupware vielfältig sind, hat die folgende Definition des Begriffs CSCW hingegen wegen ihrer Generizität eine breite Akzeptanz gefunden.

CSCW should be conceived as an endeavour to understand the nature and characteristics of cooperative work with the objective of designing adequate computer-based technologies.
(Bannon und Schmidt, 1989)

Ende der 1990er Jahre kam in Verbindung mit dem sich global durchsetzenden World Wide Web der Begriff der *Social Software* auf. Die genaue Urheberschaft dieses Begriffs ist leider nicht zufriedenstellend belegt.

Social Software soll die Kommunikation und Kollaboration von Menschen unterstützen. Sie kann damit als ein modernes Synonym oder doch zumindest als eine Fortentwicklung des Begriffs Groupware angesehen werden. Unter Social Software lassen sich verschiedenartige Software-Systeme subsumieren. Hierzu gehören z.B. Wikis, Social-Networking-Systeme, Social-Bookmarking-Systeme, Blogs, Foren sowie Instant-Messaging-Systeme (Bächle, 2006). Ob diese Zuordnung jeweils gerechtfertigt ist und in welcher Form soziale Aspekte gefördert oder repräsentiert werden, bleibt hier offen.

1.3.1 Wikis

Der Begriff Wiki stammt aus der hawaianischen Sprache und bedeutet schnell. Ein Wiki läßt sich als Shared Workspace (vgl. z.B. Teufel et al., 1995) auffassen, in dem verschiedene Benutzer ohne großen Kodierungsaufwand Inhalte zusammentragen und über eine Hypertext-artige Kodierung verlinken können. Dabei kann die Benutzergruppe offen oder geschlossen sein. Prominentestes Beispiel für ein Wiki ist die Wikipedia[22], eine vielsprachige Enzyklopädie auf Basis einer weltweit offenen Nutzergruppe.

1.3.2 Social Networking

Soziale Netzwerke (vgl. Weyer, 2000) sind seit Bestehen der Menschheit von großer Bedeutung. Gegenstand systematischer Erforschung wurden sie jedoch erst Mitte des 20. Jahrhunderts. Englische Wissenschaftler (siehe *Manchester School of Anthropology*) betrieben damals ethnologische Forschung im heutigen Sambia, mit deren Hilfe der Einfluss des dortigen Bergbaus auf soziale Interaktionen untersucht wurde (Mitchell, 1969). Erste maßgebliche Publikationen kamen z.B. von Gluckman (1940).

Die heute fast allseits bekannten Social-Networking-Systeme erlauben die Pflege und Erschließung persönlicher Netzwerke ebenso wie die Analyse dieser Netzwerke. Zur Pflege und Erschließung des persönlichen Beziehungsnetzwerks werden von dieser Person in der Regel Angaben zu Ausbildung, beruflichen Stationen, Adressen (Ort, Telefon, E-Mail, Web-Präsenz usw.) und Interessen abgefragt und verwaltet. Viele dieser Systeme bieten auch den Upload von weiteren personenbezogenen Inhalten wie etwa Bildern oder eine Möglichkeit zum Blogging an. Durch verschiedene Suchmechanismen lassen sich anhand dieser Parameter Personen netzwerkweit finden. Neue Beziehungen können auf diese Weise aufgebaut und in den Systemen explizit gemacht werden. Dies geschieht durch Aufnahme von Personen in die eigene Kontaktliste. Die tatsächliche Bezeichnung dieser Listen ist produktabhängig.

Die explizite Verwaltung teils sehr persönlicher ja sogar intimer Informationen zur eigenen Personen birgt jedoch ein erhebliches Missbrauchsrisiko. Der effektive Datenschutz wird hier an der Grenze zwischen Selbstmarketing etwa zum Wohle des beruflichen Fortkommens und der Privatsphäre durch den allzu unkritischen Umgang mit derartigen Systemen massiv gefährdet. So gibt es z.B.

---

[22]http://www.wikipedia.org/, zugegriffen am 31.08.2009

immer wieder Vorfälle, bei denen kompromitierende Bilder ohne Bedacht in diese Systeme geladen werden und sich später nachteilig auf den Ruf der betroffenen Person etwa in beruflichen Bewerbungsverfahren auswirken. Darüber hinaus muss sich jeder Benutzer von Social-Networking-Systemen darüber im Klaren sein, dass Informationen über sein Netzwerk, sowie die Interaktion in diesem Netzwerk mit Hilfe des Systems aufgezeichnet und zur Auswertung an Dritte weitergegeben werden.

Bekanntestes Beispiel eines Social-Networking-Systems ist heute sicherlich Facebook[23]. Weitere in Deutschland sehr bekannte Systeme sind unter anderem StudiVZ[24], XING[25] und StayFriends[26].

1.3.3 Social Bookmarking und Social Tagging

Bei Social Bookmarking handelt es sich allgemein um eine Methode zur kollaborativen Pflege von Bookmarks. Die Verwendung des deutschen Begriffs Lesezeichen hat sich in diesem Kontext im deutschsprachigen Raum nicht durchgesetzt.

Bookmarks verweisen in der Regel auf Web-Seiten, können sich jedoch auch auf Objekte anderer Typen wie etwa Podcasts beziehen. Wesentliches Merkmal des Social Bookmarking ist die Verwendung von Metadaten zur Organisation der Bookmarks. Diese Metadaten werden vorrangig in Form von so genannten Tags gespeichert (Golder und Huberman, 2006). Tags werden z.B. in den bekannten Diensten CiteULike[27], Delicious[28] und Mr. Wong[29] verwendet. Social Tagging verallgemeinert den Ansatz des Social Bookmarking auf beliebige Informationsobjekte wie etwa Blog-Einträge, Wiki- oder Portalseiten.

Der Begriff Tag kann mit den deutschen Wörtern Schlagwort, Auszeichnung oder Markierung übersetzt werden. Waren in der An-

---

[23] http://www.facebook.com/, zugegriffen am 31.08.2009
[24] http://www.studivz.net/, zugegriffen am 01.09.2009
[25] http://www.xing.com/, zugegriffen am 01.09.2009
[26] http://www.stayfriends.de/, zugegriffen am 01.09.2009
[27] http://www.citeulike.org, zugegriffen am 28.09.2009
[28] http://delicious.com/, zugegriffen am 28.09.2009
[29] http://www.mister-wong.de/, zugegriffen am 28.09.2009

fangszeit des Social Bookmarking Tags eher als untypisierte Strings
also tatsächlich nur als Schlagworte realisiert, so finden sich im Zuge der Ausbreitung des Semantic Web zunehmend Anwendung von
so genannten Semantic Tags. Semantic Tags gehen über die Lei-
stungsfähigkeit schlichter Schlagwörter hinaus und stellen kodifizier-
tes, maschinenverarbeitbares Wissens dar (vgl. hierzu etwa die Web
Ontology Language[30] (OWL) oder auch Microformats[31]).

In den einschlägigen Systemen können zu jedem Bookmark beliebig viele Tags gespeichert werden. Dies geschieht analog zu Informationen neben Exponaten einer Austellung wie etwa in einer
Kunstgalerie oder einem Museum.

Die Interpretation von Tags erlaubt eine Vielzahl von Anwendungen wie z.b. eine allgemeine Klassifikation, Rechte oder Urheberschaft bzgl. eines Objekts sowie auch allgemeine Erläuterungen.
Für eine Recherche (vgl. Information Retrieval) können Tags z.b.
zur Erzeugung von invertierten Indices genutzt werden. Dabei wird
für jedes Tag eine Liste von Informationsobjekten erstellt, die mit
dem jeweiligen Tag versehen worden sind. Eine mit einem Informa-
tionsobjekt assoziierte Menge von Tags kann in vielen Systemen in
Form einer so genannten *Tag Cloud* visualisiert werden.

In der Regel steht es dem einzelnen Benutzer völlig frei, welche
Tags er an einem Objekt anbringt. Er ist nicht auf eine vorhandene
Liste von Tags beschränkt. Diese freie Auswahl von Tags führt zum
Begriff der *Folksonomy*. Anders als bei der Taxonomie oder gar der
Ontologie entstehen hier Vokabulare eher durch Laien. Im Gegen-
satz zur Ontologie sind hier keine Relationen zwischen Begriffen wie
etwa die Beziehung Über-Unterbegriff explizit gemacht. Daher sind
Tags auch nicht hierarchisch angeordnet. Taxonomien jedoch werden
in der Regel durch Experten mit einem detaillierten Domänenwissen
Top-down oder Bottom-up erstellt. Wesentliche Relationen zwischen
den Begriffen wie etwa die Vererbung oder Teil-Ganzes-Beziehungen

---

[30]http://www.w3.org/TR/owl-semantics/, zugegriffen am 26.09.2009
[31]http://microformats.org, zugegriffen am 26.09.2009

lassen insbesondere bei Ontologien entsprechend strukturierte Darstellungen und Inferenzen[32] zu.

Der Umgang mit Homonymen (z.b. Lager als Bezeichnung für einen Aufbewahrungsort von Erzeugnissen oder als Bezeichnung für das Lager einer sich drehenden Welle) und Synonymen (z.b. PKW und Auto für ein Fortbewegungsmittel im Individualverkehr) ist bei Folksonomien meistens unklar. Dadurch ist eine Suche potentiell ineffektiver als bei einer expliziten Behandlung solcher Beziehungen. Relationen zwischen Tags werden zumeist nicht explizit repräsentiert, lassen sich jedoch ableiten (z.b. gemeinsame Verwendung gleicher Tags, Vereinigungsmenge von Tags bzgl. eines Informationsobjekts, Ableitung von Ähnlichkeitsmaßen).

Die Entwicklung hin zu Tags, die wesentlich mehr als nur Schlagwörter sind, wird auch durch den Ansatz so genannter Meta Tags deutlich. Tags werden hier wiederum selbst getaggt. Es existieren Tags über Tags. Auf diese Weise lassen sich etwa die *Reputation* des Tag-Erstellers und so mittelbar der Wert eines Tags oder z.b. ein zeitliches Intervall der Aktualität eines Tags (vgl. *Tag Expiration*) kodieren.

1.3.4 Blogs und Foren

Im Zuge der Entwicklung des Web hin zur globalen Kooperationsplattform fanden zunächst insbesondere Diskussionsforen als asynchrone, textuelle Kommunikationsplattformen eine rasche Verbreitung. Ebenfalls eine Kommunikationsplattform ist das Konzept der Blogs oder Web Logs. Hierbei handelt es sich um ein im WWW angebotenes Tagebuch einer Person, eines Teams oder eines Unternehmens. Der Autor wird als Blogger, die Gesamtheit aller Blogs weltweit wird als Blogosphere bezeichnet.

Im neuen Jahrtausend kam zudem das Microblogging auf. Herkömmliche Blogs sind eher asynchroner Natur. Sie werden mit min-

---

[32]Inferenz: In der Wissensrepräsentation bzw. Künstlichen Intelligenz verwendeter Begriff für diverse Verfahren der Ableitung, Herleitung oder Schlussfolgerung.

destens mehrstündiger Taktung aktualisiert. Microblogs hingegen bestehen aus wesentlich kürzeren Einträgen, die oftmals aktuelle Detailaktivitäten des Bloggers mitteilen sollen und werden wesentlich öfter aktualisiert. Je nach Thema oder Anwendungskontext (z.B. im Sport) kann dies mit einer Frequenz deutlich unter einer Stunde oder gar Minute pro Eintrag geschehen. Ein besonders prominentes Microblogging-System ist Twitter[33]. Microblogs sind mittlerweile oftmals mit Social-Networking-Systemen gekoppelt und tendieren zu multilateralen Foren mit Fokus auf einem bestimmten Personenkreis.

Der Nutzen von Blogging und insbesondere Microblogging ist umstritten. So hat eine Studie des Helsinki Institute for Information Technology[34] gezeigt, dass Microblogs trotz hohem zeitlichen Pflegeaufwand oftmals wenig interessante Information transportieren.

1.3.5 Mashup

Ein technisch geprägtes Konzept, das sehr eng mit dem Web 2.0 verbunden ist, ist das Mashup. Ein Mashup ist eine Frontend-Integration von Web-Inhalten. Die derzeit wohl prominenteste Klasse von Mashups basiert auf dem Dienst Google Maps[35]. Bei einem Google Maps Mashup[36] wird der von Google gelieferte Content zumeist anwendungspezifisch ergänzt und in ein anderes Web-Angebot eingebettet. Dies kann zum Beispiel eine Anfahrtskizze auf der Web Site einer Firma sein.

Wesentliches Merkmal von Mashups ist die Integration von Web-Applikationen im Frontend, also im Web Browser. Dies geschieht im Kontrast zu Web Services wie sie im Kontext Service-orientierter Architekturen (SOA) zu finden sind. Dort werden Dienste zunächst losgelöst von jeglicher Präsentation mit Fokus auf eine kohärente

---

[33]http://twitter.com/, zugegriffen am 02.10.2009.
[34]http://www.hiit.fi, zugegriffen am 02.10.2009
[35]http://maps.google.de/, zugegriffen am 06.10.2009.
[36]http://code.google.com/intl/de/apis/maps/index.html, zugegriffen am 06.10.2009

Businesslogik realisiert und können durch andere Services wiederum aufgerufen und für den Anwender unsichtbar integriert werden. Diese Web Services können schließlich mit beliebigen Frontends ausgestattet werden.

Frontend Integration leidet jedoch oftmals darunter, dass aufgrund einer sehr einfachen Schnittstelle der integrierten Elemente eine isolierte Funktion ohne weitergehende Interaktion mit der umgebenden Web Site besteht. Dies mag einerseits im Interesse einer möglichst weitgehenden Entkopplung von Komponenten sein. Andererseits behindert dieser Ansatz jedoch eine konsequente Realisierung von Applikationslogik sowie deren Trennung von der Präsentationslogik und treibt somit die Wartungskosten des Gesamtsystems in die Höhe. Konzepte wie Asynchronous Java Script and XML (AJAX) mögen hier einen Fortschritt darstellen, zumal sie auch auf Web Services zugreifen können.

Vor dem Hintergrund eines agilen Web Engineering ist ein wesentlicher Kritikpunkt an Web Services deren aufwändige Komposition, auch Orchestrierung genannt. Mit dem Ziel schnelle Release-Zyklen und Perpetual Beta zu leben, möchten sich viele Anbieter von Web-Angeboten nicht mit solchen Hindernissen befassen. Natürlich muss erwähnt werden, dass Web Services insbesondere im Hinblick auf Unternehmensanwendungen auch weitreichende Vorteile bieten. Service-orientierte Architektur ist jedoch nicht Gegenstand dieses Beitrags, so dass hierauf nicht weiter eingegangen wird.

1.3.6 Awareness

Während viele der früheren Groupware-Lösungen mechanistisch fokussiert waren, ist im Web 2.0 eine klare Fokussierung auf den Kontext zu beobachten, für den eine Software-Lösung gesucht wird. Die Unterscheidung zwischen Mechanismus und Kontext in Groupware-Systemen geht auf Johnson-Lenz und Johnson-Lenz (1991) zurück.

Der mechanistische Fokus von Groupware orientiert sich an der Auffassung, kooperatives Arbeiten in Einzelaktionen herunterbrechen und diese dann systemisch unterstützen zu können. Dies ist besonders deutlich in Workflow-Management-Systemen zu sehen.

Die Auffassung von Groupware als Kontext basiert hingegen auf der Annahme, dass sich bei Bereitstellung nicht konstringierender Interaktionsmöglichkeiten zwischen autonomen Individuen eine gewisse Selbstorganisation einstellt, die keiner Präskription[37] durch vorgegebene, diskrete Prozesse bedarf. Social Bookmarking, Wiki, Blogs, Social-Networking-Systeme und andere Ansätze aus diesem Bereich sind somit als kontextuell orientiert zu betrachten.

In einem Kontext, in dem die Aktivität eines Mitarbeiters oder allgemeiner eines Benutzers eingebettet ist, gilt es, den Überblick zu behalten. Zudem ist der Benutzer stets in mehr als einem Kontext tätig. Dies sorgt für weitere Probleme.

Die meisten Ansätze des Web-2.0-Kontexts sind kooperativer Natur und zielen auf die Unterstützung einer erfolgreichen, kooperativen Bearbeitung von Aufgaben durch eine kontextuelle Unterstützung ab. Entscheidend hierfür ist eine zielführende Interaktion der beteiligten Akteure. Ziel dieser Interaktion ist nach Fuchs (1998, S. 6) unter Verweis auf Gerson und Star (1986) und Schmidt und Bannon (1992) „die Schaffung eines gemeinsamen Verständnisses über den Stand der Arbeit". Weiterhin, so Fuchs (1998), sei dieses gemeinsame Verständnis „eine grundsätzliche Voraussetzung, um die einzelnen Arbeitsbeiträge sinnvoll zu koordinieren".

Die Wahrnehmung des Handelns an einem Artefakt arbeitender Akteure kann als Gruppenwahrnehmung oder auch Gruppengewahrsein (Schlichter et al., 2001, S. 8) bezeichnet werden. In der internationalen Literatur wird hierfür der Begriff *Awareness* bzw. *Group Awareness* verwendet. „Awareness is an understanding of the activities of others to provide a context for your own activities." (Dourish und Belotti, 1992)

Zur Awareness-Thematik s.a. (Pankoke-Babatz und Prinz, 1998). Es muss jedoch bemerkt werden, dass die Schaffung von Transparenz

---

[37]In (Galegher et al., 1990, S. 9 f.) findet in diesem Zusammenhang eine Unterscheidung zwischen *prescriptive* und *descriptive technology* statt.

in Systemen und den in ihnen ablaufenden Handlungen auch die Gefahr einer Überwachung des Benutzers birgt.

Die Erzeugung von Awareness in den Systemklassen bzw. in den einzelnen Systemen des Web-2.0-Kontexts ist sehr unterschiedlich. Konzeptuell lassen sich mehr oder weniger ausgeprägte Ansätze zur Formulierung und Bedienung von Interessenprofilen finden.

Zudem unterscheiden sich die Systeme bei der Unterstützung einer differenzierten Klassifikation von Ereignissen, die in diesen Systemen auftreten können. Ereignisse sind etwa der Wunsch einer Person, in einem Social-Networking-System dem persönlichen Netzwerk einer anderen Person beizutreten, die Änderung eines persönlichen Beitrags einer Person in einem Wiki oder die durch andere durchgeführte Ergänzung von Tags an einem durch den Benutzer zuvor bereits getaggten Objekt.

Weiterhin sind sehr unterschiedliche Möglichkeiten zu finden, wie Ereignisse, die einem individuellen Interessenprofil entsprechen, in Form von Benachrichtigungssituationen dem Benutzer mitzuteilen sind. Benachrichtigungssituationen können z.b. die Zustellung einer Email, falls jemand dem persönlichen Netzwerk beitreten möchte, oder die Tonausgabe eines Handys bei Eingang einer Kurznachricht sein.

Recht bekannte Lösungen sind die Zustellung von strukturierten Emails als Report oder die Abonnierung von *Feeds* basierend auf RSS[38] oder Atom[39]. RSS (Really Simple Syndication) und Atom sind zwei konkurrierende Ansätze, mit deren Hilfe Benutzer mit Newsticker-ähnlichen Nachrichten versorgt werden können.

1.4 Fazit

Web 2.0 als Vereinigungsmenge vieler nicht erst seit Entstehung dieses Begriffs existierender Ansätze hat für viele Veränderungen im World Wide Web gesorgt. Eine wesentliche Änderung ist der Über-

---

[38] http://www.rssboard.org/rss-specification, zugegriffen am 06.10.2009.
[39] http://www.ietf.org/rfc/rfc4287.txt, zugegriffen am 06.10.2009.

gang von der klassischen Rollentrennung zwischen vielen (Informations-) Konsumenten und vergleichsweise wenigen Produzenten hin zu vielen Benutzern mit der Mischrolle des Prosumenten. Durch den höheren Grad der Benutzerbeteiligung in Form eines Mitmachweb sind neue Mechanismen zur Bewältigung der Systemkomplexität des WWW etwa zum Zweck des Information Retrieval möglich geworden. Diese leisten abseits herkömmlicher Retrieval-Ansätze wie z.b. Suchmaschinen einen wesentlichen Beitrag zur effektiven Informationslogistik der Benutzer des heutigen World Wide Web.

Literatur

Anderson, C. (2006). *The Long Tail: Why the Future of Business Is Selling Less of More.* Hyperion.

Bannon, L., Andersen, N., und Due-Thomsen, B. (1988). Computer Support for Cooperative Work: An Appraisal and Critique. In: *Eurinfo '88, First European Conference on Information Technology for Organisational Systems*, Athen.

Bannon, L. und Schmidt, K. (1989). CSCW: Four Characters in Search of a Context. In: *EC-CSCW '89. Proceedings of the First European Conference on Computer Supported Cooperative Work*, Gatwick, London.

Bächle, M. (2006). Social Software. *Informatik Spektrum*, 29(2):121–124.

Beck, K. (1999). *Extreme Programming Explained: Embrace Change.* Addison-Wesley.

Beck, K. und Andres, C. (2004). *Extreme Programming Explained: Embrace Change.* Addison-Wesley, 2nd Edition.

Boehm, B. W. (1988). A Spiral Model of Software Development and Enhancement. *Computer*, 21(5):61–72.

Bornschein-Grass, C. (1995). *Groupware und computergestützte Zusammenarbeit.* Markt- und Unternehmensentwicklung. Dt. Univ. Verlag, Wiesbaden, Gabler Edition Wissenschaft. Zugl. München, Univ., Diss., 1994.

Cockburn, A. (2004). *Crystal Clear: A Human-Powered Methodology for Small Teams (The Agile Software Development Series)*. Addison-Wesley Professional.

Connell, J. L. und Shafer, L. (1989). Structured rapid prototyping: an evolutionary approach to software development.

Degrace, P. und Stahl, L. H. (1990). *Wicked Problems, Righteous Solutions: A Catolog of Modern Engineering Paradigms*. Yourdon Press Computing. Prentice Hall.

Dourish, P. und Belotti, V. (1992). Awareness and Coordination in Shared Workspaces. In: *Proc. ACM Conf. on Computer Supported Cooperative Work. CSCW '92 (Toronto, Canada, Nov. 1992)*, S. 107–114, New York, NY: ACM Press.

Ellis, C., Gibbs, S., und Rein, G. (1991). Groupware: Some Issues and Experiences. *Communications of the ACM*, 34(1):38–58.

Fielding, R. (2000). *Architectural Styles and the Design of Network-based Software Architectures*. Doctoral Dissertation, University of California, Irvine. http://www.ics.uci.edu/~fielding/pubs/dissertation/top.htm, zugegriffen am 25.08.2009.

Finke, W. (1992). Groupwaresysteme - Basiskonzepte und Beispiele für den Einsatz im Unternehmen. *Information Management*, (1):24–30.

Fuchs, l. (1998). Situationsorientierte Unterstützung von Gruppenwahrnehmung in CSCW-Systemen. GMD Research Series 3, GMD–Forschungszentrum Informationstechnik GmbH, Sankt Augustin. Zugl.: Essen, Univ., Diss., 1998.

Galegher, J., Kraut, R., und Egido, C. (1990). *Intellectual Teamwork – Social and Technological Foundations of Cooperative Work*. Lawrence Erlbaum, London.

Gerson, E. und Star, S. (1986). Analyzing due process in the workplace. *ACM Transactions on Office Information Systems*, 4(3):257–270.

Gladwell, M. (2000). *The Tipping Point: How Little Things Can Make a Big Difference*. Abacus.

Gluckman, M. (1940). Analysis of a Social Situation in Modern Zululand. *Bantu Studies*, 14:1–30.

Golder, S. und Huberman, B. (2006). The Structure of Collaborative Tagging Systems. *Journal of Information Science*, 32(2):198–208.

Greenberg, S. (1991). *Computer-Supported Cooperative Work*. Academic Press, London.

Greif, I. (Hrsg.) (1988). *Computer-Supported Cooperative Work: A Book of Readings*. Morgan Kauffmann Publishers, San Mateo, CA.

Grudin, J. (1991). The Convergence of two Development Contexts. In: *ACM SIGCHI Conference on Human Factors in Computing Systems*, S. 91–97, New York, NY: ACM Press.

Johansen, R. (1988). *Groupware: Computer Support for Business Teams*. The Free Press, New York.

Johnson-Lenz, P. und Johnson-Lenz, T. (1991). Post-mechanistic Groupware Primitives: Rhythms, Boundaries and Containers. In: Greenberg, S. (Hrsg.), *Computer-Supported Cooperative Work*, S. 271–292. Academic Press, London.

Lewe, H. und Krcmar, H. (1991). Groupware. Arbeitspapiere Lehrstuhl für Wirtschaftsinformatik 22, Universität Hohenheim, Stuttgart.

Mitchell, J. (1969). *Social Networks in urban situations: Analyses of personal relationships in Central African towns*. Manchester University Press.

Oberquelle, H. (1991). *Kooperative Arbeit und Computerunterstützung*. Verlag für Angewandte Psychologie, Stuttgart.

Opper, S. und Fersko-Weiss, H. (1991). *Technology for Teams: Enhancing Productivity in Networked Organizations*. Van Nostrand Holland, New York.

O'Reilly, T. (2005). What is Web 2.0? http://oreilly.com/pub/a/web2/archive/what-is-web-20.html, zugegriffen am 12.08.2009.

Pankoke-Babatz, U. und Prinz, W. (1998). Von Groupware zu GroupAware. Workshop der D-CSCW '98, GMD. http://orgwiss.gmd.de/dcscw98-groupaware/groupaware.pdf, zugegriffen Februar 2000.

Royce, W. W. (1970). Managing the development of large software systems. In: *Proceedings of IEEE WESCON*, Band 26, S. 1–9.

Schlichter, J., Reichwald, R., Koch, M., und Möslein, K. (2001). Rechnergestützte Gruppenarbeit (CSCW). *i-com. Zeitschrift für interaktive und kooperative Medien*, (0):5–11. Oldenbourg-Verlag.

Schmidt, K. und Bannon, L. (1992). Taking CSCW Seriously. *Int. Journal on Computer Supported Cooperative Work*, 1(1-2):7–39.

Teufel, S., Sauter, C., Mühlherr, T., und Bauknecht, K. (1995). *Computerunterstützung für die Gruppenarbeit*. Addison-Wesley, Bonn.

Toffler, A. (1984 (1980)). *The Third Wave*. Bantam Books, New York.

Weyer, J. (2000). *Soziale Netzwerke - Konzepte und Methoden der sozialwissenschaftlichen Netzwerkforschung*. Oldenbourg-Verlag, München.

Wilson, P. (1991). *Computer-Supported Cooperative Work: An Introduction*. Oxford.

2 Social Tagging von nicht-textuellen Objekten

Alexander Schmid

2.1 Einführung

Das veränderte Verhalten der Benutzer und die daraus entstandene Entwicklung des Internets zum Web 2.0 ermöglicht den Internetnutzern eine aktive Beteiligung bei der Schaffung und Vernetzung von Inhalten. Zu Beginn dieses Artikels wird eine Untersuchung von *Social Tagging* und den Arten von Social-Tagging-Systemen vorgenommen, ehe die genaue Vorgehensweise sowie die Vorzüge und Nachteile von Folksonomien gegenüber klassischen, nicht-nutzergesteuerten Klassifikationen erläutert werden. Im Fokus steht neben der Fehlerkompensation durch Kombination von indexer-, autor- und nutzergesteuerten Wissensrepräsentationen vor allem die Adaption von Folksonomien zur Erschließung nicht-textueller Dokumente respektive Videoinhalte. Genauer analysiert wird in diesem Zusammenhang die Problematik der Verschmelzung der semantischen Ebenen bei der Indexierung durch nutzergenerierte Tags. Im weiteren Verlauf werden zwei Beispiele für bestehende Systeme zum zeitbezogenen Video-Tagging vorgestellt und anschließend der Nutzen von Tags bei der Erzeugung von Empfehlungen (Recommendations) und Social Networks betrachtet.

Das Kategorisieren von Gegenständen in der realen Welt ist eine natürliche Eigenschaft des Menschen, um eine gewisse Ordnung in die Vielfältigkeit der Welt zu bringen. Sei es die Kategorisierung aller Lebewesen in Gattungen und Arten oder die Verwendung von Ablagesystemen für Dokumente, Bücher oder Filme - jeder Mensch versucht seine Umwelt zu strukturieren. Auf die zunehmend elektronisch werdende Welt ist dieser Drang zur Kategorisierung in

41

verstärktem Maße anzutreffen. Nahezu für jede neue Datei oder jedes neue Programm wird vor der Speicherung sorgfältig ein passendes Unterverzeichnis gesucht, damit es zu einem späteren Zeitpunkt wieder aufgefunden werden kann.

Obwohl sich die Kategorisierung von nicht-physischen Objekten in vielfältiger Weise durchführen lässt, haben sich auch hier hierarchische Systeme (Taxonomien) etabliert, wie zum Beispiel die klassischen Baumstrukturen des Explorers inklusive dem Einrichten von Verzeichnissen. Aufgrund der Duplizierbarkeit und der Menge an Daten in einem elektronischen System wäre das Auffinden von Dokumenten durch eine Mehrfachkategorisierung eher gewährleistet, als durch die Ablage in einem einzigen Unterverzeichnis auf einer bestimmten Hierarchiestufe innerhalb der gesamten Taxonomie.

Im Rahmen der Web 2.0-Bewegung entwickelte sich zur Lösung dieses Problems eine neue Kategorisierungstechnologie, das *Tagging*, worunter man das Hinzufügen von Schlagwörtern (Tags) zu Dokumenten, Webseiten oder medialen Inhalten versteht. Durch diese Maßnahme soll das Wiederfinden dieser benannten Objekte verbessert werden. Das Grundprinzip des Tagging ist den Menschen spätestens seit der Erfindung der Post-Its geläufig, wodurch Notizen direkt in Bezug zu Gegenständen angebracht wurden. Dieses kognitive Instrument entlastet das Gehirn, da durch die Zuordnung von Attributen die Erinnerung extern gespeichert wird und dadurch diese Informationen nicht mehr im Gehirn gespeichert werden müssen (Müller-Prove, 2008).

Während das Tagging zunächst nur zur Strukturierung eigener Dokumente dient, bekommt das Verschlagworten innerhalb einer Internet-Community eine soziale Komponente, wodurch der Begriff Social Tagging entstanden ist. Beim Social Tagging wird neben der Kategorisierung eigener Daten zusätzlich die Bedeutsamkeit der gemeinschaftlichen Verschlagwortung (auch bekannt als *Collaborativ Tagging*) hervorgehoben. Ein Partizipant der Community stellt anderen seine Tags zur Verfügung und profitiert zudem von den vergebenen Tags der Community-Mitglieder, indem neue Dokumente zu relevanten Themengebieten gefunden oder soziale Netzwerke mit

Gleichgesinnten aufgebaut werden können. Dieser gegenseitige Austausch von Tags wird auch als *Tag-Sharing* bezeichnet.

2.2 Grundlagen des Tagging

Ein Tag ist ein beschreibendes Schlüsselwort, das von einem Menschen einem Objekt zugeordnet wird. Formal gesehen kann es sich dabei um jegliche Art von Beschreibungen handeln, sei es eine Beschreibung des Aussehens oder der Funktionsweise dieses Objekts, Angaben zum Autor, dem Ort oder anderen Beschreibungsmerkmalen. Tags können sowohl Adjektive wie „schön", „süß" oder „groß", Substantive wie „Landschaft", „Fahrzeug" oder „Bild" als auch Verben wie „surfen", „landen" oder „lachen" sein. Alle Arten von Tags werden als Metadaten bezeichnet, das heißt es handelt sich um Daten beziehungsweise Informationen über das Dokument, die Website, das Foto, den Film, ..., das Objekt beziehungsweise die Ressource. Das Basismodell eines Tagging-Systems nach Smith (2008) besteht aus den drei Elementen *User*, *Resource* und *Tags* (siehe Abbildung 2.1).

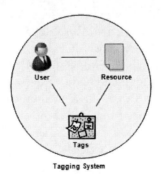

Abbildung 2.1: Elemente eines Tagging-Systems (eigene Darstellung nach Smith, 2008)

In einem Tagging-System fügen die Nutzer diversen Ressourcen Tags hinzu, um diese zu klassifizieren und wiederzufinden. Multimediale Ressourcen (z.b. Texte, Bücher, Fotos, Videos oder Webseiten), besitzen somit Tags die untrennbar mit dem einen Nutzer verbunden sind. Die Nutzer (oder auch Tagger) können sowohl vorhandene Ressourcen taggen als auch eigene Ressourcen ergänzen und diese mit Tags versehen. Tags dienen trotz unterschiedlicher Interessen und Motivationen der Tagger zur Erreichung gleicher Ziele, wie dem Archivieren oder Verteilen von Objekten. Meist handelt es sich bei den Ressourcen innerhalb eines Tagging-Systems um Ressourcen gleichen Typus (z.b.: Del.icio.us = Tagging von Webseiten oder FlickR = Tagging von Fotos). Das Tagging-System kann zusätzlich vorgeben, welcher Teilnehmer welche Ressourcen auf welche Weise taggen darf bzw. welche Art von Tags verwendet werden dürfen. Bei FlickR beispielsweise können die Anwender, wenn nicht explizit von anderen Nutzern gewünscht, nur ihre eigenen Fotos taggen.

Im allgemeinen ist Tagging ein System, um für den Anwender relevante Web-Ressourcen aus der unüberschaubaren Menge von Informationen hervorzuheben und eine persönliche Ordnung der getaggten Objekte zu generieren, so Müller-Prove (2008). Die Verschlagwortung kann hinsichtlich unterschiedlicher Arten von vergebenen Tags diversifiziert werden. Ein Tag kann sowohl beschreibend als auch bewertend eingesetzt werden oder den Autor bzw. Besitzer einer Ressource beschreiben. Golder und Huberman (2006) unterscheiden weiterhin in qualifizierende (*gut, schlecht*) und aufgabenorientierte (*todo, done*) Tags. Darüber hinaus können Tags zur Verfeinerung einer Kategorisierung, die nicht alleine stehen kann (z.B. *Urlaub* und *2007*) verwendet werden. Tagging kann zusätzlich auch noch zur Selbstreferenzierung eingesetzt werden, wie z.B. *meinBlog* oder *meinFoto*.

Über einen Bewertungsalgorithmus wird anhand der Benutzungszahl eines Tags eine Sortierung konstruiert, in der dem Nutzer das aus seinem Wortverständnis heraus verwendete Vokabular in seiner persönlichen Tag-Wolke veranschaulicht wird. Diese auch als Tag-Cloud bezeichnete Visualisierung der meist verwendeten Tags er-

leichtert dem Nutzer die Navigation durch unterschiedlich oft verwendete und daher größer dargestellte Kategorien (Beispiel siehe
Abbildung 2.2). Für gewöhnlich sind Tag-Clouds alphabetisch angeordnet und die Gewichtung von mehrfach vergebenen Tags wird
über die Schriftgröße abgebildet. Das Anklicken eines einzelnen Tags
bewirkt die Darstellung aller mit diesem Tag versehenen Ressourcen
in einer Liste sowie einer Abbildung der so genannten *related Tags*.
Diese *verwandten* Tags sind Schlagworte, die mehrmals gemeinsam
mit diesem angeklickten Tag verwendet wurden.

Abbildung 2.2: Beispiel einer Tag-Cloud (eigene Darstellung aus
Del.icio.us)

  Diese Visualisierung der Tags in einer Wolke erleichtert dem Nutzer das Durchstöbern seiner eigens getaggten Objekte, da er nach
Hassan-Montero und Herrero-Solana (2006) benötigte Informationen oft allein durch das Scannen der visualisierten Tag-Cloud erkennt. Tag-Clouds obliegen allerdings auch einigen Beschränkun-
gen, denn die meist verwendeten Tags entsprechen nicht automatisch den Wichtigsten. In vielen Fällen sind eben diese Tags als eher
unwichtig zu betrachten, da es sich um alltägliche und sehr unspe-
zifische Begriffe handeln kann (z.B. Web). Der Tag *Web* würde sicherlich auf sehr viele Ressourcen anwendbar sein und würde durch
dessen Häufigkeit hervorgehoben sein, obwohl dieser Tag eine geringe Bedeutsamkeit in der Recherche seiner Ressourcen besitzt.
Desweiteren ist eine alphabetische Anordnung der Tags weder eine
große Unterstützung des menschlichen Scan-Modus der Benutzero-
berfläche, noch können dadurch semantische Zusammenhänge zwischen Tags inferiert werden (Hassan-Montero und Herrero-Solana,
2006). Nichtsdestotrotz ist die Tag-Cloud das bisher am weitesten

verbreitete Modell einer visualiserten Benutzerschnittstelle von Tagging-Systemen.

2.2.1 Arten von Tagging-Systemen

Smith (2008) unterscheidet vier Arten von heutzutage bestehenden, meist webbasierten Tagging-Systemen. Eines davon dient lediglich dem Organisieren von persönlichen Informationen unter Ausschluss der sozialen Komponente des Tag-Sharings. Darunter fallen webbasierte Programme wie Gmail (E-Mail-Programm von Google), welches das Verschlagworten von E-Mails ermöglicht. Mit der Einführung von Windows Vista sind erste Offline-Tagging-Mechanismen in diesem Betriebssystem integriert, wodurch das Verschlagworten von Dateien ermöglicht wurde. Integrierte Programme wie Photo Gallery zum Taggen von Bildern sind weitere Software-Beispiele für den Einsatz von Tagging.

Die zweite Variante von Tagging-Systemen sind bekannt als *Social-Bookmarking-Systeme*, dessen populärster Vertreter Del.icio.us darstellt. Die Kernfunktionen von Bookmarking-Systemen sind die Verwaltung von Webseiten und der Sharing-Gedanke mit anderen Taggern. Der Vorteil neben dem selbsttätigen Verschlagworten und Kategorisieren von Internetseiten ist vor allem das Erschließen neuer relevanter Webseiten durch die Tags anderer Teilnehmer und die Möglichkeit zum Aufbau von *Social Communities.* Social Communities sind Zusammenkünfte von Anwendern mit ähnlichen Interessenprofilen mit dem Ziel des Networkings und des gegenseitigen Helfens.

Besonders ausgeprägt ist der Sharing-Gedanke auf Seiten wie FlickR und youTube, auf denen multimediale Inhalte gesammelt und anderen zur Verfügung gestellt werden. Bei dieser Art von Tagging-Systemen verbessern die Autoren von Inhalten durch Hinzufügen von Tags die Auffindbarkeit ihrer Objekte innerhalb des Systems. Zur Sicherung der eigenen Objekte vor ungewollten Tags bieten solche Systeme meist die Möglichkeit, die Objekte für das freie Tagging durch die Zuschauer zu sperren. Betreiber von Online-Shops,

wie beispielsweise Amazon setzen mittlerweile ebenfalls auf Tag-
gingmöglichkeiten, um die unternehmensweite Suche zu optimieren.
Bei diesem Beispiel werden sowohl beschreibende als auch bewertende Schlagworte eingetragen. Buzzillions[1] als zweites Beispiel für
einen Online-Shop bietet sogar vordefinierte Kategorien von Tags an,
indem eine Unterscheidung von lobenden, kritisierenden und nutzen-
betreffende Tags vorgenommen wird (*pros*, *cons* und *good for*).

2.2.2 Perspektiven des Taggings

Nach Smith (2008) kann das Tagging als Schnittmenge von drei bereits etablierten Feldern der Informations- und Kommunikations-
technik betrachtet werden, worunter sich die Informationsarchitektur, *Social Software* und das Feld des persönlichen Informationsma-
nagement befinden (siehe Abbildung 2.3).

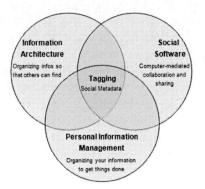

Abbildung 2.3: Perspektiven des Taggings (eigene Darstellung nach
Smith, 2008)

Die Informationsarchitektur ist, angelehnt an Laudon et al. (2006),
eine spezielle Ausgestaltung eines Informationssystems zur besseren Organisation von Dokumenten und Informationen, die vor allem in Unternehmen von Mitarbeitern gefunden werden sollen. Dies

---

[1]www.buzzillions.com, letzter Zugriff am 12.12.09

kann für Dokumentensammlungen im Unternehmen, Firmenintranets (Corporate Intranets) oder auch großangelegte Internetseiten von großer Bedeutung sein. Gerade in Unternehmen kann die neue Technik Verbesserungen in der Wissensrepräsentation bewirken, da viele der klassischen Archivierungs- und Suchmechanismen bislang meist nicht die gewünschten Erfolge bringen.

Social Software ist nach Alby (2008) ein System, das zum einen die zwischenmenschliche Interaktion (Kommunikation und Zusammenarbeit) und zum anderen den Aufbau und das Selbstmanagement einer Community fördert, wobei die Selbstregulierung der Community ein wichtiger Faktor ist. Das Social Tagging ist also eine Form von Social Software, unter dessen Oberbegriff auch kollaborative Arbeitstechniken, soziale Netzwerke, Instant Messaging, Weblogs, Wikis und viele andere zuzuordnen sind. Die diversen Formen der Social Software können in zwei Kategorien eingeteilt werden, einerseits steht die Kommunikation im Vordergrund (z.B. Instant Messaging) und andererseits stehen die Inhalte und der Community-Gedanke im Vordergrund (z.B. Tagging). Das allgemeine Ziel besteht in der Bildung von Gruppen oder Interessengemeinschaften, die durch gemeinsames Nutzen von Applikationen sich gegenseitig Nutzen stiften. Am Beispiel des Taggings wäre dies der Sharing-Gedanke eigener Tags, wodurch getaggte Inhalte zu einer Verbesserung der Recherchemöglichkeiten für andere Nutzer beitragen.

Das dritte Feld wird als *Personal Information Management* (PIM) bezeichnet, worunter alle Aktivitäten eines Menschen zur Selbstorganisation zählen, sei es das Erwerben, Archivieren, Erhalten, Organisieren oder Wiederfinden von Informationen. Dabei ist Tagging nur eine Form persönlichen Informationsmangements, kann aber durch die Verwendung mehrerer eigens gewählter Begrifflichkeiten viele Probleme klassischer Ordnungsprinzipien lösen. Tagging erzielt dadurch im Rahmen des PIM eine nachdrückliche Verbesserung der Flexibilität bei der Organisation von Inhalten und in Folge dessen besser an den Menschen angepasste Suchmechanismen (Melenhorst et al., 2008).

Das erste weit verbreitete kollaborative Tagging-System war die

Social-Bookmarking-Website Del.icio.us, was sich relativ schnell einer wachsenden Bekanntheit erfreuen konnte. Die vermehrte Nutzung bewirkte eine Vielzahl an neuen Taggern und es bildete sich im Laufe der Zeit eine Art kontrolliertes Vokabular, das normalerweise von ausgebildeten Informationsarchitekten sorgfältig entwickelt werden musste. Es entstand also eine Art Taxonomie, die aber nicht von Architekten, sondern von der breiten Masse, dem *Folk* (dt.: Leute, Volk), ausging. Daraus entwickelte sich auch der Begriff *Folksonomie*, der trotz des fehlenden hierarchischen Aspektes einer Taxonomie und der daher anhaltendenden Diskussionen um die korrekte Betitelung dieses Phänomens bis heute für die Gruppe der nutzergenerierten Klassifikationssysteme verwendet wird.

2.3 Folksonomien

Eine Folksonomie ist insbesondere durch ihre flache Struktur gekennzeichnet, da sie im Gegensatz zu einer Taxonomie keine Hierarchie mit direkten Eltern-Kind-Verknüpfungen zur Abbildung von Bedeutungsbeziehungen zwischen Wörtern besitzt. Dafür werden aber wie bereits erwähnt automatisch generierte verwandte Tags gebildet, die häufig gemeinsam verwendete Tags in Beziehung zueinander setzen (Mathes, 2004). Daher rührt die Kritik einiger Autoren an dem Begriff Folksonomie, wie beispielsweise Hammond et al. (2005) und Speller (2007), die aufgrund einer fehlenden Taxonomie eine wortwörtliche Übertragung des Begriffes auf die Realität nicht rechtfertige. Eine treffendere Bezeichnung eines Social-Tagging-Systems sei nach deren Angabe der Begriff einer *verteilten Klassifikation* (*Distributed Classification*). Im weiteren Verlauf wird jedoch weiterhin von einer Folksonomie gesprochen, da sich dieser Begriff allgemein durchgesetzt hat.

Folksonomien gehören zu der Klasse der nutzergenerierten Klassifikationen und sind nicht von vorgegebenen Vokabularen oder Autoren beeinflusst. Eine Folksonomie beinhaltet zur Beschreibung von Ressourcen ausschließlich nutzergenerierte Tags zur Klassifikation und Organisation. Während das Tagging im Rahmen des PIM für sich selbst stehen kann, funktioniert ein Social-Tagging-System nur durch die Beteiligung von Internetnutzern, die aus unterschiedlichen Motivationen heraus taggen. Die Diversifizität der Benutzer und deren Motivationen beschert den Tagging-Systemen erst die erforderte Vielfältigkeit an Schlagworten sowie eine kritische Masse zur Bildung von gebräuchlichen Tags, die *Common Tags*. Diese stehen für die meist verwendeten Tags innerhalb eines Tagging-Systems, die auch auf Ressourcenbasis existieren, wie das nachfolgendes Beispiel zeigt.

Abbildung 2.4, S. 51 beschreibt die Häufigkeitsverteilung der vergebenen Tags am Beispiel der Website der Hochschule der Medien in Stuttgart[2]. Die Tags *hochschule, stuttgart, hdm, medien/media* und *education* stellen mit 20 Prozent zwar nur einen geringen Teil der gesamten vergebenen Tags dar, bilden jedoch auf Ebene der Taghäufigkeit mit 80 Prozent den dominierenden Teil der Tags. Der rechte Teil der Kurve umfasst noch weit mehr Tags als in der Abbildung aufgezeigt und spiegelt die große Vielfalt an sehr speziell beschreibenden Tags wieder.

Wird an diese Tagverteilung eine Trendlinie angelehnt, gleicht diese Kurve einer so genannten *Power Law*-Kurve, die nach Van-der Wal (2005), Shirky (2003) und Mathes (2004) die Häufigkeitsverteilung aller indexierten Tags widerspiegelt. Die Power Law-Kurve auf Mikroebene - Zuordnung von bestimmten Tags zu einer konkreten Ressource (hier: HdM-Website) - visualisiert und verdeutlicht, dass eine Ressource zwar mit vielen unterschiedlichen Tags beschrieben wird, der größte Anteil aller vergebenen Tags sich aber auf wenige, häufig verwendete Tags verteilt (siehe Abbildung 2.5, S. 51). Die restlichen, seltener verwendeten Tags bilden den so genannten *langen Schwanz* bzw. den *Long Tail*. Betrachtet man gemeinsam auftretende Tags auf Makroebene - innerhalb einer gesamten Datenbasis wie zum Beispiel Del.icio.us oder innerhalb von darin abgetrennten Bereichen - so folgen diese mit dem einem Tag gemeinsam

---

[2]http://www.hdm-stuttgart.de

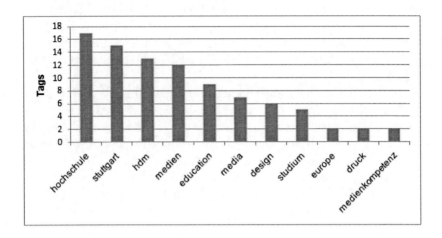

Abbildung 2.4: Tagverteilung zur Website www.hdm-stuttgart.de (eigene Darstellung nach Daten aus Del.icio.us. Stand: Juli 2009)

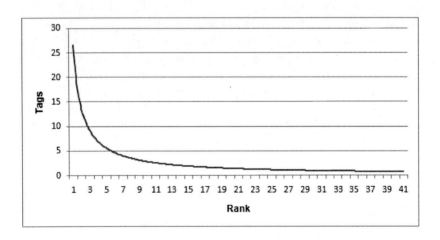

Abbildung 2.5: Beispiel einer Power Law-Kurve

auftretenden Terme ebenfalls einer Power Law-Kurve (Peters und Stock, 2008). Diese Feststellung beweist, dass bestimmte Tags sehr häufig mit einem anderen Tag auftreten, jeder Tag aber wiederum andere korrelierende Tags nach der Power Law-Häufigkeitsverteilung besitzt.

Es bildet sich also auch in einer unkontrollierten Folksonomie eine gewisse Art einer Ontologie, die das Suchen in großen Datenbeständen fördert und trotzdem rein nutzergeneriert ist. Für die Erstellung einer Folksonomie sind nach dieser Erkenntnis also keine Experten notwendig, die ein kontrolliertes Vokabular für eine Klassifikation zur Ablage von Ressourcen erstellen. Darin sehen viele Experten auch bereits den ersten und entscheidenden Vorteil gegenüber autorengenerierte Nomenklaturen wie kontrollierte Vokabulare, Taxonomien oder Facetten.

2.3.1 Vergleich von nutzergenerierten und nicht-nutzergenerierten Klassifikationen

Im Gegensatz zu Folksonomien werden kontrollierte Vokabulare, Taxonomien und Facetten von Experten erstellt und gelten daher zur Klasse der nicht-nutzergenerierten Klassifikationen. Ein kontrolliertes Vokabular dient vorrangig zur Bewältigung der fehlerfreien Modellierung der menschlichen Sprache, in dem konzeptuelle und wortspezifische Zusammenhänge abgebildet werden. Ziel der Erstellung eines Vokabulars ist die Handhabung von Wortpaaren oder Wortbedeutungen, die ohne Regeln von einer künstlichen Intelligenz eines Computersystems nicht verstanden werden können. In diesen Regeln werden neben der Behandlung klassische Wortober- und untergruppen auch synonym zu verstehende Wörter miteinander in Beziehung gesetzt (z.B. *Foto* und *Lichtbild*). Es können aber auch mehrere Wörter einem bevorzugten Term untergeordnet werden, wie zum Beispiel der bevorzugte Ausdruck *USA*, der auch gleichbeutend mit *United States of America* und *United States* ist. Für Homonyme, die trotz gleicher Schreibweise für unterschiedliche Dinge stehen (z.B. *Bank*), müssen zur Analyse des Wortes kontextspezifische Regeln geschaffen werden, um eine zutreffende Weiterverwendung zu gewährleisten. Neben diesen beiden am häufigsten vorkommenden linguistischen Problemen müssen aber auch folgende sprachwissenschaftliche Spezialfälle wie Polysemie (gleiche Wortherkunft und abgeleitete Bedeutung, z.b. Sitz = Möbel und Sitz = Stützpunkt), Homographie (gleiche Schreibweise und unterschiedliche Aussprache, z.b. Weg = kleine Straße und weg = nicht mehr da sein) und mit starken Abstrichen Homophonie (andere Schreibweise und gleiche Aussprache, z.b. Meer = Ozean und mehr = weitere) berücksichtigt werden.

Eine Taxonomie erweitert die Eigenschaften eines kontrollierten Vokabulars um direkte Eltern-Kind-Verknüpfungen und somit semantische Beziehungen (Bedeutungsbeziehungen) zwischen diversen Termen (Smith, 2008). Taxonomien sind hierarchisch aufgebaute Klassifikationen, die Verknüpfungen von Hypernymen und Hyponymen sowie von Meronymen und Holonymen abbilden. Bei ersterem sind typische Kategorisierungen von Gegenständen in Subgruppierungen, die mit einer Ist-Verknüpfung mit dem Eltern-Knoten verbunden sind, gemeint. Ein Beispiel für ein Hypernym wäre *Fahrzeug* mit möglichen Hyponymen *Auto*, *Motorrad* und *LKW* (ein Auto *ist ein* Fahrzeug). Meronyme *enthalten* Holonyme, wie zum Beispiel ein *Auto* enthält ein *Lenkrad*. Solche hierarchischen Strukturen kennt der Computernutzer durch den jahrelangen Umgang mit dem Windows Explorer, bei welchem Baumstrukturen nach dem *one-thing-in-one-place* - Prinzip (siehe Smith, 2008) zur Ablage von Daten verwendet werden. Diese Eigenschaft ist bereits der große Nachteil von Taxonomien, denn bei großen Datenmengen ist eine Suche über die Tiefennavigation äußerst mühsam und wenig erfolgsversprechend.

Eine leistungsfähigere Variante eines hierarchischen, nicht-nutzergenerierten Klassifikationssystems bietet die Facettenklassifikation, die Objekte nach ihren beschreibenden Eigenschaften kategorisiert. Dieses polyhierarchisch organisierte System erleichtert das Auffinden von Objekten durch multiple Einschränkungsmöglichkeiten und erlaubt somit mehrere zielführende Vorgehensweisen. Nach Einschränkung der ersten Eigenschaft wird eine vorläufige Ergebnismenge angezeigt, auf Grundlage derer danach weiter eingegrenzt werden kann. Zum Beispiel könnte *Fahrzeug* zu aller erst mit der Eigenschaft *vier Räder* eingeschränkt werden, sodass nun nur noch Autos angezeigt werden. Als nächstes könnten Eigenschaften wie *Farbe, Fabrikat, Leistung* und vieles mehr ausgewählt werden und die Ergebnismenge verkleinert sich bei jeder weiteren Einschränkung bis ein passendes Objekt gefunden wird.

Alle nicht-nutzergenerierten Klassifikationen sind aber aufgrund der Komplexität und des Aufwandes bei der Erstellung eher für thematisch begrenzte Teilgebiete geeignet, wie z.b. das Kategorisieren einer Bibliothekssammlung oder einem bestimmten Online-Shop-System. Eine komplette Abbildung der Welt, oder große Bereiche davon, durch wenige Experten beziehungsweise Autoren scheint nahezu unmöglich. Die breite Masse der Internetnutzer hingegen wäre dazu rein quantitativ in der Lage, wie auch Shirky (2005) meint: *„the only group that can categorize everything is everybody"*.

Obwohl einer Folksonomie durch eine fehlende kontrollierende Instanz Grenzen gesetzt sind, ist diese auf ihre Art und Weise ein sehr mächtiges Klassifikationssystem. Als erste große Stärke neben der Vielzahl an Mitentwicklern wird der von Mathes (2004) geprägte Begriff der *Serendipity* hervorgehoben, der die Eigenschaft des zufälligen Auffindens von interessanten Objekten innerhalb einer großen Datenlandschaft beschreibt. Eine Suche in einer Taxonomie oder ähnlichem birgt da weit weniger Überraschungen und begrenzt somit das Sichtfeld der Recherche. Nach Mathes (2004) besteht nämlich ein großer Unterschied zwischen einer Suche nach interessanten Inhalten und einer Suche nach einem ganz bestimmten Dokument.

Der größte Vorteil wird aber weiterhin darin gesehen, dass die gebräuchliche Sprache der Internetgemeinschaft und nicht eine von Experten geprägte Ausdrucksweise zur Kategorisierung verwendet wird (siehe dafür auch Mathes (2004), Speller (2007) und andere). Es reflektiert also die Ausdrucksweise, die Terminologie und die Genauigkeit der Benutzer bei der Kategorisierung von Objekten.

„It can be harnessed to create a bottom-up consensus view of the world, which is more valid than any one view imposed from the top down." (Shirky, 2005)

Eine Ressource wird außerdem mit zahlreichen Tags versehen, über die das Objekte durch die Tagger selbst wiedergefunden oder von Partizipanten der gesamten Internet-Community aufgespürt werden können. Die Ablage in einem einzigen direkten Verzeichnis innerhalb eines von Experten erzeugten hierarchischen Systems ist nicht mehr notwendig, sondern die Ressource kann nach eigenem Belieben und Verständnis verschlagwortet werden. Wie bereits erläutert kristallisieren sich dabei Common-Tags heraus, die vom Großteil der Nutzer angewandt werden und dadurch eine gemeinsame Basis hinsichtlich der Sprache zum Information Retrieval geschaffen wird. Benutzer mit einem anderen Sprachverständnis können jedoch auf dieselben Inhalte stoßen, da sich im Long Tail der Tagger-Community massenhaft weiterspezifizierte und zahlenmäßig weniger frequentierte Tags zur Recherche befinden.

In der sich heute schnell verändernden Zeit ist es wichtig, dass sich ein Vokabular zeitnah an Veränderungen in der Ausdrucksweise ohne große Mühen eines kompletten Remakes anpassen kann. Die Flexibilität und rapide Adaptivität an verändernde Terminologien ist durch ständiges Taggen bzw. Re-Taggen in einer Folksonomie gegeben und dadurch ausgereifter als bei klassischen Systemen. Ein Ausbleiben von Anpassungen der vergebenen Tags durch die Benutzer bewirkt jedoch dieselben Probleme wie bei traditionellen Klassifikationen und kann nur bedingt durch hinzukommende Tags neuer Nutzer abgefangen werden (Speller, 2007). Zur Verbesserung der Adaptivität von Folksonomien an neue Umstände könnten so genannte *Time-Tags* dienen, die nach oder zu einer bestimmten Zeit ablaufen (Smith, 2008). Dadurch würden alte Tags aus der Tagverteilung wegfallen und den Platz für modernere Begrifflichkeiten schaffen.

Der große Nachteil von einer nutzergenerierten Klassifikation sind die Fehleranfälligkeit und das unterschiedliche Verständnis der Tagger bei der Vergabe ihrer Tags. Darunter fallen unbeabsichtigte Feh-

ler wie Buchstabendreher, generelle Rechtschreibfehler, unterschiedliche Verwendung von Groß- und Kleinschreibung oder Singular und
Plural. Uneinheitliche Schreibweisen entstehen auch bei zusammen-
gesetzten Wörtern, die ohne Leerzeichen, mit Bindestrich, mit Un-
terstrich oder anderen Varianten verbunden werden können. In bestimmten Umgebungen ist sogar die Anwendung von Leerzeichen erlaubt, was die Problematik um ein Weiteres vergrößert. Es entstehen
demzufolge massenhaft Tags, die die gleiche Bedeutung haben, aber
als einzelne Tags aufgenommen werden. Zu diesen, von Guy und
Tonkin (2006), Speller (2007), Mathes (2004), Golder und Huberman (2006) und anderen als *Sloppy Tags* bezeichneten Tags, zählen
auch persönliche und subjektive Tags, wie zum Beispiel *meinBlog*,
!todo oder *wichtig*, die dem Tagger zwar helfen, aber der Community beziehungsweise Folksonomie keinen Mehrwert bieten. Andere
subjektive Tags wie *witzig* oder *interessant* drücken lediglich die
Meinung bzw. das Gefühl des Taggers aus und kann anderen Nutzern ein ungewolltes Suchergebnis liefern, da dieser nach eigenem
Empfinden diese Quelle überhaupt nicht als *witzig* oder *interessant*
erachtet (Xu et al., 2006).

Als kritisch erweist sich auch die Verwendung unterschiedlicher
Sprachen wodurch neue Tags entstehen, die eigentlich gleichbedeu-
tend zu bereits vergebenen Tags sind. Zu sehen ist dies auch am
Beispiel der Website der HdM Stuttgart, wo die Tags *medien* und
media vergeben wurden. Weiterhin besteht auch hier die Herausforderung, sich mit Bedeutungsbeziehungen wie Homonyme, Synonyme und Weitere auseinanderzusetzen. Eine Problemlösung hierfür
könnte ein Algorithmus sein, der die gemeinsam verwendeten Tags
analysiert und dadurch Synonyme und Homonyme erkennen könnte.

In Tabelle 2.1, S. 58 werden die drei vorgestellten Arten von Klassifikationssystemen nochmals gegenübergestellt. Bei der Auflistung
werden sowohl Charakteristika der Klassifikationssysteme als auch
nochmals die Vor- und Nachteile miteinbezogen.

2.3.2 Optimierung durch Kombination bekannter Klassifikationsmethoden

Die drei vorgestellten Klassifikationssysteme „stehen momentan in den meisten Fällen unverbunden nebeneinander", so Heuer et al. (2006). Meist würden sich Website-Betreiber für eine bestimmte Variante entscheiden und deshalb seien „Kombinationen aus mehreren Ansätzen noch selten zu finden". Allerdings sind diese Klassifikationskonzepte trotz einer grundlegend anderen Herangehensweise nicht so verschieden, da die Ansätze doch ähnliche Probleme, wie beispielsweise Homonyme und Synonyme sowie die Erstellung von Bedeutungsbeziehungen besitzen, wenn diese auch auf unterschiedliche Art und Weise angegangen werden (Eltern-Kind-Beziehung versus Related Tags). So könnte ein kontrolliertes Vokabular die Fehleranfälligkeit von Folksonomien verringern und somit das Aufkommen von Sloppy Tags minimieren. Die Erstellung eines umfassenden Vokabulars durch Experten ist allerdings sehr aufwendig und für große Themenbereiche nahezu unmöglich. Zur Erstellung kann jedoch die Nutzerschaft einer Folksonomie miteinbezogen werden, die durch aktives Taggen für die nötige Masse an Schlagworten und Beziehungen sorgen kann, um über (semi-)automatisierte Verfahren die Erstellung eines angemessenen Vokabulars voranzutreiben. Zudem sind im Zeitalter des Web 2.0 oder auch Mitmach-Web immer mehr Nutzer dazu bereit, freiwillig an Projekten mitzuarbeiten, insbesondere wenn sich die Nutzer davon einen persönlichen Vorteil versprechen, was hierbei durch ein verbessertes Vokabular als Grundlage für das Information Retrieval gegeben ist. Der Webauftritt von LibraryThing führte diese nutzergesteuerte Erstellung bereits ein, indem durch das Anklicken des Hyperlinks „was" neue, gleichbedeutende Zeichenketten eingetragen werden können (siehe Abbildung 2.6, S. 59, Umrandung).

	Taxonomie	Facetten	Folksonomie
Autor	Experten	Experten	alle Nutzer
Struktur	hierarchisch (eindeutige Zuordnung)	polyhierarchisch (eindeutig in jedem Baum)	unstrukturiert (beliebig viele Tags)
Suche	Navigation in Baumstruktur (Browsing)	inkrementelle Eingrenzung (Filtering)	beliebige Eingrenzung durch Suche nach Tags
Vorteile	keine (Recht-) Schreibfehler	keine (Recht-) Schreibfehler	Sprache der Nutzer
	Behandlung von Bedeutungsbeziehungen	Behandlung von Bedeutungsbeziehungen	Adaption an veränderte Terminologien
	Expertenwissen	Expertenwissen	kollaboratives Wissen
	Gewohnheit des Menschen zu Kategorisieren	Vereinfachte Suche durch Filtering	Serendipity
			Erstellungsaufwand von Nutzern getragen
			Flexibilität der Kategorisierung
Nachteile	Erstellungsaufwand	Erstellungsaufwand	keine Bedeutungsbeziehungen
	Expertenterminologie	Expertenterminologie	Sloppy Tags
	Objekt einem Verzeichnis zugeordnet	Filtereigenschaften	keine Struktur

Tabelle 2.1: Übersicht Klassifikationssysteme

Abbildung 2.6: Handhabung unterschiedlicher Schreibweisen auf LibraryThing

Zusätzlich können zur Fehlerbehebung Verfahren zur automatischen Fehlererkennung eingesetzt werden, um unsaubere Tags zu vermeiden. Es wird beispielsweise bei Google-Suchanfragen schon damit verfahren, kleine Schreibfehler automatisch zu verbessern oder dem Nutzer eine verbesserte Suchanfrage anzubieten (z.B. *meinten Sie: Wort*). Diese Verbesserung kann sowohl auf ein grundlegendes Vokabular zurückgehen, als auch über die Verwendung von *Common Tags* herbeigeführt werden. Als präventive Maßnahme können Vorschlagswerte (*Suggestions*) eingesetzt werden, die direkt beim Eintippen der Tags automatisch angezeigt und ausgewählt werden können, um vor allem unterschiedliche Schreibweisen von gleichen Wörtern zu vermeiden. Die Vorschlagswerte können ebenfalls aus einem Vokabular, aber auch aus dem Gesamtpool aller vergebenen Tags oder sogar personalisiert für den jeweiligen Nutzer aus seinem eigenen Repertoire stammen. Eine Variante zur Verwendung beider Tag-Pools wäre eine generelle Priorisierung eigener Tags mit gleichzeitig nachfolgender Auflistung von üblicherweise verwendeten Tags.

Der grundsätzliche Einsatz von hierarchischen Klassifikationsansätzen inklusive eines kontrollierten Vokabulars ist aufgrund einer vorentwickelten Grundstruktur, an der sich der Nutzer orientieren kann, sowie der Gewohnheit des Menschen in Kategorien zu denken, ein sinnvoller Ansatz. Nur sollte dieser um den Einsatz von Tagging ergänzt werden, um vor allem „in großen, komplexen Websites mit hoher Content-Volatilität und -Diversität (z.B. Nachrichtenseiten) [...], viele der bisherigen navigatorischen Probleme zu lösen" (Heuer et al., 2006). Dadurch ist zwar die Ressource weiterhin einem Unterverzeichnis direkt zugeordnet, kann aber dennoch über die Suche nach dafür vergebenen Tags auf unterschiedliche Weise gefunden werden. Während die Auslagerung der Strukturbildung auf die Nutzergemeinde für Unternehmensseiten aufgrund garantierter Qualität des Inhaltes beziehungsweise der Struktur mit Vorsicht zu genießen sind, können sich unabhängige Anbieter wie beispielsweise Del.icio.us, LibraryThing und viele andere vollständig darauf stützen und erreichen durch die Masse an Nutzern und Tags vorzeigbare Strukturen. Bei der Kombination verschiedener Ansätze werden jedoch, egal in welcher Ausprägung die Zusammensetzung vorliegt, jeweils Vorteile aggregiert und Nachteile einzelner Systeme ausgeglichen.

2.4 Tagging nicht-textueller Objekte

Das Gros der Social-Tagging-Systeme unterstützen das Taggen von textuellen Inhalten, seien es Bücher (LibraryThing), Dokumente (CiteULike), einzelne Webseiten oder ganze Webauftritte (Del.icio.us). Die meist verwendeten Tags werden dabei vorzugsweise der Überschrift, einem Abstract, der Einleitung, der Gliederung, Metadaten wie Autor, Konferenz, Publikationsdatum und Ähnlichem oder dem weiteren Fließtext entnommen. Bei nicht-textuellen Dokumenten ist zur Generierung und Extraktion von Schlagworten kein Fließtext vorhanden, wodurch der Nutzer zur selbstständigen Generierung von Tags gezwungen wird. Einzig aus Überschriften oder bestimmten vorgegebenen Metadaten könnten einige Tags abgeleitet werden, die jedoch das Bild, das Kunstwerk oder das Video in der Regel nur unzureichend beschreiben. Eine automatische Generierung von Tags wird dadurch nahezu unmöglich, denn wenn es für den Menschen beschwerlich sein kann, ein multimediales Objekt zu beschreiben, ist dies für einen elektronischen Automatismus noch schwieriger.

2.4.1 Herausforderungen des Information Retrievals für Multimedia-Objekte

Mit FlickR und youTube wurden bereits Beispiele für Tagging-Systeme für nicht-textuelle Objekte in Kapitel 2.2.1 erläutert. Bei beiden Systemen ist es mehrheitlich der Urheber des Fotos beziehungsweise des Videos, der die Vergabe von Schlagworten durchführt und nicht der Online-Nutzer an sich, wie beispielsweise bei Bookmarking-Systemen. Der Urheber ist in höherem Maße in der Lage beschreibende Tags zu vergeben, da er die Entstehung oder die Bedeutung des gezeigten Inhaltes besser kennt und einordnen kann, als dies ein Online-Nutzer mittels reinen Examinierens herausfinden kann. Dem Online-Nutzer fehlt dafür das kontextspezifische Verständnis, in dem dieses Objekt entstanden ist. Li et al. (2007) sprechen dabei von einer *Semantic Gap* zwischen dem Inhalt des Bildes, das heißt die Informationen direkt im Bild (wie Umgebung, Personen, Gebäude etc.) und dem Kontext. Kontext bedeutet hierbei wie das Bild entstanden ist, beispielsweise welche Situation voraus ging, welche Stimmung vorhanden war, aus welchem Anlass das Bild aufgenommen wurde und vieles mehr. Die Zusammenführung von Inhalt und Kontext ist sowohl in der Mensch-Mensch-Kommunikation als auch für das Verstehen des Menschen von multimedialen Inhalten essentiell, da nur in Folge dessen ein exaktes Verständnis für gesehene Inhalte erzeugt werden kann.

> *„I think the core of the problems is still semantic understanding of multimedia content. "* Luo in (Li et al., 2007)

Zur Schließung dieser semantischen Lücke muss eine Integration von Inhalt und Kontext erreicht werden. Damit könnten Inhaltsanalysen und Indexierungsverfahren eine enorme Wertsteigerung für die Organisation von multimedialen Daten erfahren. Hierbei müssen kontextuelle Metadaten extrahiert werden können, was aufgrund der unterschiedlichen Ebenen von Kontext diffiziler erscheint, denn ein Foto beziehungsweise ein Video wird „nicht in einem Vakuum erzeugt" (Luo et al., 2006). Jedes multimediale Objekt weist diverse

Kontextebenen auf, die sich auf objektspezifische, temporale, räumliche oder soziale Begebenheiten konzentrieren. Desweiteren können bildgebende Eigenschaften (*EXIF-Daten*) wie Kamera, Hersteller, Linse, Auflösung etc. festgehalten werden, die oft automatisch beim Upload von Bildern mitgegeben werden.

Peters und Stock (2008) teilen, angelehnt an die *semantische Einteilung von Kunstwerken in drei Stufen* von Panofsky (2006), die ein multimediales Objekt beschreibenden Eigenschaften in semantische Ebenen. Die inhaltsbeschreibenden Ebenen werden je nach Detaillierungsgrad der beschreibenden Tags respektive des dafür nötigen Interpretationslevels beziehungsweise des notwendigen Wissens des Taggers in *Ofness*, *Aboutness* und *Ikonologie* subgruppiert. Eine vierte, nicht-inhaltsbeschreibende Ebene wird als die *Isness* des Objektes bezeichnet. Die erste Stufe der Ofness wird von Panofsky (2006) als die prä-ikonografische Interpretation deklariert, die einen rein bildbeschreibenden Charakter ausführt. Für dieses unterste Interpretationslevel sind seitens des Interpreters keine weiteren Kenntnisse, als die aus alltäglicher Erfahrung stammenden erforderlich. Am Beispiel des Kunstwerkes in Abbildung 2.7, welches samt vergebener Tags aus FlickR entnommen wurde, können die Tags *bunt* oder *colour* als typisches Ofness-Schlagwort gesehen werden. Für das Level der Aboutness werden soziokulturelle sowie thematische Erfahrungswerte und Wissen zur ikonografischen Analyse vorausgesetzt, da hierbei bereits die Bestimmung und Deutung von Motiven miteinbezogen wird (Peters und Stock, 2008). Beispielhafte Aboutness-Tags sind *Billardkugel*, *Garderobe* und *Kleiderständer*, die den Inhalt des Bildes aufgrund des Vorwissens detaillierter beschreiben. Die dritte semantische Ebene bezeichnet Panofsky (2006) als Ikonologie, die eine tiefgehende, qualifizierte und sinnbildliche Interpretation des Kunstwerkes voraussetzt. Diese Ebene der Deutung wird zur reinen Inhaltserschließung des Objektes zwar nicht notwendigerweise gefordert, aber der Tagger hat damit dennoch die Möglichkeit seine Tags semantisch zu qualifizieren. Ein Beispiel für ein sehr schwaches, aber dennoch ikonologisches Schlagwort wäre z.B. *Kunst* oder *Art*.

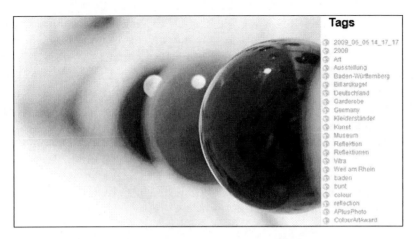

Abbildung 2.7: Veröffentlichtes und von der Online-Community getaggtes Foto in FlickR

Umfassenderes Vorwissen ist auch zur Verschlagwortung auf Ebene der Isness notwendig, in der nicht-inhaltliche Informationen über das Bild, dessen Entstehen und Standort hinzugefügt werden. Am vorliegenden Beispiel können Isness-Tags wie *Deutschland*, *Weil am Rhein*, *Museum* oder Datumsangaben herausgezogen werden. Weitere Möglichkeiten wären der Name des Museums oder Daten über den Künstler. Das Problem der Verschlagwortung von multimedalen Objekten ist die Verschmelzung der hier beschriebenen semantischen Ebenen bei der Indexierung in nutzerzentrierten Klassifikationssystemen. Es findet also keine Differenzierung zwischen den, aus unterschiedlichen Ebenen stammenden Tags, statt und sämtliche Tags erscheinen in einer Auflistung, als ob alle derselben semantischen Ebene angehören. Jedoch kann durch die Verschlagwortung der multimedialen Inhalten die semantische Lücke zwischen Inhalt und Kontext, je nach Quantität und Qualität der vergebenen Tags, mehr oder weniger geschlossen werden.

Ein Ansatz zur Kategorisierung von Tags bietet die *ClassTag Classification* von Overell et al. (2009), die zwar das Problem der semantischen Verschmelzung nicht vollständig kompensieren kann, aber eine gewisse Systematisierung der diversen vergebenen Tags vornimmt. Die Tags werden dabei zur Kategorisierung als so genannte *Anchor-Texte* mit Wikipedia-Artikeln und dem *WordNet*[3] verglichen und darüber einzelnen Kategorien zugewiesen. Die Erweiterung der *WordNet Classification* nach Rattenbury et al. (2007) durch den Abgleich mit Wikipedia-Artikeln verbessert die Zuordenbarkeit enorm, da Wikipedia eine größere Vielfalt an Artikeln anzubieten hat als WordNet Wortbeziehungen und Kategorien. Transferiert auf unser Beispiel-Bild könnten Tags wie *Weil am Rhein* der Kategorie *Location*, *Billardkugel* der Kategorie *Artifact* und *2009* der Kategorie *Time* zugeordnet werden.

2.4.2 Tagbasierter Retrieval von Videoinhalten

Tagging wurde bislang für die Beseitigung der semantischen Lücke bei der Kategorisierung von Bildern angewandt. Betrachtet man das Tagging von Videoinhalten lässt sich feststellen, dass im Gegenteil zu statischen Bildern ein zeitlicher Aspekt hinzukommt. Der Nutzer muss vor dem Taggen das Video mindestens einmal vollständig angeschaut haben, um sich ein Bild über mögliche, zu vergebende Tags machen zu können. Während ein Bild bei erster Betrachtung verschlagwortet werden kann, sollten Videos also eher erst ab dem zweiten Durchgang getaggt werden. Zur Vertiefung des Taggens kann anhand eines Zeitstrahls oder des Ablaufplans eines Videos getaggt werden, wodurch der Tag zusätzlich mit einer zeitlichen Komponente versehen wird.

Die Motivation für das Tagging von Videoinhalten resultiert nach einer Studie von Melenhorst et al. (2008), die allerdings bezogen auf das Taggen von TV-Inhalten durchgeführt wurde, überwiegend zum persönlichen Inhaltsmanagement, wodurch hierbei verstärkt Meinungstags oder so genannte *Self-Reference*-Tags zum Einsatz kommen. Für Social-Tagging-Systeme und den explorativen Video-Re-

---

[3]WordNet ist ein von der Princeton University entwickelter Wortschatz mit semantischen und lexikalischen Beziehungen zwischen Wörtern.

trieval sind diese Tags weitgehend unbrauchbar. Nichtsdestotrotz soll Tagging auch im Bereich des Video-Retrievals den Social-Gedanken unterstützen. Nachfolgende bereits erprobte Beispiele von Video-Tagging-Systemen sollen neue Möglichkeiten für den Information Retrieval für Videoinhalte aufzeigen.

Der erste Ansatz dazu stammt von Srinivasan und Kukreja (2008) mit ihrer Entwicklung des *Tagboards*, in dem so genannte *Keyframes* des Videos in zeitlicher Abfolge visuell repräsentiert werden. Die räumliche Anordnung findet über zwei Achsen statt, die einerseits den zeitlichen und andererseits den inhaltlichen Aspekt abbilden. Dadurch lassen sich zeitlich und inhaltlich abgesteckte Cluster herausfiltern, die vom Nutzer getaggt werden können. In Abbildung 2.8 ist die visuelle Repräsentation beispielhaft nachgebaut. Die farbigen Vierecke spiegeln die Keyframes wieder, wobei jede Farbe eine inhaltlich-thematische Kohärenz symbolisiert. Das Taggen von Bildausschnitten könnte den Nutzer allerdings auch vor diverse Probleme stellen. So könnte die zu taggende Szene in mehreren Keyframes abgebildet sein und den Nutzer vor die Entscheidung der Auswahl des zu taggenden Keyframes stellt. Die temporale Aneinanderreihung der Ausschnitte spiegelt zudem nicht die Beobachtung des wiederholten Anschauens wieder, bei dessen Vorgang das Tagging aber vorzugsweise durchgeführt werden sollte. Denn schaut man sich wiederholt dasselbe Video an, hat der Beobachter beim zweiten Durchlauf bereits einen ersten Eindruck vom Ablauf und Inhalt des Videos und nimmt diese daher befangener wahr als dies beim ersten Betrachten der Fall war. Ein entscheidender Nachteil des Tagboards ist die fehlende Darstellung der Tags beim Information Retrieval, da sich die Visualisierung lediglich auf die Keyframe-Abbildungen beschränkt.

Eine Kombination von visueller Darstellung von Keyframes und Abbildung einer Ontologie der in der Suchanfrage eingegebenen Begriffe bietet der *TRECVID*-Ansatz[4], der nach Christel (2008) die explorative Suche von Videos unterstützen soll. *TREC* steht für eine

---

[4]weitere Informationen zu TRECVID unter
`http://www-nlpir.nist.gov/projects/trecvid/`

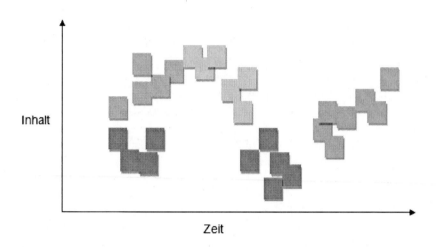

Abbildung 2.8: Räumliche Darstellung der Keyframes in Tagboard (eigene Darstellung in Anlehnung an Srinivasan und Kukreja, 2008)

Reihe von Konferenzen, die vom *National Institute of Standards and Technologies (NIST)* der US-Regierung gefördert wird. TRECVID ist das Ergebnis jährlich stattfindender Workshops zur Verbesserung der Online-Video-Suche. TRECVID ist allerdings ein sehr spezifischer Ansatz, da hier ausschließlich Videos aus dem News-Bereich der TV-Stationen kategorisiert und verschlagwortet werden. Dafür bietet das System aber viele Funktionalitäten die auch für allgemeinere Video-Bibliotheken verwendet werden können. Dazu gehört auch die Ontologie der Suchbegriffe, die durch den Nutzer noch nach weiteren Kriterien eingeschränkt werden kann, indem Knoten ein- und ausgeblendet werden können. Es können zusätzlich textbasierte Ausschnitte, die aus Überschriften, Abstract oder Tags stammen, zeitbasierte Informationen auf einer so genannten *Timeline* sowie geografische Informationen ob des Schauplatzes des Videos in einer Karte (allerdings nur für die USA möglich) angezeigt werden lassen.

Inwieweit sich solch komplexe Video-Tagging-Verfahren anhand des Storyboards in naher Zukunft weiterentwickeln und von potenziellen Nutzern angenommen werden, kann zum heutigen Standpunkt noch nicht abgesehen werden. Einfachere Tagging-Verfahren, die keine zeitliche Trennung der Tags vorsehen, sondern Tags für die Gesamtheit des Videos vergeben werden, sind leichter anzuwenden und werden daher weiterhin zum Taggen von Videoinhalten verwendet werden. Eine automatische Kategorisierung wie beispielsweise bei Overell et al. (2009) kann zur grundsätzlichen Sortierung und somit übersichtlicheren Darstellung von Tags jederzeit unterstützend eingesetzt werden.

2.4.3 Recommendations und Social Networks

Jegliche Art von Tags, egal ob allgemein beschreibende oder mit zeitlichem Aspekt versehene Tags, dienen zur Generierung von nutzerspezifischen Patterns, auf Grundlage derer Personalisierung und *Recommendation Engines* ansetzen. Die Mustergenerierung basiert sowohl auf selbst erstellten als auch korrelierenden, fremd vergebenen Tags. Durch die Mehrfachvergabe von Tags können bestimmte Interessengebiete des Nutzers direkt abgeleitet werden. Indirekte Mustergenerierung kann zum einen durch die Integration von *related Tags* erreicht werden, wodurch das Persönlichkeitsprofil des Nutzers zusätzlich verbessert wird. Zum anderen können bewertende Tags des Nutzer herangezogen werden, um Vorlieben und Abneigungen gewissen Themen gegenüber herauszufiltern. Versieht ein Nutzer beispielsweise ein Motorrad-Video beziehungsweise eine Szene des Videos mit *cool*, kann von einer Vorliebe für Motorräder ausgegangen werden. Aus einer einzigen Bewertung kann allerdings nur sehr schwer ein Pattern abgebildet werden, denn der Tag *cool* könnte auch Randerscheinungen des Videos beschreiben. Generell können Persönlichkeitsprofile durch eine hohe Aktivität des Nutzers und vielfach vergebene Tags deutlich geschärft werden, was die Qualität der automatisch generierten Recommendations optimiert.

Durch einen Abgleich von Nutzer-Patterns können auch soziale Kontakte geknüpft werden, wodurch das Tagging-System die Funktion eines sozialen Netzwerkes einnehmen kann. Dem Nutzer können Kontaktvorschläge nahegelegt werden, die über ein ähnliches Persönlichkeitsprofil verfügen oder ähnliche Neigungen besitzen, was die Bildung von Communities innerhalb eines Social-Tagging-Systems stark unterstützen kann. Die vermehrte Bildung von Gemeinschaftsgruppen fördert die explorative Suche nach neuen Inhalten durch das Mehrangebot an bekannten Nutzern mit gleichen Präferenzen, was im Umkehrschluss wiederum die Menge an neuen Tags und Referenzen bedeutet. Dieser Kreislauf veranlasst das Social-Tagging-System zu einem starken intrinsischen Wachstum.

2.5 Zusammenfassung und Ausblick

Social-Tagging-Systeme sind ein Substitut für klassische, hierarchische Klassifikationsmethoden, können allerdings durch die Verknüpfung mit expertengenerierten Kategorien und semantischen Beziehungen eine Grundstruktur erhalten und die Fehleranfälligkeit mindern, wodurch das System an Qualität gewinnt. Während sich das Taggen von textuellen Ressourcen durch Extraktion von Wörtern aus Überschrift, Text und Metadaten relativ einfach gestaltet, wird beim Taggen von multimedialen Objekten der Nutzer vor die Wahl der Interpretationsebene gestellt. Ein Bild kann oberflächlich beschrieben, analysiert, interpretiert oder mit Metadaten verschlagwortet werden. Die Darstellung der Tags in einer simplen Auflistung sorgt allerdings wieder für eine Vermischung der semantischen Ebenen. Eine grobe Kategorisierung von verwendeten Tags nach allgemeinen Informationen wie *Gegenstand, Zeit* und *Ort* ist als sinnvoll zu erachten.

Betrachtet man das Taggen von Video-Inhalten muss der zeitliche Faktor miteinbezogen werden, was im Hinblick auf die Tagfreudigkeit der Nutzer ein großes Problem darstellt. Der Tagger sollte nämlich einerseits das Video mindestens einmal angeschaut haben, bevor getaggt werden kann und andererseits muss er sowohl die technische als auch kognitive Fähigkeit besitzen anhand eines

Zeitstrahls zu taggen. Die heutige „Unendlichkeit" des Speicherplatzes begünstigt zukünftig zunehmend das Veröffentlichen und das Sharing von Videos im Internet, was zu einer wachsenden Anzahl an Videos führen wird. Die Bedeutung des Information Retrieval wird folgerichtig weiter zunehmen, damit sich die Benutzer in der großen Informationsflut weiter zurecht finden. Kombinierte Ansätze aus Social Tagging durch die Autoren, Urheber und Nutzer sowie maschinengenerierte Tags werden zur Bewältigung des reichhaltigen multimedialen Informationsangebots die Zukunft bestimmen.

Literatur

Alby, T. (2008). *Web 2.0: Konzepte, Anwendungen, Technologien.* Carl Hanser Verlag München.

Bosenick, T., Hassenzahl, M., Mueller-Prove, M., und Peissner, M. (2006). *Usability Professionals 2006*, Band 4 in *Usability Professionals*. Fraunhofer IRB Verlag, Sirvaluse GmbH, Sun Microsystems GmbH, TU Darmstadt.

Brusilowski, P., Kobsa, A., und Nejdl, W. (2007). *The Adpative Web: Methods and Strategies of Web Personalization.* Springer-Verlag, 1. Auflage.

Christel, M. G. (2007). Establishing the utility of non-text search for news video retrieval with real world users. In: Lienhart, R., Prasad, A. R., Hanjalic, A., Choi, S., Bailey, B. P., und Sebe, N. (Hrsg.), *ACM Multimedia*, S. 707–716. ACM.

Christel, M. G. (2008). Supporting video library exploratory search: when storyboards are not enough. In: Luo, J., Guan, L., Hanjalic, A., Kankanhalli, M. S., und Lee, I. (Hrsg.), *CIVR*, S. 447–456. ACM.

Gaiser, B., Hampel, T., und Panke, S. (2008). *Good Tags - Bad Tags*, Band 47 in *Medien in der Wirtschaft*. Waxmann-Verlag.

Golder, S. A. und Huberman, B. A. (2006). The Structure of Collaborative Tagging Systems. In: *Information Dynamics Lab, HP Labs*.

Guy, M. und Tonkin, E. (2006). Folksonomie - Tidying up Tags? *D-Lib Magazine*, 12(1). Letzter Zugriff am 23. Juli 2009 unter http://www.dlib.org/dlib/january06/guy/01guy.html.

Hammond, T., Hannay, T., Lund, B., und Scott, J. (2005). Social Bookmarking Tools (I) - A general review. *D-Lib Magazine*, 11(4). Letzter Zugriff am 18. Juli 2009 unter http://www.dlib.org/dlib/april05/hammond/04hammond.html.

Hassan-Montero, Y. und Herrero-Solana, V. (2006). Improving Tag-Clouds as Visual Information Retrieval Interfaces. In: *International Conference on Multidisciplinary Information Sciences and Technologies*, Merida, Spain.

Heuer, J., McCray, P., Zapf, B., und Hoch, M. (2006). Navigation neu definiert: Chancen und Nutzen von Tagging,. In Bosenick et al. (2006), S. 84–88.

Heymann, P. und Garcia-Molina, H. (2006). Collaborative Creation of Communal Hierarchical Taxonomies in Social Tagging Systems. In: *Stanford InfoLab Technical Report*. Department of Computer Science.

Laudon, K., Laudon, J., und Schoder, D. (2006). *Wirtschaftsinformatik - Eine Einführung*, Kapitel 1, S. 61. Pearson Education Deutschland.

Li, J., Chang, S.-F., Lesk, M., Lienhart, R., Luo, J., und Smeulders, A. W. M. (2007). New challenges in multimedia research for the increasingly connected and fast growing digital society. In: *MIR '07: Proceedings of the international workshop on Workshop on multimedia information retrieval*, S. 3–10, New York, NY, USA. ACM.

Luo, J., Boutell, M., und Brown, C. (2006). Pictures are not taken in a vacuum - an overview of exploiting context for semantic scene content understanding. *Signal Processing Magazine, IEEE*, 32(2):101–114.

Mathes, A. (2004). Folksonomies - Cooperative Classification and Communication Through Shared Metadata. In: *Computer Mediated Communication (LIS590CMC)*, Urbana-Champaign, Illinois. University of Illinois.

Melenhorst, M., Grootveld, M., van Setten, M., und Veenstra, M. (2008). Tag-based information retrieval of video content. In: *UXTV '08: Proceeding of the 1st international conference on Designing interactive user experiences for TV and video*, S. 31–40, New York, NY, USA. ACM.

Müller-Prove, M. (2008). Modell- und Anwendungsperspektive des Social Tagging. In Gaiser et al. (2008), Kapitel 1, S. 15–22.

Overell, S. E., Sigurbjörnsson, B., und van Zwol, R. (2009). Classifying tags using open content resources. In: Baeza-Yates, R. A., Boldi, P., Ribeiro-Neto, B. A., und Cambazoglu, B. B. (Hrsg.), *WSDM*, S. 64–73. ACM.

Panke, S. und Gaiser, B. (2008). With my head up in the clouds - Social Tagging aus Nutzersicht. In Gaiser et al. (2008), Kapitel 2, S. 23–35.

Panofsky, E. (2006). *Ikonographie und Ikonologie.* Dumont, 1. Auflage.

Peters, I. und Stock, W. G. (2008). Folksonomies in Wissensrepräsentation und Information Retrieval. *Information Wissenschaft und Praxis,* 59(2):77–90.

Rattenbury, T., Good, N., und Naaman, M. (2007). Towards automatic extraction of event and place semantics from flickr tags. In: *Proceedings of the 30th annual international ACM SIGIR conference on Research and development in information retrieval,* S. 103–110.

Riedl, J. (2008). Altruism, Selfishness, and Destructiveness. In: *AH '08: Proceedings of the 5th international conference on Adaptive Hypermedia and Adaptive Web-Based Systems,* S. 9–11, Berlin, Heidelberg. Springer-Verlag.

Rodrigues, E. M., Milic-Frayling, N., und Fortuna, B. (2008). Social Tagging Behaviour in Community-driven Question Answering. In: *WI-IAT '08: Proceedings of the 2008 IEEE/WIC/ACM International Conference on Web Intelligence and Intelligent Agent Technology,* S. 112–119, Washington, DC, USA. IEEE Computer Society.

Shirky, C. (2003). Power Laws, Weblogs, and Inequality. Letzter Zugriff am 19. Juli 2009 unter `http://www.shirky.com/writings/powerlaw_weblog.html`.

Shirky, C. (2005). Ontology is overrated: Categories, Links, and Tags. Letzter Zugriff am 19. Juli 2009 unter `http://www.shirky.com/writings/ontology_overrated.html`.

Smith, G. (2008). *Tagging: People-Powered Metadata for the Social Web.* Addison-Wesley Longman, Amsterdam.

Speller, E. (2007). Collaborative tagging, folksonomies, distributed classification or ethnoclassification: a literature review. *Library Student Journal.*

Srinivasan, S. H. und Kukreja, M. (2008). Tagboards for video tagging. In: El-Saddik, A., Vuong, S., Griwodz, C., Bimbo, A. D., Candan, K. S., und Jaimes, A. (Hrsg.), *ACM Multimedia,* S. 905–908. ACM.

Tennis, J. T. (2006). Social Tagging and the next steps for indexing. In: *In Proceedings of the 17th SIG/CR Classification Research Workshop, Nov 4.*

Vander Wal, T. (2005). Explaining and Showing Broad and Narrow Folksonomies. Blog-Eintrag vom 21.02.2005. Letzter Zugriff am 20. Juli 2009 unter http://www.vanderwal.net/random/category.php?cat=153.

Xu, Z., Fu, Y., Mao, J., und Su, D. (2006). Towards the Semantic Web: Collaborative Tag Suggestions. In: *WWW2006: Proceedings of the Collaborative Web Tagging Workshop*, Edinburgh, Scotland.

3 Motive und Verhalten der Nutzer von Social-Tagging-Systemen

Petra Amann-Prazak

3.1 Einführung

Social-Tagging-Systeme ermöglichen Personen, gemeinschaftliche Plattformen im Internet aufzubauen. Diese Plattformen unterstützen die Nutzer bei der Verwaltung und Veröffentlichung von Objekten zu bestimmten Themen wie beispielsweise Bookmark- oder Fotosammlungen. Die Nutzer vergeben Schlagworte, um die Inhalte ihrer Objekte zu beschreiben. Dieser Beitrag stellt den Stand der Forschung sowie Ergebnisse von Studien zu unterschiedlichen Motiven und Verhaltensweisen von Nutzern von Social-Tagging-Systemen vor. Die Studien umfassen sowohl den privaten als auch den unternehmerischen Bereich. Ergänzend werden Motive der Geschäftsführung für den Einsatz von Social-Tagging-Systemen in Unternehmen beschrieben.

Im Internet verbreiten sich zunehmend *Social-Tagging-Systeme*, die Nutzern ermöglichen, sich an der Gestaltung von Inhalten im WWW aktiv zu beteiligen. Die Systeme werden als Basis genutzt, um Inhalte zu gemeinsamen Themen im Internet aufzubauen und zu pflegen. Die Themen können sowohl aus dem privaten Bereich als auch unternehmensintern entstehen. Social-Tagging-Systeme werden zur Verwaltung von Objekten eingesetzt, wie beispielsweise Fotos, Videos, Internetseiten, Bookmarks, Dokumenten oder Blogeinträgen. Innerhalb dieser Systeme agieren die Nutzer, indem sie *Tags* vergeben. Tags sind Schlagworte beziehungsweise Metadaten, die ein Objekt inhaltlich beschreiben. Der Vorgang der Vergabe von Tags wird als *Taggen* oder Tagging bezeichnet. Es gibt zwei Möglichkeiten zu taggen. Schlagworte können entweder frei vergeben oder aus einer vordefinierten Liste ausgewählt werden. Im ersten Fall ist es möglich, jeden beliebigen Begriff oder mehrere Begriffe als Tag zu definieren. Das Ergebnis des Taggens ist eine Sammlung von Tags, die von allen Nutzern gemeinsam verwaltet wird. Diese Sammlung, auch *Folksonomie* genannt, dient dem schnellen Auffinden und Wiederverwenden von Objekten. Zusätzlich werden den Nutzern neue Informationen und eventuell Zusammenhänge aufgezeigt, die durch die Tags anderer Nutzer sichtbar werden. Durch das Vergeben gleicher oder ähnlicher Tags haben Nutzer die Möglichkeit, andere Nutzer mit ähnlichen Interessen und Sichtweisen ausfindig zu machen und mit diesen in Kontakt zu treten.

Die Voraussetzung für ein erfolgreiches Social-Tagging-System, ist das Erreichen einer kritischen Masse an Nutzern. Je mehr Tags von Nutzern gesetzt und genutzt werden, umso wertvoller werden die daraus ableitbaren Informationen. Zum Beispiel ist ein Tag, das nur von einem Nutzer vergeben wurde, nicht so aussagekräftig, wie ein Tag, das von vielen Nutzern gewählt wurde. Wird beispielsweise ein Foto von vielen Nutzern getaggt, ist davon auszugehen, dass dieses Objekt auch für andere Nutzer interessant ist. Je mehr Menschen taggen, umso wertvoller werden die daraus entstehenden Informationen. Das Wiederauffinden häufig vergebener Tags ist einfacher, da diese in den *Tag-Wolken* besonders hervorgehoben werden. Tag-Wolken visualisieren vergebene Tags, wobei die am häufigsten genutzten Tags in einer größeren Schrift dargestellt werden. Ausführliche Beschreibungen der Begriffe Social-Tagging-System, Tagging, Tags sowie Tag-Wolken und Folksonomie sind im Kapitel 2, S. 41 ff. dargestellt.

Um die Hintergründe des Taggens verständlich zu machen, werden in diesem Beitrag Studien vorgestellt, in denen Motive und Verhaltensweisen von Nutzern analysiert wurden. Es wird der Frage nachgegangen, welche Gründe Menschen zum Taggen veranlassen. Auch die Vorteile für Systemanbieter werden untersucht. Es ist besonders für die Anbieter wichtig, Social-Tagging-Systeme so zu gestalten, dass Nutzer Objekte innerhalb der Systeme taggen, und den Systemen treu bleiben. Um dieses Ziel zu erreichen, ist für die Anbieter von Social-Tagging-Systemen ein Wissen über die Motive der Nutzer und deren Verhaltensweisen entscheidend. Je mehr Motive bekannt sind, umso effektiver können die Systeme gestaltet und angepasst werden. Dabei darf die Zielgruppe nicht vernachlässigt werden. So hat ein Social-Tagging-System, das unternehmensintern eingesetzt wird, für die Nutzer eine andere Funktion, als ein Social-Tagging-System, in das Nutzer ihre Freizeit investieren und ihren Interessen nachgehen. Entsprechend unterschiedlich sind die Motive der Nutzer.

Dieser Beitrag wird durch einen Überblick über den Stand der Forschung eingeleitet. Dazu werden ausgewählte Studien und deren Ergebnisse vorgestellt. Anschließend wird auf die unterschiedlichen Motive und Verhaltensweisen von Nutzern von Social-Tagging-Systemen eingegangen. Ergänzend dazu werden die Gründe beziehungsweise Vorteile untersucht, die die Anbieter von Social-Tagging-Systemen in Unternehmen zum Angebot dieser Dienste veranlassen. Anhand von zwei Beispielen wird näher auf das Taggingverhalten von Nutzern in wissenschaftlichen Bibliotheken und beim People-Tagging innerhalb eines Unternehmens eingegangen.

3.2 Stand der Forschung

Die Erforschung der Verhaltensweisen von Nutzern beim Taggen befindet sich noch in den Anfängen. Folglich gibt es nur wenige empirische und qualitative Studien. Auch haben sich bisher noch keine Standards im Bereich der Untersuchungsmethoden etabliert. Es zeichnet sich jedoch ab, dass Untersuchungen in den Bereichen Tag-Wachstum, -Strukturen sowie -Frequenzen in den meisten Studien eingesetzt werden.

Sowohl Marlow et al. (2006) als auch Pan und Millen (2008) beschreiben, dass es in den letzten Jahren ein beachtliches Interesse an Social-Tagging-Systemen gegeben hat. Dabei standen speziell *Social-Bookmarking-Systeme* im Fokus des Interesses, mit deren Hilfe Bookmarks verwaltet werden und in denen das gemeinschaftliche

Taggen von Internetseiten ermöglicht wird. Dennoch ist bisher nur wenig über die tatsächliche Nutzung dieser Systeme bekannt.

Die meistzitierte empirische Studie im Bereich der öffentlich zugänglichen Social-Tagging-Systeme im WWW wurde von Golder und Huberman (2006) durchgeführt. Gegenstand der Studie war das Social-Bookmarking-System *Delicious*[1]. Die Untersuchungen bezogen sich hauptsächlich auf die Strukturen des gemeinschaftlichen Taggens sowie deren dynamischen Aspekte wie beispielsweise das Wachstum von Taglisten. So wurde die Nutzeraktivität beziehungsweise das Wachstum der Tagging-Listen über einen bestimmten Zeitraum untersucht (*Tag-Wachstum*). Dabei wurde nur eine schwache Beziehung zwischen dem Alter des Nutzeraccounts und der Anzahl von Tagen, an welchen getaggt wurde, festgestellt. Auch bei der Tag-Quantität, konnte kein sichtbarer Zusammenhang zwischen der Anzahl der Bookmarks, die ein Nutzer angelegt hat und der Anzahl von Tags, die innerhalb dieser Bookmarks vergeben wurden, festgestellt werden (*Tag-Frequenzen*). Die Tag-Frequenzen entsprechen der Anzahl der Bookmarks und der Anzahl der Tags, die die Nutzer für diese Bookmarks vergeben haben. Ein weiteres Untersuchungsgebiet bezog sich auf die Popularität von Tags, die als Nutzungsrate neuer Bookmarks bezeichnet werden kann (*Trends in Bookmarking-Systemen*). Die Autoren analysierten, dass Tags, die neu für Bookmarks vergeben wurden, gleich zu Beginn am stärksten frequentiert wurden. Andererseits gab es auch Tags, die erst nach einem längeren Zeitraum wiederentdeckt wurden und deren Popularität anschließend sprunghaft anstieg. Weitere Forschungen wurden im Bereich der *Stabilität der Verhaltensweisen* der Nutzer durchgeführt. Diese entspricht der Frequenz der Nutzung von Bookmarks innerhalb eines bestimmten Zeitraums. Das Zufügen von Bookmarks zu einer URL, das Wachstum der Tagsammlung zu diesem Bookmark sowie die Tag-Frequenz repräsentieren eine gemeinschaftliche Beschreibung dieser URL. Es stellte sich heraus, dass die Kombination von Bookmark-Tags vieler Nutzer zu einem stabilen Muster führt,

---

[1] http://www.delicious.com

in welchem die Proportionen jedes Tags annähernd gleich sind. Die
Autoren fanden heraus, dass jede Tag-Frequenz annähernd mit der
Gesamtfrequenz aller Tags gleichzusetzen ist. Ergänzend zu der Studie präsentierten die Autoren ein dynamisches Modell des gemeinschaftlichen Taggens, in dem die in der Studie untersuchten Verhaltensmuster vorausgesetzt wurden. Diese Verhaltensmuster wurden
als Basis zur Entstehung eines gemeinsamen Wissens eingesetzt.

Gegenstand der Studie von Ames und Naaman (2007) war die
Frage, was Nutzer zum Taggen von Bildern in der Online-Foto-
Community *Flickr*[2] mit Hilfe der zusätzlichen Applikation *ZoneTag*[3]
veranlasst. Flickr ist eine Plattform zum Austausch und Taggen
von Fotos. ZoneTag ermöglicht den Nutzern, Bilder von der Handy-
Kamera zu Flickr zu senden. Das System versucht automatisch den
Standort des Nutzers und dazu passende Tags zu ermitteln. Die Autoren nutzten für ihre qualitative Studie die Methode der Interviews.
Die Interviews wurden als teilstrukturierte Gespräche durchgeführt,
die in detailliertere Diskussionen übergingen. Es wurden die Schwer-
punkte Motivation und Nutzung des Social-Tagging-Systems behandelt. Die Interviewteilnehmer wurden über Tags befragt, die von ihnen selbst vergeben wurden. Dazu wurden die entsprechenden Fotos
gezeigt, die assoziierten Tags genannt und spezifische Verhaltensweisen diskutiert. Abschließend wurden die Interviewteilnehmer über
ihren Umgang mit Vorschlägen für Tags befragt. Als Ergebnis dieser
Studie lässt sich festhalten, dass Nutzer taggen, um zu kommunizie-
ren und um zusätzliche Tags beziehungsweise Inhalte zu erhalten,
wobei die Selbstdarstellung der Nutzer selbst ebenfalls einen wichtigen Faktor einnimmt.

Farooq et al. (2007) untersuchten das Tagging-Verhalten in Social-Bookmarking-Systemen. Die Autoren kamen zu dem Ergebnis,
dass eine wichtige Voraussetzung für ein Social-Bookmarking-System, die aktive Nutzung des Systems von vielen Nutzern ist. Das
bedeutet, dass ein System erfolgreich ist, wenn Nutzer regelmäßig

---

[2] http://www.flickr.com/
[3] http://zonetag.research.yahoo.com/

taggen und die vergebenen Tags möglichst oft von anderen Nutzern wiederverwendet werden. Das Ergebnis dieser Tätigkeit ist eine stetig ansteigende Zahl neuer Tags. Das Tag-Wachstum kann zum Beispiel zur Beantwortung folgender Frage beitragen: Wie oft werden neue Tags erstellt? Untersuchungen über Auswirkungen neuer Nutzer auf das Tag-Wachstum wurden durchgeführt. In der Studie wurden neue Tags kategorisiert, die innerhalb eines Monats vergeben wurden. Die Auswertung der Studie ergab, dass sowohl die Anzahl von Tags, als auch die Anzahl der Nutzer stetig anstiegen. Dabei wurde analysiert, dass die Prozentsätze der Summe der neuen Tags in Korrelation zu den Prozentsätzen der Summe der neuen Nutzer standen.

Anhand des Untersuchungsgebiets der *Wiederverwendung von Tags* wird die Nutzung früher vergebener Tags festgestellt. Eine einfache Berechnung lautet: Die Tag-Wiederverwendung ist gleich der Tag-Anwendungen minus der eindeutigen Tags. Bei den eindeutigen Tags, wird davon ausgegangen, dass jeder Tag mindestens bei einem Bookmark angewendet wurde und somit diesem Bookmark zuzuordnen ist. Daraus folgt, dass die Mindestanzahl der Tag-Wiederverwendungen die Zahl Null ergibt. Als Beispiel können die Werte der Studie von Farooq et al. (2007) eingesetzt werden: Für das Social-Bookmarking-System *CiteULike*[4] wurden über 25 700 Tag-Wiederverwendungen gezählt. Um eine genauere Aussage treffen zu können, griffen die Autoren auf die Wiederverwendungs-Methode von Sen et al. (2006) zurück, mit der die Anzahl der Nutzer pro Tag berechnet werden kann. Demnach ist die Wiederverwendung gleich der Anzahl von Nutzern pro Tag geteilt durch die Anzahl von Tags. Vorausgesetzt, dass mit jedem Tag ein Nutzer in Verbindung gebracht wird, liegt das Minimum der Wiederverwendung bei einem Nutzer pro Tag. Für CiteULike wurde ein Wiederverwendungswert von 1,59 Nutzern pro Tag ermittelt. Das entspricht einer sehr niedrigen Wiederverwendungsquote. Weiterhin wurde die Anzahl der Häufigkeit der Wiederverwendung für jeden einzelnen Tag

---

[4]http://www.citeulike.org/

berechnet. Dies entspricht der Anzahl der Wiederverwendungen pro Tag minus eins. Der durchschnittliche Wert der Wiederverwendung einzelner Tags lag für CiteULike bei 3,9. Daraus zogen die Autoren die Schlussfolgerung, dass einerseits viele Tags nicht wiederverwendet, andererseits einige wenige Tags sehr oft genutzt wurden.

Die *Nicht-Offensichtlichkeit* analysiert wie oft ein Tag als Wort in einem Dokument erscheint. Ein Tag, der im Dokument nicht als Begriff erscheint, hat einen größeren Wert als ein Tag, der im Dokument selbst als Wort erscheint, da diesem Tag eine gedankliche Bearbeitung des Nutzers vorangegangen ist. Steht das Tag bereits als Wort im Dokument, so kann dieses ohne weitere Überlegungen übernommen werden. Die Berechnung der Nicht-Offensichtlichkeit von Tags erfolgt, indem die Häufigkeit aller Tags gezählt wird. Jeder Tag, der zu diesem Dokument vergeben wurde und wörtlich im Text vorhanden ist, wird gezählt. Tags, die nicht vergeben wurden, also Worte die im Dokument stehen, werden dazugezählt. Diese werden durch die Anzahl der gesamten Tags des Dokuments geteilt und mit hundert multipliziert. Somit erhält man einen Prozentsatz, der die nicht-offensichtlichen Tags bezeichnet. Diese Methode enthält allerdings Schwächen, da die Tags Buchstabe für Buchstabe verglichen werden. Andere Schreibformen, beispielsweise zusammengesetzte Worte mit Bindestrich, werden nicht berücksichtigt. Der größte Nachteil dieser Methode besteht darin, dass Tags, die im Text öfter vorkommen, nur einmal gezählt werden.

Durch die Untersuchung der *Tag-Frequenzen* lässt sich herausfinden, wie Tags innerhalb eines Zeitraums genutzt werden und wie hoch die Wahrscheinlichkeit ist, dass Tags wiederverwendet werden. Für die Studie berechneten Farooq et al. (2007) die Tag-Frequenz, indem sie die Tags pro Monat über einen längeren Zeitraum hinweg zählten.

Das Tagging-Verhalten von Nutzern in Social-Bookmarking-Systemen hängt von verschiedenen Faktoren ab, beispielsweise persönlichen Interessen, Sachkenntnissen und der Bereitschaft Objekte zu organisieren. Diese Verhaltensweisen lassen sich als *Tag-Strukturen* über Zeit-Serien umsetzen. Für die Studie suchten Farooq et al.

(2007) den produktivsten Nutzer aus, um aussagekräftige Ergebnisse zu erhalten.

Santos-Neto et al. (2009) erforschten unterschiedliche Verhaltensweisen von Nutzern der Social-Tagging-Systeme *CiteULike* und *Connotea*[5]. Es handelt sich in beiden Fällen um Systeme, die Tagging-Features anbieten, um ein personalisiertes Online-Management von wissenschaftlichen Publikationen zu unterstützen. Die Autoren untersuchten, inwieweit Nutzer bereits veröffentlichte Begriffe wieder taggen (*Re-Tagging*) und Tags wiederverwenden. Dabei stellte sich heraus, dass zehn bis 20 Prozent der täglichen Aktivitäten als Re-Tagging und etwa 75 Prozent als Tag-Wiederverwendung bezeichnet werden können. Re-Tagging bedeutet, dass Objekte neu getaggt werden, obwohl bereits Tags vergeben wurden. Dieses Vorgehen wird häufig genutzt, um die Beschreibung der Objekte zu verbessern. Je größer die Menge an getaggten Objekten wird, umso mehr verlieren allgemeine Tags an Aussagekraft. Wird beispielsweise das Tag *Projekt* oft vergeben, erzielt man bei einer Suche nach diesem Tag zu viele Treffer. Durch Re-Tagging könnte die Beschreibung verfeinert werden, indem beispielsweise das Tag *Projekt-Organisation* genutzt wird. Re-Tagging wird ebenfalls eingesetzt, wenn man feststellt, dass andere Tags besser geeignet sind und die Objekte schneller gefunden werden können.

In der meistzitierten Studie im Bereich der unternehmensinternen Social-Tagging-Systeme von Millen et al. (2006) wurde das Social-Bookmarking-System *Dogear*[6] untersucht, das speziell für den Einsatz in einem großen Unternehmen entwickelt wurde. Dogear bietet den Mitarbeitern eine bessere Möglichkeit, ihre eigenen Bookmarks zu verwalten und die der Community anzusehen und zu durchsuchen. Für die Studie wurden Untersuchungen zu den Bereichen Online-Identität, Auffinden von Informationen sowie zu Erweiterungsmöglichkeiten des Systems durchgeführt. Während der Feldstudie wurde das System von mehr als 600 Beschäftigten genutzt.

---

[5] http://www.connotea.org/

[6] http://domino.watson.ibm.com/cambridge/research.nsf/0/
1c181ee5fbcf59fb852570fc0052ad75

Von diesen legten 27 Prozent einen Bookmark an und 54 Prozent klickten einen Bookmark an, um die hinterlegte Internetseite anzusehen. Die Analyse ergab, dass die Anzahl der Bookmarks stetig anwuchs. Änderungen an Bookmark-Tags, beispielsweise eine Verfeinerung oder Verbesserung eines Tags, wurden nur in geringem Maße vorgenommen. Die Verwendung von Tags wurde anhand konkreter Zahlen untersucht. Es wurden 1971 eindeutige Tags vergeben, wobei der Mittelwert bei zehn eindeutigen Tags pro Nutzer lag. Eine starke Korrelation wurde zwischen der Anzahl der genutzten Tags und der Anzahl von angelegten Bookmarks festgestellt. Diese Beobachtung traf besonders auf Nutzern mit kleineren Bookmark-Sammlungen zu. Mit wenigen Ausnahmen war die Anzahl der Tags per Bookmark sehr klein. Es wurden durchschnittlich nur 2,3 Tags pro Bookmark vergeben. Von diesen Ergebnissen leiteten die Autoren ab, dass bei über 80 Prozent der Bookmarks nur drei oder weniger Tags zugefügt wurden. Im weiteren Verlauf der Studie wurde nach Mustern von geteilten Interessen aus unterschiedlichen Informationsquellen gesucht. Dazu wurden analytische Methoden eingesetzt. Anhand eines Soziogramms wurde herausgefunden, welche Nutzer beispielsweise ähnliche Tags für verschiedenartige Programmiersprachen vergaben. Die Autoren wollten diese Informationen weiter erforschen, um auf Basis dieser Daten automatische Tag-Gruppen zu generieren, die wiederum die Nutzer zur Eingabe neuer Bookmarks animieren sollten. Aus diesen Erkenntnissen versuchten Millen et al. (2006) Möglichkeiten abzuleiten, den Social-Bookmarking-Service in andere Anwendungen einzubinden. Anhand einer Online-Nutzerbefragung konnten zusätzlich Daten über die Verhaltensweisen von Nutzern gesammelt werden. An der Befragung nahmen hauptsächlich Nutzer teil, die das System oft nutzten. Die Analyse dieser Daten ergab beispielsweise, dass 44 Prozent der Nutzer täglich das System nutzte und weitere 42 Prozent wöchentlich. Aus den Ergebnissen der Analyse der Studie konnten die Autoren einige Anregungen aufnehmen, die zu Erweiterungen des Social-Bookmarking-Systems führen könnten.

Das zuvor erwähnte Social-Bookmarking-System Dogear wurde von Dugan et al. (2007) als Basis für das Spiel *The Dogear Game* verwendet. Das Spiel wurde entwickelt, um individuelle, gemeinschaftliche und organisatorische Ziele zusammenzubringen. So können sich einzelne Spieler während des Spielens neue Informationen aneignen. Das funktioniert indem ein Spieler seinen Kollegen Empfehlungen von Internetseiten und Dokumenten in Form von Bookmarks weiterleitet, die für sie potentiell interessant sein könnten. Umgekehrt erhält der Spieler Bookmarks von anderen Mitarbeitern, die auf Informationen verweisen, die wertvolle Inhalte zu seinem Arbeitsgebiet enthalten können. Für das Unternehmen bringt das Spiel einen wichtigen Vorteil: Unter den Beschäftigten wird durch das Spiel stetig neues Wissen verbreitet. Das Dogear Game motiviert die Nutzer das Social-Bookmarking-System zu nutzen und ihr Wissen an eine große Gruppe von anderen Spielern beziehungsweise Beschäftigten weiterzugeben.

DiMicco et al. (2008) untersuchten das Nutzerverhalten des unternehmensinternen Social-Tagging-Systems *Beehive*. Eine wichtige Idee beim Einsatz des Systems bestand in der Aufweichung der Trennung zwischen Arbeits- und Privatleben. Die Analyse der Studie ergab, dass den Mitarbeitern das Aufrechterhalten des Kontakts zu Kollegen, mit denen sie zusammenarbeiten, nicht so wichtig erschien, wie die Möglichkeit, Kollegen mit gemeinsamen Interessen ausfindig zu machen.

Die Studie von Pan und Millen (2008) erforschte die Nutzung eines speziell entwickelten Social-Bookmarking-Systems innerhalb eines Unternehmens. Ziel des Systems war es, im Unternehmen vorhandenes Wissen zu teilen. Zu diesem Zweck wurden, durch Analysen der Bookmark- und Tag-Daten, quantitative Daten ermittelt. Die Verhaltensmuster der Mitarbeiter in den Bereichen Information-Sharing und soziale Interaktion wurden über einen Zeitraum von zwölf Monaten erforscht. Abschließend erfolgten Überlegungen, wie man die Ergebnisse nutzen kann, um Communities besser zu unterstützen und den Umgang mit dem Social-Bookmarking-System zu erleichtern. Die Auswertung der Studie ergab, dass die Nutzer des Systems Bookmarks einsetzten, um den Kontakt zu den Quellen zu erhalten, die sich bereits als nützlich erwiesen haben. Die Autoren bemerkten weiterhin, dass der gezielte Einsatz von Bookmark-Sammlungen zur Unterstützung von spezifischen Organisationen, Gemeinschaften oder Gruppen sinnvoll wäre. Beispielsweise wäre die Möglichkeit kleinere Bookmark-Sammlungen zu erstellen, die mit den zugehörigen Gruppen assoziiert werden, eine wichtige Weiterentwicklung. Dies könnte umgesetzt werden, indem einem Mitglied der Gruppe beim Aufruf des Social-Bookmarking-Systems, die Meldung erscheint, welche neuen Bookmarks von anderen Mitgliedern der Gruppe erstellt wurden. Die Möglichkeit, gezielt ausgewählte Teilmengen der Bookmark-Sammlung zu durchsuchen, wäre eine weitere Ergänzungsmöglichkeit für diese Systeme.

Thom-Santelli et al. (2009) untersuchten die Rollenverteilung von Nutzern in Social-Tagging-Systemen. Die qualitative Studie wurde anhand teilstrukturierter Interviews mit ausgewählten Mitarbeitern eines großen Unternehmens durchgeführt. Inhaltlich wurden die Interviewteilnehmer zu unterschiedlichen Systemen befragt, die alle über unterschiedliche Dienste verfügten wie beispielsweise ein Blog-Tool, ein erweitertes Kontaktverzeichnis, eine soziale Bookmarking-Webseite oder einen Podcast-Dienst. Die Interviewteilnehmer beantworteten offene Fragen über ihre Funktionen innerhalb der Organisation, über Communities, mit denen sich die Interviewteilnehmer identifizierten sowie zu ihren Tagging-Aktivitäten. Desweiteren wurden ausgewählte Tags diskutiert, die von den Teilnehmern in den unterschiedlichen Systemen selbst erstellt wurden. Die Grundlage dieser Studie basierte auf der Tatsache, dass in Online-Communities die sozialen Rollen von den Personen abhängen, die diese Communities nutzen. Die Autoren legten ihrer Studie verschiedene Nutzergruppen zugrunde, die in früheren Studien unter anderem von Golder und Donath (2004) ermittelt wurden. Diese Kenntnisse halfen den Autoren, systematische Strategien zur Befragung der Nutzer festzulegen. Die Auswertung der Studie ergab eine neue Einteilung von Nutzern in folgende fünf Rollen: Community-Seeker, Community-Builder, Evangelist, Publisher und Small-Team-Leader. Diese Rollen werden im Abschnitt 3.4 näher erläutert.

3.3   Motive von Nutzern

Social-Tagging-Systeme werden von Taggern aus unterschiedlichen Gründen genutzt. In der Fachliteratur werden zwischen persönlichen und sozialen Motiven unterschieden (Golder und Huberman, 2006; Ames und Naaman, 2007). Frei zugängliche Social-Tagging-Systeme werden oft genutzt, um Hobbies nachzugehen oder persönliche Interessen zu verfolgen, während innerhalb eines Unternehmens der Wissenstransfer die größte Priorität hat. DiMicco et al. (2008) beschreiben beispielsweise die Einführung eines Social-Tagging-Systems innerhalb eines Unternehmens als eine neue Methode der Kommunikation zwischen Kollegen, die die Beschäftigten sowohl zum Teilen von persönlichen Informationen als auch von fachlichem Wissen innerhalb des Intranets ermuntern soll. Die Motive der Beschäftigten bestanden unter anderem in persönlichen Kontaktaufnahmen zu anderen Mitarbeitern, um die eigenen Karrieren innerhalb des Unternehmens voranzubringen und Werbung für ihre Projekte zu machen. Nachfolgend werden Motive, wie beispielsweise die Organisation persönlicher Daten, den Wunsch zur Selbstdarstellung oder einfach nur „Spaß zu haben", erläutert. Anschließend werden unterschiedliche Verhaltensweisen von Nutzern dargestellt.

Ames und Naaman (2007) vertreten die Meinung, dass das traditionelle Organisieren von Informationen nicht zu den wichtigsten Motiven zu zählen ist. Die Autoren unterscheiden die Motive in *soziale* und *funktionale Dimensionen*. Dabei wird die soziale Dimension in individuelles Interesse und soziales Interesse untergliedert. Der Austausch von Informationen mit Freunden und Familienangehörigen wird in diesem Fall mit sozialem Interesse gleichgesetzt. Die Unterscheidung zwischen öffentlichen und persönlichen Aspekten wird auch von Golder und Huberman (2006) vorgenommen. Die Autoren unterteilen die funktionale Dimension in vier Kategorien von Motiven: *Suche und Austausch, Gedächtnis und Kontext, öffentliche Suche und Foto-Pools* sowie *Kontext und Signalgebung*. Eine ähnliche Unterscheidung treffen Marlow et al. (2006), die für ihre Untersuchungen im Bereich der Motive die Kategorien *organisatorisch* gegenüber *sozial* einsetzten. Die organisatorischen Motive helfen demnach den Nutzern Vorteile zum Wiederauffinden von Ressourcen zu erlangen.

Die Motive von Personen zu taggen stehen nach Ansicht von Smith (2008) in keinem Zusammenhang mit der Art der Information, beziehungsweise der Objekte, die getaggt werden. Auf Basis der bisherigen Verhaltensmuster, können von Smith (2008) fünf Motive identifiziert werden: Einfache Nutzung, Managen von persönlichen Informationen, Zusammenarbeiten und Teilen, Spaß haben und Selbstdarstellung. Im Folgenden werden diese Motive näher beschrieben.

Smith (2008) vermutet, dass eine *einfache Nutzung* eines Social-Tagging-Systems das stärkste Motiv zum Taggen ist. Der Nutzer kann ohne lange nachzudenken und mit geringem Zeitaufwand, einen Tag vergeben. Die Tags selbst sind einfach gestaltet. Es reicht die Eingabe eines Worts oder weniger Worte und der Tag ist fertig. Auch die Studie von Ames und Naaman (2007) ergab, dass Nutzer eher bereit sind zu taggen, wenn der Aufwand gering ist.

Ein weiteres Motiv ist die *Flexibilität der Tags*. Tags können zu jedem Gegenstand und jeder Art von Information verwendet werden. Die Erweiterbarkeit von Tags ist ein weiterer Vorteil. Es ist kein umständliches Öffnen von Dateien notwendig, um einen neuen Tag zu vergeben. Die Tag-Liste kann beliebig weiterwachsen und die Schlagworte, die der Nutzer zuvor vergeben hat, werden nie zu Hindernissen. Auch die Tatsache, dass Tags gesammelt werden können, gehören zu den Faktoren einer einfachen Handhabung des Systems. Tags können dazu genutzt werden, Informationen über viele Internetseiten zusammenzubringen, wenn Tags mit APIs[7] und Dateneingaben kombiniert werden, die in vielen Web-2.0-Applikationen eingesetzt werden.

Das *Managen persönlicher Informationen* ist ein weiteres wichtiges Motiv für Nutzer. Der Nutzer organisiert seine Objekte so, dass

---

[7]Application Programming Interface, deutsch: Schnittstelle zur Anwendungsprogrammierung

er sie wiederfindet, wenn er die entsprechenden Informationen abrufen möchte. Ein Vorteil des Taggens ist, dass im Gegensatz zur Organisation in Ordnern, nicht die Gesamtstruktur berücksichtigt werden muss. Tags können einfach hinzugefügt werden, ohne dass Überlegungen notwendig werden, in welcher Kategorie der Begriff am besten eingefügt werden könnte. Golder und Huberman (2006) gehen davon aus, dass Nutzer anhand von Tags die Qualität oder die Charakteristik der Quelle identifizieren. Schlagworte werden auch zum Verbessern der Kategorien verwendet. Oft werden Tags mit eigenen Empfehlungen und Hinweisen versehen wie zum Beispiel *mein-Kommentar*. Durch die Nutzung von Tags beziehungsweise Quellen, die von anderen Nutzern festgelegt wurden, besteht die Möglichkeit, Kontakte zu den entsprechenden Nutzern herzustellen.

In den meisten Social-Tagging-Systemen sind die sozialen Faktoren ebenso wichtig wie die persönlichen. Diese Systeme bieten auch eine passive soziale Komponente an. Das bedeutet, dass es durchaus möglich ist, an Social-Tagging-Systemen teilzunehmen, ohne mit anderen Nutzern Kontakt aufzunehmen. Dem *Zusammenarbeiten und Teilen* können unterschiedliche Motive zugrunde liegen. Einige Nutzer möchten weitere Anregungen erhalten, welche Objekte für sie noch interessant sein könnten. Für andere Nutzer liegt ein Motiv im Entdecken neuer Themen. Eine sehr große Anzahl von Tags, die einem speziellen Objekt zugeordnet werden, legt bei den Autoren die Vermutung nahe, dass die Motivation zum Taggen nicht nur darin besteht, einen eigenen Nutzen aus diesem Vorgang zu ziehen, sondern darin, einen öffentlichen Nutzen zu generieren. Selbst Informationen, die ursprünglich zum persönlichen Gebrauch getaggt wurden, können für andere Nutzer eine sinnvolle Bedeutung haben. Beispielhaft beschreiben Golder und Huberman (2006), dass Nutzer den Tag *lustig* vergeben. Das bedeutet, dass viele Nutzer etwas lustig finden. Es ist sehr wahrscheinlich, dass jemand anderes das gleiche empfindet und durch die Tags darauf aufmerksam gemacht wird. Gleichermaßen kann es vorkommen, dass jemand etwas lesen möchte, das von anderen Personen ebenfalls gelesen wurde. Auf diese Weise funktioniert das System zusätzlich als Empfehlungssystem, ohne diesen Service direkt anzubieten. Bei der Studie von Ames und Naaman (2007) bestätigte sich ebenfalls, dass die sozialen Motive die am häufigsten genannten Faktoren zur Nutzung von Social-Tagging-Systemen sind. Die Studie zeigte, dass nur wenige Nutzer taggen, um sich die Organisation ihrer Daten zu erleichtern und Daten schnell wiederzufinden. Das Hauptmotiv für die meisten Nutzer lag in der sozialen Dimension dieser Systeme.

Wie bei vielen neuen technischen Entwicklungen, kommen auch bei Social-Tagging-Systemen Formen des Spielens auf. Das Motiv lautet schlicht *Spaß haben*. Beispielsweise entstand das Spiel *Squared Circle*[8] in dem Social-Tagging-System *Flickr*. Die Nutzer schießen Fotos von runden Objekten und platzieren diese in einen quadratischen Rahmen. Dann wird das Bild in *Flickr* geladen und mit dem Tag *squaredcircle* versehen. Sobald man ein entsprechendes Foto mit dem Tag versehen hat, steht der Nutzer in Verbindung mit anderen Squared-Circle-Spielern (Smith, 2008). Wie bereits in Abschnitt 3.2 beschrieben, hat sich auch im unternehmensinternen Bereich ein Spiel entwickelt, *The Dogear Game*. Der Spaßfaktor soll im Vordergrund stehen, um die Beschäftigten zum Nutzen des Systems zu motivieren. Das Spiel wurde entwickelt, um individuelle, gemeinschaftliche und organisatorische Ziele zusammenzubringen (Dugan et al., 2007).

Die *Selbstdarstellung* in Social-Tagging-Systemen ist ein weiteres Motiv, das zum Taggen veranlasst. In der Studie von Ames und Naaman (2007) stellte sich heraus, dass das Motiv der Selbstdarstellung einer der wichtigeren Gründe für das Taggen ist. Allerdings ist die Selbstdarstellung vom Nutzer nicht immer beabsichtigt. Ein Tag kann zur unfreiwilligen Selbstdarstellung werden, da einige Tags etwas über die Persönlichkeit des Taggers verraten. Beispielsweise vergibt ein Nutzer das Tag *lustig*, um ein Bild wiederzufinden. Er offenbart damit gleichzeitig einen Teil seiner Persönlichkeit, da andere Nutzer aus diesem Tag Rückschlüsse ziehen können, über welche Art von Informationen er lachen kann (Smith, 2008).

---

[8]http://www.flickr.com/groups/circle/pool/

3.4 Verhaltensweisen von Nutzern

Die Verhaltensweisen von Nutzern sind wie die Motive stark von den genutzten Social-Tagging-Systemen abhängig. Sind diese Systeme im Internet frei zugänglich, verhalten sich Nutzer anders als in unternehmensinternen Systemen. Bei den erstgenannten hat der Nutzer die Möglichkeit im WWW anonym zu agieren, während unternehmensinterne Systeme oft mehreren Restriktionen unterliegen. So muss sich ein Beschäftigter normalerweise authentifizieren, damit er das System nutzen kann und seine Aktivitäten nachvollziehbar sind.

Abgesehen vom Aspekt des Austauschs und Teilens von Informationen, ist der organisatorische Standpunkt für die Nutzer wichtig. Mehrere Studien kamen zu dem Ergebnis, dass Menschen oft inkonsistent und irrational reagieren, wenn sie ihre persönlichen Informationen managen. Nutzer setzen oft Bookmarks, die sie dann aber nicht wieder aufrufen. Stattdessen starten sie eine neue Suche, um die Information wieder zu finden. Allerdings steht das schnelle *Auffinden der Informationen* für viele Nutzer im Vordergrund. Das animiert Nutzer zum Setzen und Taggen vieler Bookmarks, die in einem gewöhnlichen Verzeichnis nur schwer zu managen sind. Tags können diesen Nutzern die persönliche Organisation von Objekten erleichtern. Ein weiterer großer Vorteil für die Nutzer von Social-Tagging-Systemen ist die Möglichkeit, von jedem beliebigen Computer und unabhängig vom Brower auf die Informationen zugreifen zu können (Millen et al., 2006).

Die Analyse der Studie von Ames und Naaman (2007) ergab, dass Nutzer sich zum Taggen animieren lassen. So wurden zum Beispiel Vorschläge für Tags gerne von den Nutzern angenommen. In einigen Fällen wurden die Nutzer durch die Tag-Vorschläge inspiriert und vergaben neue Tags. Die Autoren konnten beobachten, dass Nutzer eher dazu neigen ihre Objekte zu taggen, wenn eine entsprechende Hilfestellung und Aufforderung zum Taggen erfolgt.

Golder und Huberman (2006) stellten fest, dass Nutzer aktiver waren, wenn sie ein neues Interessensgebiet erschlossen haben. Bei der Nutzung von Tags wurde ein ähnliches Muster analysiert. Einige Tags wurden von vielen Nutzern genutzt, andere Tags nur von wenigen. Ein Grund dafür ist, dass die oft genutzten Tags für die Gemeinschaft nützlich sind, während die weniger genutzten Tags oft für den individuellen Gebrauch vergeben wurden. Die Studie von Golder und Huberman (2006) ergab, dass die Nutzer dazu tendieren, als erstes allgemeine Tags zu verwenden. So war in jedem Bookmark, der erste Tag der am häufigsten frequentierte. Die Nutzer von gemeinschaftlichen Tagging-Systemen verfügen über eine große Vielfalt in ihren Tagsammlungen. Einige Nutzer verfügen über sehr viele Tags, andere nutzen nur wenige.

Einige Nutzer haben den Wunsch von Expertenwissen zu profitieren. Sie kopieren beispielsweise Links und Tags von Experten und verwenden diese ebenfalls. Ein Grund für dieses Verhalten liegt in dem menschlichen Bedürfnis geführt zu werden. Oft tendieren die Nutzer dazu, das zu glauben, was die Mehrheit für richtig hält (Smith, 2008). Zu einem ähnlichen Ergebnis kamen auch Golder und Huberman (2006).

Besonders im unternehmerischen Bereich werden Tags unter anderem gesetzt, um Details über persönliche Kontakte zu dokumentieren, die das Erinnern an vorhergehende Kontakte erleichtern. Auch helfen Tags Nutzern beim Organisieren ihrer Daten und bei der Einteilung in nützliche Kategorien (Farrell et al., 2007). Beschäftigte haben oft das Anliegen, andere Mitarbeiter im Auge zu behalten, um sie schnell wiederzufinden, wenn sie Kontakt aufnehmen möchten. Die Beschreibung anhand der vergebenen Tags unterstützt dieses Anliegen.

Die Studie von DiMicco et al. (2008) ergab, dass Beschäftigte eines Unternehmens Social-Tagging-Systeme zur Suche und Entdeckung neuer Unternehmensinformationen nutzen. Blogs, Bookmarks und Wikis repräsentieren neue Wissensspeicher innerhalb eines Unternehmens. Einige Beschäftigte nutzten diese Systeme, um andere Mitarbeiter mit ähnlichen Interessen zu finden. Allerdings handelte es sich dabei nur um eine geringe Anzahl der Beschäftigten. Der durchschnittliche Beschäftigte nutzte Social-Tagging-Systeme innerhalb eines Unternehmens zur Suche nach Informationen. Die sozialen Aspekte traten dabei in den Hintergrund. Die Tagger hatten nach Ansicht der Autoren das Bestreben sich eher als Experten zu verwirklichen, als Informationen für sich selbst zu taggen oder das System für soziale Anliegen zu nutzen.

Thom-Santelli et al. (2009) konnten durch ihre Studie die Nutzer von unternehmensinternen Social-Tagging-Systemen in fünf Gruppen unterteilen, die im Folgenden näher erläutert werden: Der *Community-Seeker* nutzt Tags, um soziale Kontakte zu knüpfen und zu pflegen. Dies erfolgt hauptsächlich durch die Suche von Tags, die die eigenen Interessen beschreiben. Der Community-Seeker vergibt nur selten selbst Tags.

Im Gegensatz dazu agiert der *Community-Builder* aktiv in Social-Tagging-Systemen. Wenn keine Community existiert, die dem Interessensgebiet des Community-Builders entspricht, gründet er eine neue. Dem Community-Builder ist sehr bewusst, wie andere Mitglieder seine Tags zur Kenntnis nehmen. Entsprechend versucht er spezifische Tags zu vergeben, die für die von ihm anvisierte Zielgruppe interessant und einfach aufzufinden sind.

Die Autoren bezeichnen den *Evangelisten* als Bindeglied zwischen gleichen Interessensgebieten innerhalb einer Organisation. Der Evangelist vergibt in verschiedenen Systemen Tags, um die Aufmerksamkeit anderer Mitglieder auf seine Bookmarks und Objekte zu ziehen. Er hilft den Mitgliedern der Community, indem er verwandte Informationen ausfindig macht und die Zusammenhänge dieser Informationen anderen Mitgliedern aufzeigt. Der Evangelist bemüht sich um das Ansehen seiner Community und versucht stetig die Reputation dieser zu verbessern.

Im Gegensatz dazu hat der *Publisher* innerhalb einer Organisation die Funktion, Wissen zu produzieren und zu verteilen. Tagging ist für ihn eine von mehreren Möglichkeiten, um viele Mitarbeiter auf seine Informationen aufmerksam zu machen. Anders als der Community-Builder und der Evangelist hat der Publisher kein gesteigertes Interesse, zu einem bekannten Mitglied der Community zu werden oder soziale Kontakte zu knüpfen. Das Ziel des Publishers besteht darin, möglichst viele andere Mitglieder auf die Informationen aufmerksam zu machen. Die Person des Publishers steht dabei im Hintergrund. Um möglichst viele Mitglieder zu erreichen, wählt er Tags aus, die voraussichtlich von den meisten Nutzern als Suchbegriffe genutzt werden. Dazu gehören insbesondere Tags, die bereits in den Tag-Wolken hervorgehoben sind.

Eine ganz andere Rolle spielt der *Small-Team-Leader*. Er verwendet Social-Tagging-Systeme um Projekte zu verwalten. Während die vorhergenannten Rollen ständig in diesen Systemen aktiv sind, nutzt der Small-Team-Leader diese nur bei Bedarf. Er verwendet oft Tags, die ausschließlich für Projektmitarbeiter verständlich sind. Die Analyse der Studie ergab, dass sogar künstliche Worte als Tags verwendet wurden, die den Projektmitarbeitern per E-Mail mitgeteilt wurden. Die Autoren vermuten, dass Small-Team-Leader Social-Tagging-Systeme nur als zusätzliche Informationsquellen nutzen, da die Projektmitglieder eng zusammenarbeiten und andere Möglichkeiten des Wissensaustauschs vorziehen.

Das Verhalten der Nutzer kann auch zu Risiken führen. Smith (2008) gibt zu bedenken, dass über eine Suche anhand von Tags unter Umständen nicht alle verfügbaren Informationen gefunden werden können. Das liegt im Besonderen daran, dass oft Tags vergeben werden, die ausschließlich für die taggende Person nützlich sind. Im wissenschaftlichen Umfeld wird dieses Problem auch von Hänger (2008) aufgegriffen. Die Nachteile und Grenzen des Tagging, hier im Bezug auf Bibliotheken, bestehen demnach in der höheren Unschärfe durch Homonyme und Synonyme und in schlechteren Suchergebnissen als bei der Verschlagwortung durch Experten.

Ein Problem das von mehreren Studien benannt wird, ist der soziale Einfluss, der sich negativ auf das Verhalten der Nutzer auswirken kann. So beschreibt Smith (2008), dass durch die Sichtbarkeit von Tags anderer Nutzer, Tagger dazu verleitet werden, diese Tags zu übernehmen. Manche Nutzer lassen sich sogar davon abschrecken, Tags zu setzen, wenn sie anderer Meinung sind. Zu ähnlichen Ergebnissen kamen auch Ames und Naaman (2007), die ebenfalls herausfanden, dass einige Nutzer vorgeschlagene Tags vergeben, obwohl sie zuerst andere Schlagworte im Sinn hatten. Andere Tagger

übernehmen wiederum die vorgegeben Tags ohne lange nachzudenken, ob andere Tags eventuell sinnvoller eingesetzt werden könnten.
Im schlimmsten Fall übernehmen Nutzer die vorgeschlagenen Tags,
obwohl die Tags nicht relevant oder richtig sind. Golder und Huberman (2006) vertreten eine andere Ansicht: Die Verwendung von
Tags ermöglicht eine freie Meinungsäußerung der Nutzer. So können
auch Meinungen, die in der Minderheit sind, neben sehr populären
Meinungen existieren, ohne die Wahl, die von den Nutzern getrof-
fen wird, zu beeinflussen. Auch Ames und Naaman (2007) sehen
trotz des oben aufgeführten Nachteils einen Vorteil in der Darstellung vorgeschlagener Tags. Diese können Nutzer zum Hinzufügen
eigener Tags inspirieren und führen letztendlich dazu, dass weitere
Tags für Bilder, die zu den vorgeschlagenen Tags gehören, eingegeben werden.

3.5 Motive für Anbieter von Social-Tagging-Syste-men

Santos-Neto et al. (2009) kommen zu dem Ergebnis, dass ein gu-
tes Verständnis des Nutzerverhaltens von Social-Tagging-Systemen
wichtig ist, um das Design vorhandener Systeme zu verbessern und
neue Generationen von Social-Tagging-Systemen nutzerorientierter
und somit besser gestalten zu können. Den gleichen Ansatz verfolgt
Smith (2008). Ein erfolgreich eingesetztes System unterstützt nicht
nur die Mitarbeiter bei der täglichen Arbeit, es entstehen auch Vorteile für die Unternehmensführung.

Auch das Wissen über das Tag-Wachstum und die Tag-Wiederverwendung in einem Social-Bookmarking-System kann den System-
Anbietern wertvolle Informationen über das Nutzungsverhalten ihrer
Anwender liefern. Entsprechend können Änderungen am System vorgenommen werden, um die Nutzung im Sinne des Systemanbieters
zu steuern. Ein System kann ein hohes Tag-Wachstum haben, aber
dennoch eine geringe Wiederverwendungsrate von Tags. Ein gerin-
ges Tag-Wachstum und eine geringe Tag-Wiederverwendung könnte

beispielsweise bedeuten, dass das System nicht in erster Linie zum Taggen genutzt wird. Ein niedriges Tag-Wachstum und eine hohe Wiederverwendung von Tags deutet darauf hin, dass Nutzer bereits vorhandene Tags einsetzen und nur selten neue Tags vergeben (Farooq et al., 2007).

Unternehmen investieren in Social-Tagging-Systeme, wenn sie sich einen *Return of Investment* davon versprechen. Smith (2008) identifizierte sieben potenzielle Vorteile für Unternehmen, die Social-Tagging-Systeme eingeführt haben. Die Vorteile werden im Folgenden beschrieben. Das Wissen von Nutzern kann in einem gemeinsamen Pool in Form von Ressourcen und Tags gesammelt werden. Durch Hinzufügen weiterer Ressourcen und Tags entsteht eine Wissensbasis, von der jeder Nutzer profitieren kann. Dadurch wird die *Zusammenarbeit erleichtert* und Wissen innerhalb eines Unternehmens kann einfach und schnell abgerufen werden.

Ein weiterer Vorteil für Unternehmen ist die *Erlangung deskriptiver Metadaten*. Um qualitative Metadaten zu erhalten, werden normalerweise Bibliothekare oder Dokumentare eingestellt, die jede Ressource einsehen und für diese Schlagworte vergeben. Eine weitere Möglichkeit ist es, eine Autoklassifikations-Software anzuschaffen. Der Einsatz von Social-Tagging-Systemen ermöglicht Unternehmen, Beschäftigte zur Mitarbeit an der Datengewinnung zu motivieren. Diese Methode ist effektiv und im Gegensatz zu den vorhergehenden Methoden kostensparend. Besonders eignet sich diese Herangehensweise für Fotos, Videos und weitere Medien, die keinen Text als Metadaten aufweisen.

Durch die *Verbesserung der Auffindbarkeit* von Informationen können Beschäftigte effizienter und effektiver arbeiten. Zum Beispiel werden in manchen Social-Tagging-Systemen zusätzliche Navigationsmöglichkeiten angeboten. So kann bei der Auswahl eines Tags die Möglichkeit angeboten werden, weitere ähnliche Tags aufzufinden und mit diesen die Suche zu ergänzen. Da das Hinzufügen von Tags in Social-Tagging-Systemen mit einem niedrigen Risiko versehen ist, führt die Beteiligung oft zu *höherwertigen Beiträgen*.

Tags enthalten viele Informationen über den Wortschatz der Nutzer und über deren Meinungen zu den getaggten Objekten. Aus diesen Informationen lassen sich *Verhaltensmuster* identifizieren. Es lässt sich beispielsweise feststellen, ob die angebotenen Inhalte dauerhaft populär sind. Aus den Tags, die von den Nutzern oft geklickt werden, kann abgeleitet werden, dass die Nutzer den Inhalt hilfreich, interessant oder lustig finden. Das Verhalten der Tagger kann Hinweise auf die tatsächliche Nutzung der Objekte geben. Letztendlich führt die Beobachtung der Nutzer dazu, dass sich ersehen lässt, wer taggt. Auf diese Weise können Informationen über die Nutzer und über die genutzten Objekte gesammelt werden.

Tagging kann bereits *existierende Systeme erweitern*. Bisherige Praktiken zur Erstellung gegenwärtiger Klassifikationen können durch Tagging ergänzt werden, indem berücksichtigt wird, wie die Nutzer Objekte beschreiben. Eine Möglichkeit der Einbeziehung von Tags, wäre zum Beispiel eine erste Kontrolle der Tags bevor ein neues Objekt der Klassifikation hinzugefügt wird.

Tagging-Systeme, die zusätzlich zu der Tag-Funktion eine Dateneingabe anbieten, können durch nutzergenerierte Innovationen belohnt werden. Nutzer, die ein großes Interesse an diesen Systemen zeigen, entwickeln oft zusätzliche Funktionen und Dienste, so dass ein *Auslösen von Innovationen* stattfindet.

Nicht alle benannten Vorteile müssen von den Unternehmen umgesetzt beziehungsweise genutzt werden. Es ist jedoch wichtig die potenziellen Vorteile zu verstehen. Die Kenntnis darüber ermöglicht es, ein Social-Tagging-System zu designen, indem diese Vorteile umgesetzt werden können.

3.6 Anwendungsbeispiele

Im Folgenden werden Motive und Verhaltensweisen von Nutzern in Anwendungsbeispielen dargestellt. Im ersten Beispiel wird der Einsatz von Social-Tagging-Systemen in wissenschaftlichen Bibliotheken betrachtet. Anhand dieses Beispiels werden die Vorteile für Nutzer und Anbieter des Systems zusätzlich zu der bisherigen Nutzung von Klassifikationen aufgezeigt. Das nächste Beispiel beschreibt eine Abwandlung des Social-Bookmarking. In diesem Social-Tagging-System werden Tags für Mitarbeiter vergeben. Das Beispiel verdeutlicht, dass mit dem Einsatz des Systems und geringem Aufwand der Nutzer, wertvolle Informationen im Unternehmen gepflegt und verbreitet werden können.

3.6.1 Social-Tagging in wissenschaftlichen Bibliotheken

In Bibliotheken wurde bisher das Kategorisieren von Authoritäten wie beispielsweise Bibliothekaren nach standardisierten Vorgaben oder von den Autoren der Dokumente selbst übernommen. Im Gegensatz dazu werden beim gemeinschaftlichen Taggen beliebige Begriffe von den Nutzern vergeben. Auf den ersten Blick erscheint ein solches System in einer wissenschaftlichen Bibliothek überflüssig zu sein, da die Medien bereits von Bibliothekaren verschlagwortet sind. Tatsächlich sind die normierten Schlagworte für die meisten Nutzer nur schwer nachvollziehbar, da die Nutzer selbst bei einer Suche andere Begriffe verwenden. Das Taggen kann demnach eine sinnvolle Ergänzung zum Auffinden von Medien sein. Golder und Huberman (2006) sehen den größten Nutzen des Taggens, wenn niemand die Rolle des Bibliothekars übernehmen kann oder wenn es zu viele Inhalte gibt, die eine einzelne Person nicht alleine klassifizieren kann. Beide Möglichkeiten trafen zu, als das gemeinschaftliche Taggen populär wurde.

Der gemeinsame Katalog der Universitätsbibliothek Köln (KUG) und der dezentralen Instituts- und Seminarbibliotheken der Universität Köln, sowie der Deutschen Zentralbibliothek für Medizin ist bezüglich der Einbindung von Web-2.0-Technologien einer der innovativsten Kataloge in Deutschland. Innerhalb des Katalogs sind beispielsweise Personennamen und ISBNs[9] mit Wikipedia[10] verlinkt.

---

[9]International Standard Book Number
[10]http://de.wikipedia.org

Bei der Vollanzeige eines Titels beziehungsweise bei einem Merkli-
steneintrag erscheint ein BibSonomy[11]-Button. Bei BibSonomy handelt es sich um eine soziale Bookmark- und Literaturverwaltungs-
plattform. Mit einem Klick auf eben erwähnten Button können die
Titeldaten in das System übertragen werden. Außerdem besteht für
angemeldete Nutzer die Möglichkeit, Titel im KUG mit Tags zu versehen. Das ermöglicht den Nutzern eine alternative Erschließung der
Titeldaten, zu der bisher formalen und inhaltlichen Sacherschließung
durch Bibliothekare. Dies gilt insbesondere dann, wenn keine Sacherschließung mit Schlagworten oder Systematiken durch Bibliothekare
vorgenommen wird, wie es zum Beispiel bei einigen Katalogen im
KUG der Fall ist. Desweiteren dienen Tags als Instrument, um Nutzer auf weitere thematisch ähnliche Titel aufmerksam zu machen
(Flimm, 2007).

In der Vollanzeige eines Titels können die Nutzer eigene Tags
vergeben. Es werden ihre eigenen bisher vergebenen Tags sowie die
für diesen Titel bereits von anderen Nutzern verwendeten Tags angezeigt. Um einer Zersplitterung des Tag-Raumes entgegenzuwirken,
werden Umlaute aufgelöst, unerwünschte Zeichen eliminiert und automatisch die Kleinschreibung verwendet (Flimm, 2007). Durch die
Vergabe von Tags wird der Titeleintrag automatisch in der eigenen
Merkliste gespeichert. Diese bleibt auch nach Ende der Recherche-
Sitzung erhalten und ist mit Hilfe der Tags übersichtlich und leicht
durchsuchbar. Die vergebenen Tags werden als persönliche Tag-Wolke angezeigt. Klickt man auf einen Tag, erscheinen die damit mar-
kierten Titel aus der persönlichen Merkliste.

Die Nutzer können selbst darüber entscheiden, ob die von ihnen
vergebenen Tags öffentlich sichtbar oder privat sein sollen. Wurden
sie als öffentlich markiert, sind die Tags bei der Vollanzeige eines
Titels an unterster Stelle des Datensatzes, in der Zeile *Nutzer-Tags*
ersichtlich. Klickt man auf einen Tag, werden alle anderen Titel angezeigt, die von Nutzern damit beschrieben wurden. Die Suche nach
Tags selbst ist allerdings nicht möglich. Dafür wird unter dem Punkt

---

[11] http://www.bibsonomy.org/

Übersichten eine Tag-Wolke jeweils für die einzelnen Kataloge des KUG erstellt.

Gerade in einem Bibliothekskatalog ist die vorhandene Verschlagwortung für den Nutzer oft weder durchschaubar noch direkt greifbar. Ob, wie und in welchem Ausmaß in einem Katalog verschlagwortet wurde, erschließt sich dem Nutzer oft nicht. Tag-Wolken sind laut Flimm (2007) eine elegante Möglichkeit, dem Nutzer mehr Ein- und Überblick über vorhandene Tags zu bieten.

Hänger (2008) untersuchte in einem Projekt die Mehrwerte, die ein Einsatz von Social-Tagging-Systemen in Bibliotheken erzielen kann. An der Universitätsbibliothek Mannheim ist ein Social-Tagging-System in den Online-Katalog eingebunden. Ziel der Untersuchung ist unter Anderem, ob sich durch manuelles Taggen bessere Suchergebnisse erzielen lassen als durch eine automatische Erschließung. Auch Misch- und Übergangsformen, wie zum Beispiel das Taggen mit Normdateien[12] sollen ausprobiert werden. Als Social-Tagging-Systeme werden sowohl BibSonomy als auch die Tagging-Funktion von ExLibris Primo[13] eingesetzt. Die Universitätsbibliothek Mannheim hat untersucht, welchen Beitrag das gemeinschaftliche Taggen für die inhaltliche Erschließung von bisher nicht erschlossenen und daher der Nutzung kaum zugänglichen Dokumenten leisten kann. Im Fokus haben dabei insbesondere elektronische Dokumente gestanden, wie sie beispielsweise im Rahmen der Nationallizenzen[14] in großem Umfang verfügbar sind.

Ziel des Projekts war es einerseits, durch das gemeinschaftliche Taggen der Nutzer, größere Mengen von Titeln zusätzlich zu erschließen. Zum anderen konnten neue Begrifflichkeiten schneller für das Information Retrieval verfügbar gemacht werden. Die Aufnah-

---

[12]Eine Normdatei ist ein Verzeichnis eines kontrollierten Vokabulars, in dem festgelegt wird, welche Ansetzung bei der Erschließung zu verwenden ist.

[13]Die Funktion dient zur Vereinheitlichung von Dienstleistungen für den Benutzer im Front-End und Management von allen Arten von Bibliotheksressourcen im Back-End, unabhängig von Format und Standort.

[14]Online-Angebot, das bibliographische Datenbanken, elektronische Zeitschriften, Volltextdatenbanken, Faktendatenbanken, E-Books, Nachschlagewerke und Wörterbücher umfasst und alle wissenschaftliche Bereiche abdeckt.

me neuer Begriffe in ein kontrolliertes Vokabular durch Bibliothekare dauert relativ lange. Die Nachteile und Grenzen des Taggings bestehen laut Hänger (2008) in der höheren Unschärfe durch Homonyme und Synonyme und in schlechteren Suchergebnissen als bei einer Sacherschließung durch Experten. Laut dem Autor wird Tagging in Zukunft zu einem unverzichtbaren Bestandteil der bibliothekarischen Sacherschließung. Das Taggen ist jedoch nicht als Ersatz für bibliothekarische Sacherschließung zu verstehen, sondern als eine sinnvolle Ergänzung für die Nutzer.

3.6.2 People-Tagging in Unternehmen

Mitarbeiterverzeichnisse innerhalb eines Unternehmens spielen eine wertvolle Rolle bei der Suche nach Beschäftigten. Um diese Verzeichnisse erfolgreich anzubieten, sind aktuelle und korrekte Informationen in den Nutzerprofilen erforderlich. In den meisten Unternehmen nehmen sich allerdings nur wenige Beschäftigte die Zeit, ihr Nutzerprofil zu pflegen und die verfügbaren Daten sind veraltet. So gestaltet sich das Auffinden von Informationen über Beschäftigte innerhalb eines Unternehmens oft sehr schwierig. People-Tagging ermöglicht es innerhalb eines Unternehmens diese Verzeichnisse mit Tags zu versehen. Auf diese Weise werden den Nutzerprofilen in den Mitarbeiterverzeichnissen aktuelle Informationen hinzugefügt, die eine Suche nach Mitarbeitern erleichtern.

Das der Studie von Farrell et al. (2007) zugrunde liegende System, bietet den Beschäftigten die Möglichkeit, andere Mitarbeiter zu taggen. Die vergebenen Tags erscheinen in den jeweiligen Nutzerprofilen. Die Autoren sehen dieses System als eine Form des Social-Bookmarking an. Den Beschäftigten wird ermöglicht, ihre Kontakte in Gruppen zu organisieren und zu beschreiben, um ein späteres Wiederauffinden zu erleichtern.

Vor dem Einsatz von People-Tagging war das Unternehmensverzeichnis bereits der meistgenutzte Dienst im Intranet mit über 1,5 Millionen Zugriffen pro Tag. Allerdings wurde nur eine geringe Anzahl von Nutzerprofilen gepflegt und aktualisiert. Aus diesem Grund wurden die Ideen des Social-Bookmarking von Systemen wie Delicious und Dogear übernommen. Ziel der Autoren war es ein System anzubieten, in dem Mitarbeiter Tags nutzen können, um Folksonomien von Beschäftigten zu erstellen. Die Tags können genutzt werden, um Profile von Beschäftigten mit zusätzlichen Informationen der Nutzergemeinschaft zu erweitern. Anstatt davon abhängig zu sein, dass sich jeder Mitarbeiter Zeit nimmt, seine Profile selbst zu pflegen, können die Profile durch wenige aktive Nutzer erweitert werden. Das funktioniert, indem diese die Interessen und das Fachwissen von sich selbst und zusätzlich von anderen Mitarbeitern taggen.

Bei der Gestaltung des People-Tagging-Systems wurden Ansätze umgesetzt, die das Verhalten der Nutzer beeinflussen. Eine wichtige Funktion des Systems war die vorgesehene Möglichkeit, andere Beschäftigte ohne deren ausdrückliche Erlaubnis zu taggen. Um keine beleidigenden Tags zu ermöglichen oder Tags, die die Reputation anderer Mitarbeiter beeinträchtigen können, wurde das System so gestaltet, dass alle Aktionen zurück zu verfolgen sind. Die Nutzer müssen sich authentifizieren, um Daten zu ändern oder zu generieren. Um die Transparenz zu gewährleisten, werden die Autoren von Tags angezeigt, wenn der Tag in der eingehenden Wolke mit der Maus berührt wird. Es gibt zusätzlich eine ausgehende Wolke in jedem Nutzerprofil. Diese enthält alle Tags, die ein Nutzer selbst vergeben hat. Auf diese Weise kann kein Tag an jemanden vergeben werden, ohne dass der Tag zu der eigenen ausgehenden Wolke hinzugefügt wird.

Wie bereits im Abschnitt 3.3 beschrieben, ist die einfache Bedienung des Systems sehr wichtig. Deshalb wurde von Farrell et al. (2007) angestrebt, die einzelnen Schritte, die zum Taggen anderer Beschäftigter durchlaufen werden müssen, zu minimieren. Das System wurde so vereinfacht, dass die Eingabe von Schlagworten so einfach wie das Ausfüllen eines Textfeldes ist. Die Nutzer sehen sofort die Auswirkungen ihrer Eingaben. Des Weiteren wurde die Möglichkeit geschaffen, Beschäftigte im Kontext der aktuellen Aktion zu taggen, ohne ein neues Programm starten zu müssen.

Die Statistiken belegten, dass trotz der Vereinfachungen zur Nutzung des Systems die meisten Tags durch eine geringe Anzahl von Mitarbeitern vergeben wurden. Dieses Ergebnis bestätigt die Hypothese von Farrell et al. (2007), dass Social-Tagging-Systeme von einer kleinen Gruppe gepflegt werden können.

Um ein besseres Verständnis darüber zu gewinnen, wie Beschäftigte Tags nutzen, wurden von den Autoren teilstrukturierte Interviews mit einigen Beschäftigten durchgeführt. Alle Interviewteilnehmer nutzten Tags um ihre Kontakte zu organisieren. Fast alle Teilnehmer klickten Tags an, um Kontakt zu anderen Kollegen herzustellen. Die meisten Nutzer fanden es nützlich, ihre eigenen Tags während dem Durchsuchen anderer Profile zu sehen. Dadurch wurden die Beschäftigten daran erinnert, was sie bereits von diesen Personen wussten. Einige der anderen Interviewteilnehmer berichteten, dass sie einige der für sie vergebenen Tags gerne ihrem Profil zugefügt hätten. Allerdings scheiterte das Vorhaben daran, dass die Betroffenen noch keine Zeit gefunden hatten, diese Informationen einzugeben. Diese Ergebnisse unterstützen die Hypothese von Farrell et al. (2007), dass Social-Tagging eine nützliche Art und Weise ist, um Nutzerprofile von Beschäftigten mit Informationen zu erweitern, die von anderen beigesteuert werden.

Keiner der Interviewteilnehmer berichtete, dass unangebrachte Tags eingetragen wurden. Stattdessen gab es einige Tags, die eher spielerischer Natur waren. Beispielsweise wurden die Tags *lustig*, *frech* oder *braucht eine Rasur* vergeben. Die Empfänger dieser Tags empfanden diese nicht als störend oder beleidigend.

Die Möglichkeit, Ranglisten von Tags zu nutzen, wurde von den meisten Interviewteilnehmern als nicht sonderlich nützlich angesehen. Viele der Beschäftigten auf der Rangliste waren den Interviewteilnehmern unbekannt und die Tags reichten nicht aus, um ein brauchbares Profil der Personen zu erhalten.

Die Studie deckte weitere Probleme auf. Beispielsweise zeigten die Resultate, dass die Nutzung von Tags zur Organisation von Kontakten nur spärlich stattfand. Nur ein Prozent der Beschäftigten hatte einen Tag zur Beschreibung eines Kollegen erstellt. Einen Grund dafür sahen die Autoren darin, dass die meisten Beschäftigten hauptsächlich E-Mails und Instant-Messages nutzten, bei denen die Tagging-Funktion nicht verfügbar war. Daraus zogen die Autoren die Schlussfolgerung, dass für ein erfolgreiches People-Tagging-System Plug-Ins erforderlich sind, zum Beispiel für E-Mail- oder Instant-Message-Dienste.

Die Autoren beobachteten, dass viele Beschäftigte in dem Bewusstsein taggten, dass es sich dabei um eine soziale Aktivität handelt. Die Nutzer dachten darüber nach, wie andere auf die Tags, die sie vergeben wollten, reagieren würden. Da in den eingehenden Wolken zu sehen war, wer den Tag gesetzt hat, konnten Nutzer davon abgehalten werden, unangebrachte Tags zu vergeben.

Ein weiteres Problem lag in der Verwendung von Homonymen als Tags. Beispielsweise arbeitete ein Nutzer an einem Projekt mit dem Codenamen *Vista*. Mit diesem Begriff wurde allerdings auch das Betriebssystem Vista versehen. Laut Farrell et al. (2007) wird dieses Problem verstärkt auftreten, sobald ein People-Tagging-System stärker genutzt wird. Ein zusätzliches Problem kann entstehen, wenn Nutzer als Experten getaggt werden und aus diesem Grund von Anfragen überhäuft werden, die sie nicht beantworten können.

Zusammenfassend lässt sich feststellen, dass die Beschäftigten das Verzeichnis einerseits zur Suche nach Kollegen und zum Herstellen von Kontakte nutzten. Andererseits wollten die Nutzer mehr über die Kollegen erfahren, mit denen sie zusammenarbeiteten. Das People-Tagging-System wurde zwar nur von wenigen Beschäftigten intensiv betrieben, jedoch hatten alle Mitarbeiter die Möglichkeit, einen Nutzen aus diesen Informationen zu ziehen. Die Tags selbst wurden sehr bewusst und sorgfältig ausgewählt, da bei diesem System alle Eingaben nachvollziehbar waren.

Die Studie zeigt, dass das Taggen von Beschäftigten allen Beteiligten einen wertvollen Vorteil bieten kann. Es ermöglicht der Nutzergemeinschaft die Profile jedes Einzelnen zu pflegen. Die Tags, die während der Studie vergeben wurden, waren korrekte Beschreibungen von Interessen und Fachkenntnissen der jeweiligen Beschäftigten. Die Befragung der Interviewteilnehmer ergab, dass die Beschäftigten weder über beleidigende noch über unsachgemäße Tags berichteten. Anhand der Ergebnisse der Studie schlussfolgerten Farrell et al. (2007), dass People-Tagging zu einem wichtigen Werkzeug für das Beziehungsmanagement innerhalb von Organisationen werden könnte. Weitere Forschungen auf diesem Gebiet sind vorgesehen.

3.7 Zusammenfassung

Ein Social-Tagging-System funktioniert nur, wenn möglichst viele Personen Tags vergeben. Die Nutzer taggen, wenn die Handhabung eines Social-Tagging-Systems für die Nutzer einfach, flexibel und ständig erweiterbar ist. Personen taggen nicht nur, um Informationen zu organisieren. Ebenso wichtig ist die soziale Komponente, die es den Nutzern ermöglicht, Ideen auszutauschen, sich zu äußern und darzustellen oder einfach Spaß zu haben.

Den größten Wert erhält ein Anbieter eines Social-Tagging-Systems, wenn ihm die Ziele, Erfahrungen und vor allem die Verhaltensweisen der Nutzer bekannt sind und das System entsprechend angepasst werden kann (Smith, 2008). Um die Verhaltensweisen zu analysieren stehen wie im Abschnitt 3.2 beschrieben, verschiedene Methoden zur Verfügung, die bisher noch nicht standardisiert sind. Es besteht die Möglichkeit, vorhandene Methoden zur Nutzung in neuen Studien anzupassen oder weiter zu entwickeln. Für qualitative Aussagen über Motive von Nutzern wurde in den bisherigen Studien die Interview-Methode eingesetzt. Aussagen früherer Studien können nicht eins-zu-eins auf andere Systeme übertragen werden, da Social-Tagging-Systeme sehr unterschiedlich sind und die jeweiligen Nutzer ebenso. Aus diesem Grund ist es erforderlich, Aussagen von den jeweiligen Nutzern direkt zu erfragen.

Die Studien ergaben, dass Social-Tagging-Systeme im privaten Umfeld sehr gut angenommen werden. Die angebotenen Systeme, wie beispielsweise Delicious, ziehen zunehmend mehr Nutzer in ihren Bann. Da ein Social-Tagging-System wertvoller wird, je mehr Nutzer sich daran beteiligen, haben diese Systeme eine aussichtsreiche Zukunft. Die Chancen, dass bei einer großen Anzahl von Nutzern sich einige finden, die bereits vergebene Tags auffinden, für sinnvoll halten und diese wiederverwenden, steigen mit jedem neuen Nutzer.

In Unternehmen werden laut den vorgestellten Studien Social-Tagging-Systeme nur von einer geringen Anzahl der Mitarbeiter verwendet. Je größer ein Unternehmen ist, umso eher kann sich der Einsatz eines solchen Systems lohnen. Bei kleineren Unternehmen wird es nur schwer möglich sein, die kritische Masse an Nutzern zu erreichen, so dass sich für diesen Bereich Social-Tagging-Systeme vermutlich nicht etablieren werden. Weitere Entwicklungen wie das People-Tagging in Unternehmen haben eher eine Aussicht auf Erfolg, da die Mitarbeiterverzeichnisse bereits vorhanden sind. Bisher hat das Pflegen von Profildaten nur eine untergeordnete Priorität.

Im wissenschaftlichen Umfeld ist das Taggen eine hilfreiche Ergänzung zu den bisher genutzten Klassifikationen. Diese können meistens nur von den Fachleuten richtig genutzt werden und sind für die Nutzer nur schwer einsetzbar. Der Verzicht auf Klassifikationen zu Gunsten der Tags wird allerdings nicht stattfinden, da die Tags, die von Nutzern gesetzt werden, oft zu ungenau und nur für eine geringe Gruppe weiterer Nutzer hilfreich sind. Wie bereits von Hänger (2008) festgestellt wurde, ist die Kombination beider Systeme eine erstrebenswerte Entwicklung, die ein großes Potential birgt.

Die Motive und Verhaltensweisen von Nutzern sind bisher weder im privaten, noch in betrieblichen oder wissenschaftlichen Social-Tagging-Systemen umfassend erforscht worden. Weitere Studien sind erforderlich, um Erkenntnisse über die Verhaltensmuster von Nutzern zu erhalten, die als Basis für die Entwicklung neuer Social-Tagging-Systeme genutzt werden können. Letztendlich bleibt abzuwarten, wie sich die Social-Tagging-Systeme zukünftig entwickeln und ob sie von den Nutzern dauerhaft angenommen werden.

Literatur

Ames, M. und Naaman, M. (2007). Why we tag: Motivations for annotation in mobile and online media. In: *CHI '07: Proceedings of the SIGCHI conference on Human factors in computing systems*, S. 971–980. ACM.

DiMicco, J., Millen, D. R., Geyer, W., Dugan, C., Brownholtz, B., und Muller, M. (2008). Motivations for social networking at work. In: *CSCW '08: Proceedings of the ACM 2008 conference on Computer supported cooperative work*, S. 711–720, New York, NY, USA. ACM.

Dugan, C., Muller, M., Millen, D. R., Geyer, W., Brownholtz, B., und Moore, M. (2007). The dogear game: A social bookmark recommender system. In: *GROUP '07: Proceedings of the 2007 international ACM conference on supporting group work*, S. 387–390. ACM.

Farooq, U., Kannampallil, T., Song, Y., Ganoe, C., Carroll, J., und Giles, L. (2007). Evaluating tagging behavior in social bookmarking systems: Metrics and design heuristics. In: *GROUP '07: Proceedings of the 2007 international ACM conference on Supporting group work*, S. 351–360. ACM.

Farrell, S., Lau, T., Nusser, S., Wilcox, E., und Muller, M. (2007). Socially augmenting employee profiles with people-tagging. In: *UIST '07: Proceedings of the 20th annual ACM symposium on User interface software and technology*, S. 91–100. ACM.

Flimm, O. (2007). Die Open-Source-Software OpenBib an der USB Köln. Überblick und Entwicklungen in Richtung OPAC 2.0. *Bibliothek. Forschung und Praxis*, 2(31):185–192.

Gaiser, B., Hampel, T., und Pauke, S. (2008). *Good Tags - Bad Tags: Social Tagging in der Wissensorganisation*, Band 47 in *Medien in der Wissenschaft*. Waxmann.

Golder, S. A. und Donath, J. (2004). Social Roles in Electronic Communities. In: *Proc. of Association of Internet Researchers Conference.*

Golder, S. A. und Huberman, B. A. (2006). Usage patterns of collaborative tagging systems. *Journal of Information Science*, 32(2):198–208.

Heckner, M., Muehlbacher, S., und Wolff, C. (2008). Tagging tagging: Analysing user keywords in scientific bibliography management systems. *Journal of Digital Information*, 9(2).

Hänger, C. (2008). Collaborative Tagging als neuer Service von Hochschulbibliotheken. In: *Good Tags - Bad Tags: Social Tagging in der Wissensorganisation*. Waxmann.

Lund, B., Hammond, T., Flack, M., und Hannay, T. (2005). Social Bookmarking Tools (II) : A Case Study - Connotea. *D-Lib Magazine*, 11(5).

Marlow, C., Naaman, M., Boyd, D., und Davis, M. (2006). HT06, tagging paper, taxonomy, Flickr, academic article, to read. In: *HYPERTEXT '06: Proceedings of the seventeenth conference on Hypertext and hypermedia*, S. 31–40. ACM.

Millen, D. R., Feinberg, J., und Kerr, B. (2006). Dogear: Social bookmarking in the enterprise. In: *CHI '06: Proceedings of the SIGCHI conference on Human Factors in computing systems*, S. 111–120. ACM.

Pan, Y. X. und Millen, D. R. (2008). Information Sharing and Patterns of Social Interaction in an Enterprise Social Bookmarking Service. In: *HICSS '08: Proceedings of the Proceedings of the 41st Annual Hawaii International Conference on System Sciences*, S. 158. IEEE Computer Society.

Rivadeneira, A. W., Gruen, D. M., Muller, M. J., und Millen, D. R. (2007). Getting our head in the clouds: Toward evaluation studies of tagclouds. In: *CHI '07: Proceedings of the SIGCHI conference on Human factors in computing systems*, S. 995–998. ACM.

Rodrigues, E. M., Milic-Frayling, N., und Fortuna, B. (2008). Social Tagging Behaviour in Community-Driven Question Answering. In: *WI-IAT '08: Proceedings of the 2008 IEEE/WIC/ACM International Conference on Web Intelligence and Intelligent Agent Technology*, S. 112–119. IEEE Computer Society.

Santos-Neto, E., Condon, D., Andrade, N., Iamnitchi, A., und Ripeanu, M. (2009). Individual and social behavior in tagging systems. In: *HT '09: Proceedings of the 20th ACM conference on Hypertext and hypermedia*, S. 183–192. ACM.

Sen, S., Lam, S. K., Rashid, A. M., Cosley, D., Frankowski, D., Osterhouse, J., Harper, F. M., und Riedl, J. (2006). Tagging, communities, vocabulary, evolution. In: *CSCW '06: Proceedings of the 20th anniversary conference on computer supported cooperative work*, S. 181–190. ACM.

Sen, S., Vig, J., und Riedl, J. (2009). Learning to recognize valuable tags. In: *IUI '09: Proceedings of the 13th international conference on Intelligent user interfaces*, S. 87–96. ACM.

Smith, G. (2008). *Tagging: People-Powered Metadata for the Social Web.* New Riders.

Thom-Santelli, J. und Muller, M. (2007). The Wisdom of My Crowd: Motivation and Audience in Enterprise Social Tagging. Poster presented at Group 2007.

Thom-Santelli, J., Muller, M. J., und Millen, D. R. (2009). Social tagging roles: publishers, evangelists, leaders. In: *CHI '08: Proceeding of the 26. annual SIGCHI conference on Human factors in computing systems,* S. 1041–1044. ACM.

4 Benutzermodellierung in adaptiven Web-Anwendungen

Hannes Meyer

4.1 Einführung und Begriffsdefinitionen

Mit wachsender Informationsflut im World Wide Web wird die Filterung interessanter und wichtiger Informationen für die Benutzer zunehmend schwieriger. Personalisierte Softwaresysteme können dabei helfen, dem Benutzer den Zugang zu individuell relevanten Informationen zu erleichtern und die Informationen auf eine angemessene Weise zu präsentieren. Dazu müssen diese Systeme in der Lage sein, den Benutzer kennen zu lernen und Daten über ihn zu sammeln. Dieser Prozess wird als Benutzermodellierung bezeichnet. In diesem Kapitel werden unterschiedliche Aspekte der Benutzermodellierung behandelt. Zunächst wird auf Techniken der Datengewinnung eingegangen, danach mögliche Inhalte von Benutzermodellen beschrieben und schließlich unterschiedliche Möglichkeiten der formalen Repräsentation von Benutzermodellen besprochen.

Adaptive Systeme. Zunächst wird hier eine Abgrenzung der Begriffe adaptiv und adaptierbar durchgefürt. Adaptierbare Softwaresysteme können durch den Benutzer selbst aktiv an seine Bedürfnisse angepasst werden (Kobsa, 2004). Auch Websites lassen sich derzeit bereits an persönliche Anforderungen anpassen, beispielsweise bei individuellen Startseiten wie iGoogle[1] oder Pageflakes[2]. Diese Art der Personalisierung erfordert vom Benutzer einen gewissen Aufwand und lässt sich daher nur begrenzt in größerem Maßstab

---

[1] http://www.google.de/ig, zugegriffen am 01.02.2010
[2] http://www.pageflakes.com, zugegriffen am 01.02.2010

einsetzen. Im Gegensatz hierzu sind adaptive Systeme darauf ausge-
legt, weitestgehend automatisiert und ohne umfangreiche Eingriffe
des Benutzers einen Personalisierungseffekt zu erreichen. Personalisierte Inhalte und Präsentationsformen haben im World Wide Web
(WWW) in den vergangenen Jahren deutlich an Bedeutung gewonnen und wurden besonders im E-Commerce-Bereich durch Amazon[3]
erstmals im großem Umfang eingesetzt. Eine Bedingung der Adaptivität einer Software ist die Möglichkeit, Daten und Informationen
über den Benutzer zu sammeln und zur individuellen Anpassung
zu verwenden. Diese Daten werden in einem Benutzermodell festgehalten und gepflegt. In Abbildung 4.1 wird der Zusammenhang
zwischen Benutzermodellierung und Adaptierung verdeutlicht.

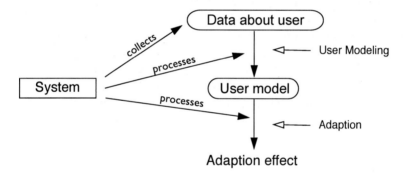

Abbildung 4.1: Usermodeling-Adaption-Loop nach Brusilovsky (1996)

Benutzermodellierung. Um in einem interaktiven Softwaresystem einen Adaptierungseffekt auf die Bedürfnisse des Benutzers
zu erreichen, müssen gewisse Daten über den Benutzer gesammelt
werden. Bei den Daten kann zwischen Benutzerdaten, Benutzungsdaten und Umgebungsdaten unterschieden werden (Kobsa, 2004).
Diese Daten werden in einem Benutzermodell (*User Model*) gespeichert und verwaltet, auf dessen Basis die Software Anpassungen

---

[3]http://www.amazon.com, zugegriffen am 01.02.2010

durchführen kann. Der Aufbau eines Benutzermodells während der Interaktion mit einem Softwaresystem wird als Benutzermodellierung bezeichnet (Kobsa, 1993) und durch die Benutzermodellierungskomponente (*User Modeling Component*) der Software durchgeführt (Wahlster und Kobsa, 1989). Beim Erwerb der Benutzermodellierungsdaten wird im Allgemeinen zwischen expliziten und impliziten Techniken unterschieden (Gauch et al., 2007). Explizite Techniken verlangen einen aktiven Beitrag des Benutzers, um sein Modell zu generieren. Dies kann systemgesteuert, durch Nachfragen des Softwaresystems während oder vor der Benutzung, oder benutzergesteuert, durch Ausfüllen von Profildateien durch den Benutzer, erfolgen (Kobsa, 1993). Bei impliziten Techniken wird das Benutzermodell ohne Eingriff des Benutzers durch Beobachtung seines Nutzungsverhaltens erstellt. Im Abschnitt 4.2 werden die unterschiedlichen Techniken mit Beispielen näher erläutert. Die Repräsentation der Benutzermodelle kann sowohl auf Basis individueller Profile als auch mittels Stereotypmodellen (Rich, 1979) durchgeführt werden. Bei letzteren werden Gruppen von Benutzern basierend auf gemeinsamen Attributen zusammengefasst. Besonders bei homogenen Anwenderkreisen mit spezifischen Anwendungsbereichen kann eine stereotypisierte Modellierung zum Einsatz kommen (Kobsa, 1985). Da in Web-Anwendungen jedoch in der Regel von inhomogenen Benutzern ausgegangen werden muss, ist eine individuelle Modellierung notwendig. Eine Kombination aus beiden Varianten bietet sich an, um das Problem der anfänglichen Datenknappheit zu lösen. In Abschnitt 4.4 werden die Repräsentationsvarianten detaillierter beschrieben. Zur Verwaltung der Benutzermodelle werden spezielle Benutzermodellierungsserver verwendet.

Einsatzbereiche. Adaptive Hypermedia-Systeme bezeichnen Hypermedia-basierte Systeme, die mittels Benutzermodellen eine Adaption auf die Bedürfnisse des Benutzers durchführen (Brusilovsky, 1996). Adaptive Systeme existieren in vielen Bereichen wie zum Beispiel als E-Leaning-Anwendungen, Online-Informationssysteme wie

E-Commerce-Anwendungen oder im Information Retrieval (Brusilovsky, 2001), zum Beispiel bei Suchmaschinen (Shen et al., 2005; Sieg et al., 2007). Die Adaption kann sich dabei auf die Inhalte der Systeme (*Adaptive Presentation*) und auf die Navigation über die Inhalte (*Adaptive Navigation Support*) erstrecken (Brusilovsky, 2001). Letzteres wird in Kapitel 5 dieses Buches ausführlich behandelt.

4.2 Datengewinnung zur Benutzermodellierung

Bei der Datengewinnung zum Aufbau von Benutzermodellen kann grundsätzlich zwischen expliziten und impliziten Techniken unterschieden werden. Abhängig von der Art der zu sammelnden Informationen, der Partizipations- und Auskunftsbereitschaft des Benutzers und dem angestrebten Ziel und Umfang der Adaptierung hat jede Methode Vor-und Nachteile. Daher werden in der Regel beide Bereiche in Kombination eingesetzt.

Explizite Datengewinnung in Web-Anwendungen. Benutzermodellierung durch explizite Angaben des Benutzers geschieht im Web in der Regel über Formulare, die ein Benutzer ausfüllen muss. Dabei können demographische Daten, Interessen oder Meinungen abgefragt werden. Insbesondere harte Fakten wie Beruf, Geburtsdatum etc. können nur auf explizite Weise gewonnen werden. Problematisch bei dieser Weise der Benutzermodellierung sind der Zeitaufwand seitens des Benutzers, die Notwendigkeit der manuellen Profilpflege, sowie fehler- oder lückenhafte Angaben des Benutzers. Aus Gründen des Datenschutzes sind viele Benutzer unter Umständen zurückhaltend beim Ausfüllen von Formularen. Viele Web-Anwendungen verwenden explizite Benutzerangaben, um die Präsentation der Inhalte zu personalisieren und interessante Inhalte vorzuschlagen (Gauch et al., 2007). Um Inhalte vorschlagen zu können, bewerten Benutzer meist ihnen bekannte Objekte, wie zum Beispiel Filme, auf einer linearen Skala. Anhand dieser Bewertungen werden mit Methoden des kollaborativen oder inhaltsbasierten

Filterns neue Objekte vorgeschlagen (Schafer et al., 2007; Pazzani und Billsus, 2007; Sarwar et al., 2001).

Implizite Datengewinnung in Web-Anwendungen. Implizite Datengewinnung geschieht für den Benutzer unsichtbar im Hintergrund während der Benutzung eines Systems. Zur Benutzermodellierung in Web-Anwendungen können unterschiedliche Techniken differenziert werden, Tabelle 4.1 gibt einen knappen Überblick über diese. Durch eine Überwachung des Browser-Cache können sämtliche Browsing-Aktivitäten des Benutzers in das Benutzermodell einfließen. Hierzu müssen allerdings vom Benutzer oder einer Software die Cache-Dateien hochgeladen werden. Eine alternative Vorgehensweise um den gleichen Effekt zu erzielen stellt die Einrichtung eines Proxy-Servers dar, welcher sämtliche Aktivitäten des Benutzers protokolliert und in das Modell einfließen lässt. Vorteile dieser beiden Techniken sind eine umfangreiche Datenbasis, die Möglichkeit, mehrere Websites personalisieren zu können sowie eine unkomplizierte Handhabung. Zwei weitere Gruppen stellen Software-Agenten dar, die entweder nur im Browser arbeiten oder als Desktop-Anwendung Zugriff auf den gesamten Rechner des Benutzers ermöglichen. Diese Agenten können die Arbeit des Nutzers in Echtzeit protokollieren und in ein Benutzermodell übermitteln. Da es sich um clientseitige Anwendungen handelt, lassen sich viele Desktop-Anwendungen auf Basis des Benutzermodells personalisieren. Per Übermittlung der Daten an einen Webserver können diese Daten auch zur Personalisierung von Websites verwendet werden. Desktop-Agenten haben zusätzlich den Vorteil, dass auch Dokumente, mit denen der Benutzer lokal arbeitet, analysiert werden können und sich dadurch Daten für das Benutzermodell generiert lassen. Problematisch bei Agenten ist, dass Software installiert werden muss und diese vom Benutzer verwendet werden muss. Diese Problematik stellt sich nicht bei reinen serverseitigen Ansätzen wie dem Web-Log-Mining und der Analyse von Suchmaschinen-Logs, die einen Teilbereich des Web-Usage-Mining (Mobasher, 2006) definieren. Hierbei werden Daten, die bei der Benutzung einer Website auf dem Webserver anfallen, zum Aufbau eines Benutzermodells verwendet. Allerdings muss hierbei eine Möglichkeit zur Identifikation individueller Nutzer implementiert werden. Mögliche Techniken stellen Cookies oder Log-In-Verfahren dar. Im folgenden Abschnitt wird auf das Web-Usage-Mining detaillierter eingegangen.

Technik	Informa-tion	Reich-weite	Pro	Contra
Browser Cache	Browse-Verlauf	jede Website	Benutzer muss nichts installieren	Benutzer muss seinen Browser-Cache hochladen
Proxy-Server	alle Browsing-Aktivitäten	jede Website	Benutzer kann jeden Browser verwenden	Benutzer muss einen Proxy konfigurieren
Browser-Agenten	alle Browsing-Aktivitäten	jede personalisierte Anwendung	Kann jegliche Browsing-Aktivität loggen	Software muss installiert und benutzt werden
Desktop-Agenten	alle Aktivitäten des Nutzers	jede Anwendung	Alle Dateien und Aktivitäten werden geloggt	Software muss installiert werden
Web-Log-Mining	Browsing-Aktivitäten	eine Website	Informationen über alle Nutzer werden gesammelt	Nur auf eine Website beschränkt
Such-maschinen-Logs	Web-Suche	Seite der Suchmaschine	Sammlung und Verwendung auf einer Seite	Cookies bzw. Login erforderlich, wenig Information

Tabelle 4.1: Techniken impliziter Benutzermodellierung nach Gauch et al. (2007)

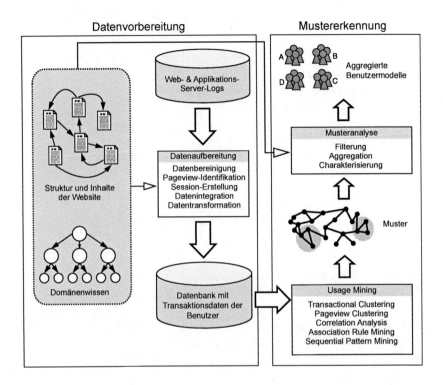

Abbildung 4.2: Web-Usage-Mining-Prozess nach Mobasher (2006)

4.2.1 Web-Usage-Mining

Der Prozess des Web-Usage-Mining (siehe Abbildung 4.2) gliedert sich in relativ unabhängige Phasen der Datengewinnung und -aufbereitung, Musterentdeckung (*Usage Mining*) und Musteranalyse, analog zur Vorgehensweise bei klassischem Data-Mining. Das Ziel des Web-Usage-Mining sind aggregierte Benutzermodelle, die sowohl eine Adpation der Website als auch Analysen über die Zielgruppen und deren Verhalten ermöglichen. Da es sich hierbei um ein sehr umfangreiches Thema handelt, welches nur in gewissen Bereichen

1	68.249.71.241 - - [21/Jul/2009:05:36:39 +0200] GET /Company/Hessen/Rheingau-Taunus-Kreis HTTP/1.1 200 4813 - Opera/9.63 (Windows NT 5.1; U; de) Presto/2.1.1
2	52.180.97.162 - - [21/Jul/2009:13:53:22 +0200] GET /photos/thumb/96.jpg HTTP/1.1 304 0 http://www.website.de/galleries Mozilla/5.0 (Macintosh; U; Intel Mac OS X 10_5_7; de-de) AppleWebKit/530.19.2 (KHTML, like Gecko)
3	52.180.97.162 - - [21/Jul/2009:14:28:17 +0200] GET /suche?search_q=79395&search%5Bradius%5D=5 HTTP/1.1 301 167 http://www.website.de/ Mozilla/5.0 (Macintosh; U; Intel Mac OS X 10_5_7; de-de) AppleWebKit/530.19.2 (KHTML, like Gecko)
4	52.180.97.162 - - [21/Jul/2009:14:46:08 +0200] GET /suche/5/km_um/Gechingen/16870 HTTP/1.1 200 8007 http://website.de/galleries Mozilla/5.0 (Macintosh; U; Intel Mac OS X 10_5_7; de-de) AppleWebKit/530.19.2 (KHTML, like Gecko)

Tabelle 4.2: Beispiel eines Server-Log

Überschneidungen mit dem Thema Benutzermodellierung aufweist, wird an dieser Stelle lediglich die erste Phase der Datengewinnung und Datenaufbereitung näher beschrieben. Detailliertere Ausführungen zum Thema finden sich bei Mobasher (2007, 2006, 2004); Omari und Conrad (2006); Pierrakos et al. (2003).

In der ersten Phase der Datengewinnung werden Daten aus unterschiedlichen Quellen gesammelt. Die primäre Quelle der *Benutzungsdaten* stellen Web-Server-Logs dar (siehe Tabelle 4.2), in denen ein Webserver jeden Aufruf einer Webseite oder eines Dokuments protokolliert. Anhand der IP-Adresse und Daten des User-Agent lassen sich individuelle Benutzer identifizieren, deren Klickverhalten auf der Website durch Analyse der aufgerufenen URLs und deren *Referrer* bestimmen. Einzelne Aufrufe von Seiten werden als *Pageviews* bezeichnet, eine Sammlung von Pageviews während eines Besuches einer Website stellt eine *Session* dar. Zusammengeführt werden diese Daten mit Informationen über den Inhalt der einzelnen Seiten, inklusive eingebundener Grafiken, Multimediainhalten, Meta-Daten und

Hierarchieebenen sowie über den strukturellen Aufbau der Website. Zu letzterem zählen Verlinkungen zwischen verschiedenen Seiten der Website, wie sie in Sitemaps dargestellt werden. Bei dynamischen Websites, die über ein Log-In-System verfügen, können unter Umständen auch Daten des Benutzerprofils wie Bewertungen, demographische Daten sowie weitere explizit oder implizit gewonnene Erkenntnisse über den Benutzer mit einfließen. Anschließend müssen die Daten bereinigt werden, da Logfiles auch Informationen über Besuche von Suchmaschinen-Bots beinhalten, eingebettete Inhalte wie Grafiken, Scripts oder Stylesheets nicht in die Analyse mit einfließen sollen und gewisse Inhalte der Logfiles nicht interessant sind. Zudem können die Benutzungspfade der Nutzer lückenhaft sein, da über clientseitiges Caching nicht jede Seite vom Server abgerufen werden muss und Benutzer unerkannt in ihrem Browser-Verlauf zurück navigieren können. Anhand der Logfiles und Kenntnissen über den Aufbau der Website können diese fehlenden Informationen jedoch rekonstruiert werden.

Anhand der Benutzerdaten der resultierenden Transaktionsdatenbank werden mittels Data-Mining-Techniken Analysen durchgeführt, um signifikante Muster in der Benutzung der Website zu erkennen. Durch die Zusammenführung der erkannten Muster mit den Strukturdaten der Website lassen sich typische Nutzerszenarien definieren, die später weiter verwendet werden können. Mittels dieser aggregieren Benutzermodelle lassen sich auch für neue Benutzer Adaptionseffekte erzielen, indem nach kurzer Analyse der Benutzung der jeweilige Benutzer in eines der vordefinierten Stereotypenmodelle eingeordnet wird.

4.2.2 Web-2.0-Ansätze zur Benutzermodellierung

Carmagnola et al. (2007b) schlagen zur Erweiterung der Benutzermodellierung im Web-2.0-Umfeld vor, die von einem Benutzer auf verschiedenen interaktiven Websites[4] verwendeten Tags in einer zen-

---

[4]Wie zum Beispiel del.icio.us, flickr.com, youtube.com.

tralen Ontologie zu aggregieren. Aus den Tags, die ein Benutzer zur
Beschreibung eines Objektes vergeben hat, lassen sich primär seine Interessen bezüglich mehrerer Bereiche erkennen, darüber hinaus jedoch auch der Interaktionsgrad sowie die Einstellung des Benutzers zur Organisation von Inhalten ableiten. Der Interaktionsgrad bestimmt sich einerseits aus der Bereitschaft des Benutzers,
Zeit in das Tagging von Inhalten zu investieren, als auch aus den
Möglichkeiten, die ein System dem Benutzer hierfür bietet (Carmagnola et al., 2007a). Um die Tags unterschiedlicher Systeme in
einem zentralen Benutzermodell verwenden zu können, werden die
Tags aus den individuellen Datenstrukturen der Websites (meist
XML-Strukturen) extrahiert, analysiert, kategorisiert und auf das
Benutzermodell übertragen. Um die weitere Verwendung der Tags
zu ermöglichen, ist es erstrebenswert, die kumulierten Tags anderen Systemen über eine Schnittstelle zur Verfügung zu stellen. Firan
et al. (2007) stellen dar, dass Tag-basierte Empfehlungsdienste eine
deutlich höhere Qualität als klassische Dienste, die auf kollabora-
tivem Filtern basieren, aufweisen, deutlich schneller arbeiten und
keine initialen Kaltstartprobleme besitzen.

Es besteht ein Trend in Richtung zentraler, portabler Benutzerprofile, was auch die Bildung der Arbeitsgruppe zur Schaffung der
Attention Profile Markup Language (APML)[5] deutlich macht. Mit
der APML soll ein Benutzer seine Daten bezüglich seiner Interessen in einem standardisierten Format sammeln und in verschiedenen
Diensten weiterverwenden können. Dieser Ansatz verschafft dem Benutzer die Verfügungsgewalt über sein persönliches Interessensprofil, somit kann er selbst entscheiden, welche Daten er weitergeben
möchte, und kann sein persönliches Profil jederzeit einsehen und bearbeiten.

---

[5]http://www.apml.org, zugegriffen am 20.01.2010

4.2.3 Datenschutz

Insbesondere im Internet gewinnt das Thema Datenschutz für Benutzer immer mehr an Bedeutung. Kobsa (2007b) bietet eine breite Übersicht über die für personalisierte Systeme relevanten Themen, welche an dieser Stelle überblicksartig dargestellt werden. Während in früheren adaptiven Systemen lediglich eine beschränkte Menge persönlicher Daten gesammelt und meist nur lokal verarbeitet wurde, fließen in adaptiven Web-Anwendungen die Benutzerdaten an einen Web-Server und entziehen sich somit der Kontrolle des Benutzers. Durch häufige bekannt gewordene Sicherheitsbrüche, Hackerangriffe und vermehrte Sammlung persönlicher Daten wächst seitens der Benutzer eine immer stärkere Abneigung gegenüber der Bekanntgabe persönlicher Daten. Technische Fortschritte erlauben es mittlerweile, nicht nur textuelle Informationen über Benutzer zu sammeln, sondern auch Daten wie den Aufenthaltsort, die Mausbewegungen und den Browse-Verlauf durch das Internet in individuelle Benutzermodelle aufzunehmen. Die Aggregation von Daten aus unterschiedlichen Quellen und Analysen über große Datenbestände werden durch stärkere Rechenleistung und größere Bandbreiten erst in jüngster Zeit ermöglicht. Aufgrund dieser Fortschritte werden in vielen Ländern Gesetze zum Datenschutz erlassen, die von Herstellern und Betreibern adaptiver Systeme berücksichtigt werden müssen. Diese Entwicklungen führen zu einer immer stärkeren Beachtung des Datenschutzes im Bereich adaptiver Systeme.

In einer Vielzahl von Studien (Kobsa, 2007b, S. 632) wurde festgestellt, dass zwischen 70% und knapp 90% aller Internetnutzer über ihre Privatsphäre und die Sicherheit ihrer persönlichen Daten im Netz besorgt sind. Zwischen 82% und 95% aller Benutzer vermieden es daher mindestens ein mal, persönliche Daten auf einer Website zu hinterlassen. Knapp ein Viertel der Benutzer gab an, grundsätzlich im Internet keine persönlichen Angaben zu machen. Einige Benutzer neigen dazu, bei der Aufforderung, Daten einzugeben, fiktive oder falsche Informationen zu übermitteln. Fast alle Benutzer haben Bedenken, wenn ein Unternehmen gesammelte personenbezogene Daten an Drittfirmen übermittelt, die diese zu anderen Zwecken weiter verwenden. Diese Einstellung seitens der Benutzer führt zu deutlichen Problemen beim Aufbau vollständiger und valider Benutzermodelle und verhindert den Aufbau zentraler Benutzermodelle, die in verschiedenen adaptiven Systemen verwendet werden können. Es treffen jedoch nicht nur explizite, sondern auch implizite Methoden der Datensammlung auf Widerstand. Bei der Verfolgung des Browser-Verlaufs mittels Cookies haben mehr als die Hälfte der untersuchten Benutzer Bedenken, insbesondere wenn der Navigationsverlauf über mehrere Websites hinweg nachverfolgt werden kann. Dennoch akzeptieren die meisten Benutzer (62%) generell Cookies, jedoch leeren über die Hälfte der Benutzer gelegentlich den Cookie-Cache ihres Browsers. Dieses Verhalten beeinträchtigt die oben beschriebenen Techniken des Web-Usage-Mining und generell alle adaptiven Web-Systeme.

Die Bereitschaft der Benutzer, persönliche Daten preiszugeben hängt stark von der Art der Informationen ab. Generell ist erkennbar, dass Benutzer bei einfachen demographischen Daten, Angaben ihrer Hobbies oder ihrem Medienkonsumverhalten weniger Bedenken äußern als bei der Angabe von Kreditkarteninformationen, Kontaktinformationen oder finanziellem Status. In der Praxis konnte allerdings eine Diskrepanz zwischen geäußerter Einstellungen bezüglich Datenschutz und tatsächlicher Preisgabe persönlicher Informationen im Internet beobachtet werden. Insbesondere ist die Bereitschaft abhängig vom aktuellen Ziel des Benutzers und den Vorteilen, die sich aus den Angaben für den Benutzer ergeben. Insbesondere im Hinblick auf die sich aus der Personalisierung einer Website ergebenden Vorteile sind Benutzer dazu bereit, persönliche Informationen preiszugeben und erachten es als hilfreich, wenn gewisse Daten gespeichert werden. Positiven Einfluss auf die Einstellung der Benutzer haben insbesondere Informationen über die gesammelten Daten und deren Verwendung, sowie die Möglichkeit der informationellen Selbstbestimmung. Von Bedeutung sind auch das Vertrauen in eine Website, die sich aus positiven Erfahrungen in der Vergangenheit, dem Ruf des Websitebetreibers, der gestalterischen und funktionalen Qualität der Website oder Hinweisen auf den Umgang mit dem Thema Datenschutz ergeben.

Kobsa (2007b) beschreibt eine Vielzahl technischer Möglichkeiten, die die Datenschutzprobleme von Benutzermodellen mindern können. Dazu zählt die Möglichkeit, Benutzermodelle auf Pseudonymen basieren zu lassen, die zwar von adaptiven System einem individuellen Benutzer zugeordnet werden können, Drittpersonen allerdings keine Rückschlüsse auf die wahre Identität des Benutzers ermöglichen. Die Speicherung von Benutzermodellen auf der Client-Seite löst Probleme hinsichtlich der Gesetzgebung als auch des Vertrauens des Benutzers. Da keine persönlichen Daten ins Web übertragen werden, sondern auch die Personalisierungskomponente lokal arbeitet, werden Benutzer unter Umständen mehr Daten zur Verfügung stellen. Allerdings schränken client-seitige Techniken die Verwendungsmöglichkeiten, zum Beispiel hinsichtlich kollaborativen Filtern, ein. In der Forschung werden weitere Möglichkeiten untersucht, etwa die verteilte Speicherung von Benutzermodellen, die Arbeit mit verschlüsselten Daten, *Perturbation* (es werden zufällige Werte in das Benutzermodell eingestreut) oder *Obfuscation* (Modifikation gewisser Werte). Anbieter adaptiver Systeme werden also in Zukunft dem Thema Datenschutz immer mehr Bedeutung beimessen müssen.

4.3 Inhalte von Benutzermodellen

In diesem Abschnitt werden die möglichen Inhalte von Benutzermodellen dargestellt. In einem konkreten Benutzermodell muss allerdings nicht zwangsläufig jeder Aspekt eines Benutzers hinterlegt werden, vielmehr folgt der Inhalt des Modells letztlich dem gewünschten Einsatzzweck.

4.3.1 Wissen und Interessen

Die Modellierung des Wissens eines Benutzers stellt für die meisten Anwendungsbereiche die wichtigste Funktion dar. Besonders in adaptiven Lernumgebungen stellt das Wissen des Benutzers das Kernelement dar. Eine Möglichkeit, das gesamte Wissen eines Benutzers in einem spezifischen Bereich darzustellen, ist die Bewertung auf einer linearen Skala – quantitativ oder qualitativ. Hierbei wird jedoch nicht auf feine Wissensunterschiede in kleineren Teilbereichen eingegangen, sodass nur ein grobgranularer Adaptionseffekt erzielbar ist. Eine Weiterentwicklung stellen strukturelle Modelle dar, die es ermöglichen, das Fachwissen des Benutzers in einer bestimmten Domäne anhand definierter Fragmente darzustellen. Beim sogenannten *Overlay Model* wird das individuelle Wissen des Benutzers in Relation zum Expertenwissen der Domäne bewertet, entweder qualitativ (gut, durchschnittlich, schwach) oder quantitativ (auf einer Skala von 1 bis 5). Da dieses Modellierungsverfahren allerdings keine Informationen über fehlerhaftes Wissen des Benutzers enthält, wurden sogenannte *Bug Models* entwickelt, die hochqualitative Adaption unterstützen. Aufgrund ihrer Komplexität werden *Bug Models* im Gegensatz zu einfacheren *Overlay Models* in der Praxis relativ selten eingesetzt (Brusilovsky und Millán, 2007).

Die Modellierung der Interessen eines Benutzers hat in den letzten Jahren zunehmend an Bedeutung gewonnen. Insbesondere im Bereich von adaptiven Information-Retrieval-Systemen und Filtersystemen, die große Mengen an Informationen verarbeiten müssen, sind Modelle der Interessen von Benutzern von großer Bedeutung. Mit der Verbreitung von adaptiven Informationssystemen wie Enzyklopädien, News-Portalen oder auch E-Commerce-Shops, bei denen die Informationsbeschaffung hauptsächlich auf Interessen des Benutzers basiert, breitet sich die Modellierung der Interessen auf immer größere Bereiche aus und tangiert immer mehr Menschen. Auch bei adaptiven Lernumgebungen wird, forciert durch konstruktivistische Ansätze in der Didaktik, eine interessenbasierte Vermittlung von Lerninhalten verfolgt und damit die Modellierung von Interessen zunehmend wichtiger. Die Abbildung der Interessen in Modellen wurde historisch mittels gewichteter Vektoren von Schlüsselbegriffen durchgeführt, diese Herangehensweise ist heute noch weit verbreitet. Eine detailliertere Abbildung erlauben *Overlay Models*, die ähnlich aufgebaut sind wie diejenigen zur Repräsentation von Wissen. Hierbei werden spezifische Interessen des Benutzers über Begriffsmodelle bestimmter Domänen gelegt, sodass unterschiedliche Interessensgebiete aus dem Gesamtmodell abgebildet werden können. Durch semantische Verbindungen zwischen einzelnen Begriffen eines Modells können Beziehungen zwischen unterschiedlichen Bereichen eines Interessensgebiets abgebildet werden und somit die Erschließung neuer Gebiete gefördert werden (Brusilovsky und Millán, 2007) (siehe auch Abschnitt 4.4).

4.3.2 Aktuelle Ziele und Aufgaben

Das aktuelle Ziel eines Benutzers herauszufinden, stellt einerseits eine große Herausforderung dar, ist andererseits für die Adaption der Software an die Bedürfnisse des Benutzers von Bedeutung. Dabei kann das Ziel sein, sich Informationen zu beschaffen oder eine Aufgabe zu erledigen, die zur Erfüllung der Arbeit notwendig ist. Das Ziel kann sich sehr schnell verändern, bei jeder erneuten Benutzung einer Software anders sein oder sich sogar während der Benutzung verändern. Abgebildet werden die Ziele heute meist über einen Katalog von möglichen Zielen, die eine Software erkennen und unterstützen kann. Durch einen hierarchischen Aufbau und Verknüpfungen können Abhängigkeiten definiert werden, die bei der Adaption beachtet werden müssen. Ein Modellierungssystem muss also das aktuelle Ziel des Benutzers erkennen können und dieses in die bestehende Zielhierarchie einordnen. Basierend auf dieser Einordnung werden dann Adaptionsmechanismen gestartet, beispielsweise die Navigation angepasst oder passende Inhalte präsentiert, die bei der Erfüllung des Ziels hilfreich sind.

Um die Ziele eines Benutzers definieren zu können, bestehen unterschiedliche Herangehensweisen. Die einfachste Variante ist es, den Benutzer selbst aktiv aus einem Katalog von Zielen auswählen zu lassen. Die Berechnung der wahrscheinlichsten Ziele im Verlauf der Benutzung stellt eine andere Möglichkeit dar. Hierbei kann allerdings nur mit Zeitverzögerung ein Adaptionseffekt erzielt werden.

Die aktuellste Möglichkeit stellt die Verwendung von Data-Mining-Techniken dar, um aus dem Nutzungsverlauf die wahrscheinlichsten nächsten Ziele ableiten zu können. So lassen sich bereits ab Beginn der Benutzung im aktuellen Nutzungskontext Adaptionen des Systems durchführen. In der Regel erlauben automatisierte Verfahren auch den manuellen Eingriff des Benutzers, um sein aktuelles Ziel präzise zu definieren (Brusilovsky und Millán, 2007).

4.3.3   Hintergrund, Charakterzüge und Arbeitskontext

Der persönliche Hintergrund des Benutzers umfasst Eigenschaften wie Erfahrung außerhalb des Fachgebiets des Systems, den Beruf, Erfahrungen in verwandten Bereichen, demographische Daten oder auch die Meinung über gewisse Sachverhalte. Aus diesen Angaben lassen sich Sachverhalte ableiten, die für die Adaption notwendig sind. So lässt sich beispielsweise anhand des Berufes des Benutzers dessen Kenntnisstand von Fachbegriffen ableiten und die Sprache des Inhaltes daran anpassen. Diese Hintergrundinformationen verändern sich während der Benutzung kaum oder überhaupt nicht, daher ist meist keine individuelle Modellierung notwendig, sondern es kann auf Stereotypenmodelle zurückgegriffen werden. Im Gegensatz zu Wissen können Hintergrundinformationen zudem kaum aus der Benutzungsweise eines Systems abgeleitet werden, sodass diese Angaben explizit vom Benutzer eingegeben werden müssen.

Charaktereigenschaften können nicht aus der Benutzung abgeleitet werden, sondern müssen über psychologische Tests festgestellt werden. Dazu zählen beispielsweise Temperament, Denkstil und andere kognitive Faktoren wie der persönliche Lernstil. Insbesondere an den kognitiven Stil des individuellen Benutzers lassen sich Anpassungen durchführen. Beispielsweise können die Navigation durch das System, Anpassungsmöglichkeiten des Benutzers oder Hilfestellungen personalisiert werden. Der Nutzen einer derartigen Anpassung ist evident, allerdings sind derzeit noch keine verlässlichen Umsetzungen adaptiver Systeme, die sich an kognitive Faktoren anpassen, verfügbar.

Die Adaption an den Arbeitskontext ist insbesondere mit dem Aufkommen von Web-basierten Systemen bedeutend geworden. Auch zunehmend mobile Zugriffe auf Web-basierte Systeme erfordern eine Anpassung an spezifische Anforderungen der Benutzer dieser Geräte. So muss sich eine Anwendung an die Plattform des Benutzers anpassen können, da diese unterschiedliche technische Voraussetzungen bietet, wie beispielsweise Bildschirmauflösung, Bandbreite oder Eingabemöglichkeiten. Insbesondere im Mobile-Bereich wird auch die Erfassung des Standortes des Benutzers zur Anpassung immer bedeutender, da hier technische Lösungen die Darstellung standortbezogener Informationen ermöglichen (Brusilovsky und Millán, 2007).

4.4 Formale Darstellung von Benutzermodellen

Die Darstellung von Benutzermodellen wird in diesem Abschnitt beschrieben. Dabei wird zunächst auf stereotypisierte Modelle, im Anschluss auf individuelle Modelle mit ihren unterschiedlichen Darstellungsformen eingegangen. Anhand einer beispielhaften Implementierung wird das Konzept von Ontologien zur Benutzermodellierung vorgestellt. Abschließend wird auf die Speicherung von Benutzermodellen eingegangen.

4.4.1 Stereotype und individuelle Modelle

Die Benutzung von Stereotypen zur Benutzermodellierung geht auf Rich (1979, 1983) zurück. In dieser Zeit wurden Benutzermodelle primär in Dialogsystemen eingesetzt, die aus expliziten Angaben des Benutzers gebildet wurden. Um die Zahl der notwendigen Angaben des Benutzers möglichst zu minimieren, soll hier der Benutzer nach kurzer Zeit in eine Benutzergruppe eingeordnet werden, die eine Vielzahl der möglichen Attribute des Benutzers abbildet. Stereotypisierte Modelle müssen also in einem Modellierungssystem verfügbar sein, es muss eine Möglichkeit gegeben sein, den Benutzer zuzuordnen und im Lauf der Benutzung in immer feinere Stereotypen einzuordnen. Jeder Stereotyp besitzt eine Menge von Attributen, die einzeln gewichtet sind und deren Übereinstimmungsgrad mit den Informationen über den Benutzer eine Wahrscheinlichkeit beschreibt, mit der der Nutzer diesem Typus zugeordnet werden kann. Zudem ist in dem Stereotyp ein *Trigger* definiert, der die Aktivierung dieses Stereotypen auslöst. Alle Stereotypen in einem System werden in einer Hierarchie dargestellt, die es ermöglicht, das Modell des Benutzers in eine immer feinere Kategorie einzuordnen.

Stereotypen bilden in der Regel lediglich eine Grundlage zur Erstellung individueller Benutzermodelle, da sie helfen, anfängliche Kaltstartprobleme zu überwinden, die auftreten, wenn keine ausreichende Menge an Informationen über den Nutzer verfügbar ist, um einen präzisen Adaptionseffekt zu erzielen. Für eine präzise Anpassung ist eine individuelle Benutzermodellierung allerdings meist zwingend erforderlich.

Design

Interfacedesign	Typografie	Produktdesign	Modedesign	Webdesign
0,67	0,90	0,40	0,10	0,30	...

Literatur

Dramatik	Fantastik	Horror	Krimi	Lyrik
0,95	0,31	0,10	0,88	0,28	...

Musik

Alternative	Hip-Hop	Funk	Klassik	Ska
0,78	0,74	0,27	0,45	0,10	...

Abbildung 4.3: Ein auf Schlagworten basierendes Benutzermodell.

4.4.2 Benutzerindividuelle Schlagwort-Profile

Benutzermodelle, die aus einer Menge von Schlagwörtern bestehen, werden als *Keyword Profiles* bezeichnet (Gauch et al., 2007). In Abbildung 4.3 ist ein solches Profil beispielhaft dargestellt. In der Regel wird jedes Schlagwort mit einer Gewichtung versehen, die den Interessens- oder Kenntnisgrad des Nutzers im jeweiligen Bereich repräsentiert. Der Detailgrad der Schlagworte kann oberflächlich oder sehr tiefgehend gehalten werden. Durch Kategorisierung der einzelnen Worte lassen sich Interessensschwerpunkte des Benutzers ausmachen. Die Schlagworte können beispielsweise aus Dokumenten, beispielsweise Webseiten, die ein Benutzer betrachtet und positiv bewertet, mittels Text-Mining-Techniken extrahiert und gewichtet werden.

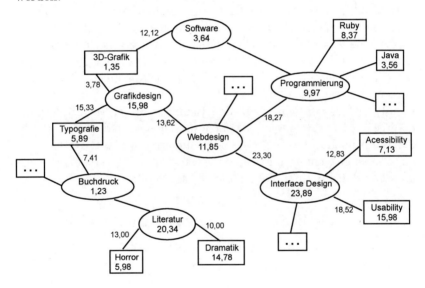

Abbildung 4.4: Benutzermodell auf Basis eines semantischen Netzes

4.4.3 Profile basierend auf Semantischen Netzen

Eine erweiterte Form der Schlagwort-Profile stellen Profile basierend auf Semantischen Netzen (*Semantic Network Profiles*) dar (siehe

Abbildung 4.4). Hierbei werden zusätzlich Verbindungen zwischen einzelnen Schlagworten abgebildet und diese Verbindungen ebenfalls mit einer Gewichtung versehen. Die Knoten in diesen Netzen können übergeordnete Begriffe oder Klassen darstellen (Hyperonyme), deren assoziierte Begriffe oder Unterbegriffe (Hyponyme) mittels Kanten verbunden sind. In einfachen Varianten können die Knoten aus konkreten Begriffen ohne Bezug zu ihren jeweiligen Hyperonymen bestehen.

Zur Konstruktion komplexer Semantischer Netze mit Bezug zu Hyperonymen muss eine Möglichkeit geschaffen werden, neue Begriffe in ein bestehendes Netz einzusortieren, hierzu kann auf Worthierarchien wie WordNet[6] zurückgegriffen, eigene Lernmechanismen implementiert oder eine manuelle Sortierung vorgenommen werden. Bei einfachen Varianten werden lediglich Begriffe, die gleichzeitig in Dokumenten vorkommen, miteinander verbunden. Zur Darstellung der Benutzerinteressen wird für jeden Benutzer ein eigenständiges Semantisches Netz aufgebaut. Analog zu Schlagwort-Profilen sind die Knoten je nach Interessengrad des Benutzers gewichtet, darüber hinaus stellen gewichtete ungerichtete Graphen die Stärke der Affinität zwischen den Begriffen dar (Gauch et al., 2007).

4.4.4 Profile basierend auf Begriffshierarchien

Begriffsbasierte Profile (*Concept Profiles*) sind Profilen, die auf Semantischen Netzen basieren, sehr ähnlich, da auch sie aus Knoten bestehen, die über Kanten miteinander verbunden sind. Der Unterschied liegt darin, dass die Knoten aus abstrakten Themen bestehen, nicht aus konkreten Begriffen oder Ausprägungen. Auch wird bei der Bildung des Nutzerprofils immer auf bestehenden Begriffshierarchien aufgebaut und kein individuelles Begriffsnetzwerk aufgebaut. Die einzelnen Knoten werden je nach Wissens- oder Interessensgrad gewichtet, wie es auch bei Schlagwort-Profilen der Fall ist (siehe Abbildung 4.5).

---

[6]http://wordnet.princeton.edu, zugegriffen am 01.02.2010

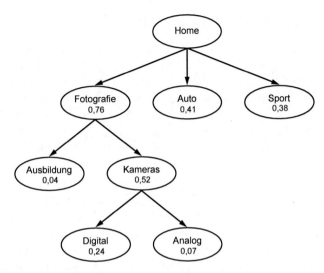

Abbildung 4.5: Ein auf einer Begriffshierarchie basierendes Benutzermodell.

Zur Bildung des Profils wird häufig auf Verzeichnisse wie das *Open Directory Project*[7] oder die ACM-Klassifikation[8] zurückgegriffen. Mittels impliziter oder expliziter Techniken werden beispielsweise besuchte Webseiten analysiert und in eine Hierarchieebene eingestuft. Durch die Verwendung eines hierarchischen Profils können Generalisierungen durchgeführt werden, welche die Erweiterung des Interessengebietes und die Einbeziehung verwandter Bereiche ermöglichen. In dieser einfachen Form von begriffsbasierten Benutzermodellen besitzen die einzelnen Begriffe maximal *ist-ein* oder *hat-ein* Beziehungen zueinander. Eine weiter entwickelte Form stellen Ontologien dar, in welchen weitere Beziehungstypen abgebildet werden können (Gauch et al., 2007).

---

[7]http://www.dmoz.org, zugegriffen am 20.01.2010

[8]http://www.acm.org/about/class/ccs98-html, zugegriffen am 20.01.2010

4.4.5　Datenrepräsentation durch Ontologien

In der Informatik bezeichnet der Begriff *Ontologie* eine formale Beschreibung von Begriffen und deren Beziehungen in einem bestimmten Fachgebiet (Antoniou und van Harmelen, 2008; Sieg et al., 2007). Die wichtigsten Auszeichnungssprachen zur Repräsentation von Ontologien umfassen das *Resource Description Framework*[9] (RDF) als Datenmodell für Objekte und deren Beziehungen bzw. *RDF Schema* (RDFS) zur Beschreibung von Klassen von RDF-Objekten und die *Web Ontology Language*[10] (OWL). Während mit RDF lediglich Super- bzw. Subklassenbeziehungen abgebildet werden können, bietet OWL deutlich umfassendere Möglichkeiten, beispielsweise zur logischen Repräsentation von Beziehungen, Einschränkungen oder Disjunktionen. OWL baut technisch auf RDF und RDFS auf, basiert also ebenfalls auf der *Extensible Markup Language* (*XML*) (siehe Antoniou und van Harmelen (2008) für weitere Details zur OWL).

Die Verwendung von Ontologien und insbesondere der OWL zur Abbildung von Benutzermodellen bringt einige Vorteile mit sich. Anhand der ontologischen Darstellung des Benutzermodells und einem Domänenmodell lassen sich Inferenzen durchführen, wodurch beispielsweise unbekanntes Wissen über den Benutzer entdeckt werden kann. Die Verwendung einer formalisierten Sprache erleichtert die Weiterverwendung von Benutzermodellen in unterschiedlichen Anwendungen sowie die zentrale Verwaltung und Pflege der Benutzermodelle. Es bestehen bereits Ansätze, um eine allgemeingültige Benutzer-Ontologie zu schaffen, die von vielen Diensten gemeinsam verwendet werden kann (Andrejko et al., 2006).

Heckmann et al. (2005a,b) schlagen eine auf OWL basierende generische Ontologie für Benutzermodelle vor, die *General User Model Ontology* (GUMO), die eine Mehrfachverwendung von Benutzermodellen durch einen einheitlichen Standard begünstigen soll. GUMO deckt einen sehr großen Bereich möglicher Attribute eines Benutzers ab, wie beispielsweise grundlegende persönliche Informationen

---

[9]http://www.w3.org/RDF, zugegriffen am 20.01.2010
[10]http://www.w3.org/2004/OWL, zugegriffen am 20.01.2010

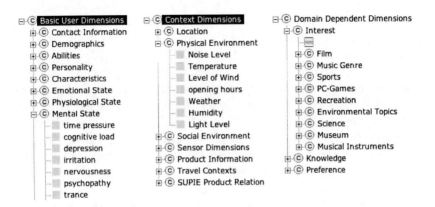

Abbildung 4.6: Ausschnitt der GUMO (Ubisworld, 2009)

(z.B. Demographie, Charakter, Fähigkeiten), domänenabhängige Informationen wie verschiedene Interessens- und Wissensgebiete oder auch physikalische Daten aus seiner Umgebung (z.b. Temperatur, Luftfeuchtigkeit oder Wetterbedingungen) (siehe Abbildung 4.6).

Einzelne Attribute werden als OWL-Klassen abgebildet, die je nach Typ unterschiedliche Eigenschaften haben können. Beispielhaft ist im Folgenden das Attribut der kognitiven Auslastung als XMl-Code aufgeführt (Heckmann, 2006).

```
<owl:Class rdf:ID="CognitiveLoad.800102">
  <rdfs:label> cognitive load </rdfs:label>
  <ubis:identifier> 800102 </ubis:identifier>
  <ubis:category> 45 </ubis:category>
  <dc:creator rdf:resource="&ubisworld;subject=210003" />
  <ubis:durability> Hour.520060 </ubis:durability>
  <ubis:website rdf:resource="&ubisworld;subject=800102" />
  <rdfs:subClassOf rdf:resource="#MentalState.700017" />
</owl:Class>
```

Da dieses Beispiel aus der Ubis-Ontologie stammt, wird deren Namespace *ubis* verwendet. Erkennbar ist an diesem Beispiel, dass jede Klasse eine eindeutige Identifikationsnummer besitzt, in eine

Kategorie eingeordnet wird und eine Subklassenbeziehung besitzt. Bei dieser Klasse wird außerdem die Lebensdauer des Attributes definiert, da sich die Werte stündlich ändern können. In Heckmann (2005) findet sich eine sehr umfassende Beschreibung der GUMO, welche auch ein repräsentatives Beispiel der Inhalte von Benutzermodellen darstellt. Eine domänenspezifischere Ontologie beschreiben Andrejko et al. (2006), hierbei heben die Autoren auch die Vorteile ontologischer Benutzermodelle hervor. Dolog und Nejdl (2007) beschreiben weitere Einsatzmöglichkeiten von Techniken des *Semantic Web* im Bereich adaptiver Systeme und gehen dabei auch auf die Möglichkeiten des *Reasoning* in Ontologien ein. Auch in verwandten Bereichen wie dem Usage Mining können Techniken des Semantic Web, wie zum Beispiel Ontologien, eingesetzt werden (Stumme et al., 2002).

4.4.6 Speicherung von Benutzermodellen

Die Verwaltung der Benutzermodelle geschieht heute in der Regel über spezielle Benutzermodellierungsserver (*User Modeling Servers*). Die zentrale Speicherung bringt den Vorteil mit sich, dass Benutzermodelle über mehrere Anwendungen hinweg verwendet und auch aus verschiedenen Anwendungen mit neuen Informationen versorgt werden können. Dadurch werden Redundanzen vermieden und die Datenkonsistenz kann einfacher sichergestellt werden. Durch die Aggregation mehrerer Modelle können Stereotypen und Benutzergruppen gebildet und gepflegt werden, wie sie in adaptiven Systemen häufig eingesetzt werden. Zudem müssen personenbezogene Daten mit deutlich größerer Sorgfalt behandelt werden, auch um Datenschutzgesetzen zu genügen. Zu diesem Zwecke kann in zentralen Servern der Zugriff, Sicherheit und Verschlüsselung der Daten verwaltet werden (Kay et al., 2002; Kobsa, 2001, 2007a).

Es existieren vielfältige Anforderungen an generische Benutzermodellierungssysteme, einen Überblick bietet Kobsa (2007a). Zu den für Web-Anwendungen wichtigsten Aspekten zählen:

- Die Unterstützung einer schnellen Adaption, die je nach Verfügbarkeit von Benutzerdaten eine entsprechende Personalisierung bietet.

- Die Erweiterbarkeit um neue Personalisierungsmethoden und Datenquellen und die Einbindung externer Systeme.

- Die Integration externer Datenquellen wie Kundendatenbanken oder Marketing-Daten, da diese beim Start einer personalisierten Anwendung in einem Unternehmen meist schon vorliegen. Diese Daten müssen auch weiterhin häufig parallel gepflegt werden können.

- Die Verwaltung verteilter Informationen wird in Zukunft von immer größerer Bedeutung sein, da Daten aus verschiedenen Quellen gesammelt werden und sich diese immer weiter ausbreiten, wie zum Beispiel auf mobile Endgeräte.

- Die Unterstützung offener Standards sowohl zur Speicherung von Benutzermodellen als auch zum Zugriff auf diese (beispielsweise mittels des *Lightweight Directory Access Protocol* (LDAP)) ist für die Sicherung der zukünftigen Erweiterung und Interoperabilität von Bedeutung.

- Da das Zugriffsvolumen bei Web-Anwendungen stark schwanken kann, müssen Techniken des Load-Balancing und Notlösungen bei möglichen Ausfällen implementiert werden.

- Wenn Benutzermodelle aus unterschiedlichen Quellen gebildet werden, muss eine Transaktionssicherheit gegeben sein, die die Datenkonsistenz bei gleichzeitigen Schreib- oder Lesevorgänge erhält.

- Aspekte des Datenschutzes werden immer wichtiger, daher muss das Benutzermodellierungssystem diesbezüglich vielfältige Unterstützung bieten.

Des Weiteren sind Benutzermodellierungsserver in der Lage, Annahmen über noch unbekannte Eigenschaften des Benutzers zu berechnen. Sie sammeln Informationen über die Benutzung des Systems und leiten daraus Annahmen ab oder ermöglichen die Definition von Regeln, um neue Benutzer bestimmten Gruppen zuzuweisen (Kobsa, 2007a).

4.5 Zusammenfassung und Ausblick

In diesem Kapitel wurde ein Überblick über das Thema Benutzermodellierung in adaptiven Web-Anwendungen gegeben. In einer Einführung wurden die wichtigsten Begriffe erläutert. Es wurde auf verschiedene Techniken zur Gewinnung von Benutzer- und Benutzungsdaten eingegangen und mit dem Web-Usage-Mining ein aktueller Ansatz der Datengewinnung im WWW vorgestellt. Das Thema Datenschutz, welches bei der Verarbeitung personenbezogener Daten von Bedeutung ist, wurde im Zusammenhang mit der Benutzermodellierung besprochen. Als mögliche Inhalte von Benutzermodellen wurden unter anderem das Wissen und die Interessen, die Ziele und der Arbeitskontext des Benutzers identifiziert. Unterschiedliche formale Darstellungsmöglichkeiten von Benutzermodellen wurden anschließend besprochen und die GUMO als mögliche Grundlage Ontologie-basierter Benutzermodelle exemplarisch vorgestellt. Die wichtigsten Aspekte von Serversystemen zur Verwaltung von Benutzermodellen wurden ebenfalls in diesem Abschnitt dargelegt.

In Zukunft wird das Thema Benutzermodellierung in weitere Bereiche außerhalb klassischer Computersysteme vordringen. Durch Fortschritte der Mobiltechnik werden Einsatzszenarien, die eine ubiquitäre Benutzermodellierung (Heckmann, 2005) mittels Mobiltelefonen oder ähnlichen Geräten beinhalten, immer realistischer. Gleichzeitig weiten sich die Einsatzbereiche von Benutzermodellen zur Personalisierung auf Geräte der realen Welt aus. So existieren beispielsweise elektronische Autoschlüssel, die Sitzposition, Spiegelstellung und Navigationssystem auf den jeweiligen Fahrer anpassen. Je mehr

Geräte kleine Benutzermodelle besitzen, desto stärker wird die Standardisierung und Zentralisierung von Benutzermodellen gefördert (Kobsa, 2007a). Mit wachsenden Benutzermodellen, vermehrter Weiterverwendung und Integration von Daten aus unterschiedlichen Quellen gewinnt der Datenschutz besonders für die Benutzer immer mehr an Bedeutung. Benutzer und Legislatur werden diesbezüglich auch in Zukunft wachsende Anforderungen an die Hersteller und Anbieter adaptiver Web-Anwendungen stellen.

Literatur

Andrejko, A., Barla, M., und Bielikov, M. (2006). Ontology-based user modeling for web-based information systems. In: Maygar, G., Knapp, G., Wojtkowski, W., Wojtkowski, G., und Zupancic, J. (Hrsg.), *Advances in Information Systems Development: New Methods and Practice for the Networked Society*, Band 2, Berlin. Springer.

Antoniou, G. und van Harmelen, F. (2008). *A Semantic Web Primer, second edition*. The MIT Press.

Baumeister, J. und Atzmüller, M. (Hrsg.) (2008). *LWA 2008 - Workshop-Woche: Lernen, Wissen & Adaptivität, Würzburg, 6.-8. Oktober 2008, Proceedings*, Band 448 in *Technical Report*. Department of Computer Science, University of Würzburg, Germany.

Berendt, B., Hotho, A., und Stumme, G. (2002). Towards Semantic Web Mining. In: Horrocks, I. und Hendler, J. A. (Hrsg.), *ISWC '02: Proceedings of the First International Semantic Web Conference on The Semantic Web*, S. 264–278, London, UK. Springer-Verlag.

Berkovsky, S., Kuflik, T., und Ricci, F. (2009). Cross-representation mediation of user models. *User Modeling and User-Adapted Interaction*, 19(1 - 2):35–63.

Brusilovsky, P. (1996). Methods and techniques of adaptive hypermedia. *User Modeling and User-Adapted Interaction*, 6(2):87–129.

Brusilovsky, P. (2001). Adaptive Hypermedia. *User Modeling and User-Adapted Interaction*, 11(1 - 2):87–110.

Brusilovsky, P., Kobsa, A., und Nejdl, W. (Hrsg.) (2007). *The Adaptive Web: Methods and Strategies of Web Personalization*, Band 4321 in *Lecture Notes in Computer Science*. Springer, Berlin, Heidelberg.

Brusilovsky, P. und Millán, E. (2007). User Models for Adaptive Hypermedia and Adaptive Educational Systems. In Brusilovsky et al. (2007), Kapitel 1, S. 3–53.

Carmagnola, F., Cena, F., Console, L., Cortassa, O., Gena, C., Goy, A., Torre, I., Toso, A., und Vernero, F. (2008). Tag-based user modeling for social multi-device adaptive guides. *User Modeling and User-Adapted Interaction*, 18(5):497–538.

Carmagnola, F., Cena, F., Cortassa, O., Gena, C., und Torre, I. (2007a). Towards a Tag-Based User Model: How Can User Model Benefit from Tags? In: Conati, C., McCoy, K., und Paliouras, G. (Hrsg.), *User Modeling 2007 - 11th International Conference, UM 2007, Corfu, Greece, July 25-29, 2007, Proceedings*, Band 4511 in *Lecture Notes in Computer Science*, S. 445–449, Berlin, Heidelberg. Springer.

Carmagnola, F., Cena, F., und Gena, C. (2007b). User Modeling in the Social Web. In: Apolloni, B., Howlett, R. J., und Jain, L. C. (Hrsg.), *Knowledge-Based Intelligent Information and Engineering Systems*, Band 4694 in *Lecture Notes in Computer Science*, S. 745–752, Berlin, Heidelberg. Springer.

Cooley, R., Mobasher, B., und Srivastava, J. (1997). Web mining: information and pattern discovery on the World Wide Web. In: *Ninth IEEE International Conference on Tools with Artificial Intelligence, 1997. Proceedings.*, S. 558–567.

De Bra, P., Aerts, A., Berden, B., de Lange, B., Rousseau, B., Santic, T., Smits, D., und Stash, N. (1998). AHA! The Adaptive Hypermedia Architecture. *The New Review of Hypermedia and Multimedia*, 4:115–139.

Dolog, P. und Nejdl, W. (2007). Semantic Web Technologies for the Adaptive Web. In Brusilovsky et al. (2007), Kapitel 23, S. 697–719.

Fink, J. und Kobsa, A. (2000). A Review and Analysis of Commercial User Modeling Servers for Personalization on the World Wide Web. *User Modeling and User-Adapted Interaction*, 10(2-3):209–249.

Firan, C. S., Nejdl, W., und Paiu, R. (2007). The Benefit of Using Tag-Based Profiles. In: Almeida, V. A. F. und Baeza-Yates, R. A. (Hrsg.), *Fifth Latin American Web Congress (LA-Web 2007), 31 October - 2 November 2007, Santiago de Chile*, S. 32–41. IEEE Computer Society.

Fischer, G. (2001). User Modeling in Human-Computer Interaction. *User Modeling and User-Adapted Interaction*, 11(1):65–86.

Gauch, S., Speretta, M., Chandramouli, A., und Micarelli, A. (2007). User Profiles for Personalized Information Access. In Brusilovsky et al. (2007), Kapitel 2, S. 54–89.

Heckmann, D. (2003). Introducing Situational Statements as an integrating Data Structure for User Modeling, Context-Awareness and Resource-Adaptive Computing. In: Hoto, A. und Stumme, G. (Hrsg.), *LLWA Lehren - Lernen - Wissen - Adaptivitäat (ABIS2003)*, Karlsruhe, Germany.

Heckmann, D. (2005). *Ubiquitous User Modeling*. PhD thesis, Universität des Saarlandes, Saarbrücken.

Heckmann, D. (2006). GUMO. http://www.gumo.org/ubisworld/documents/-gumo/2.0/gumo.owl. Letzter Zugriff am 06.08.2009.

Heckmann, D., Schwartz, T., Brandherm, B., und Kröner, A. (2005a). Decentralized User Modeling with UserML and GUMO. In: Dolog, P. und Vassileva, J. (Hrsg.), *Decentralized, Agent Based and Social Approaches to User Modeling, Workshop DASUM-05 at 9th International Conference on User Modelling, UM2005*, S. 61–66, Edinburgh, Scotland.

Heckmann, D., Schwartz, T., Brandherm, B., Schmitz, M., und von Wilamowitz-Moellendorff, M. (2005b). GUMO The General User Model Ontology. In: Ardissono, L., Brna, P., und Mitrovic, A. (Hrsg.), *User Modeling 2005: 10th International Conference, UM 2005, Edinburgh, Scotland, UK, July 24-29, 2005, Proceedings*, Band 3538 in *Lecture Notes in Computer Science*, S. 428–432. Springer, Berlin, Heidelberg.

Henze, N. (2000). *Adaptive Hyperbooks: Adaptation for Project-Based Learning Resources*. PhD thesis, Universität Hannover.

Herder, E. (2006). *Forward, back and home again : analyzing user behavior on the web*. PhD thesis, University of Twente.

Hinneburg, A. (Hrsg.) (2007). *LWA 2007: Lernen - Wissen - Adaption, Halle, September 2007, Workshop Proceedings*. Martin-Luther-University Halle-Wittenberg.

Jameson, A. (2003). Adaptive interfaces and agents. In: Jacko, J. A. und Sears, A. (Hrsg.), *The human-computer interaction handbook: fundamentals, evolving technologies and emerging applications*, Kapitel 15, S. 305–330. L. Erlbaum Associates Inc., Hillsdale, NJ, USA.

Johnson, A. und Taatgen, N. (2005). User Modeling. In: Proctor, R. W. und Vu, K.-P. L. (Hrsg.), *The Handbook of Human Factors in Web Design*, Kapitel 25, S. 424–438. Erlbaum.

Kay, J., Kummerfeld, B., und Lauder, P. (2002). Personis: A Server for User Models. In: De Bra, P., Brusilovsky, P., und Conejo, R. (Hrsg.), *Adaptive Hypermedia and Adaptive Web-Based Systems: Second International Conference, AH 2002 Málaga, Spain, May 2931, 2002 Proceedings*, Band 2347 in *Lecture Notes in Computer Science*, S. 203–212. Springer, Berlin, Heidelberg.

Kobsa, A. (1985). *Benutzermodellierung in Dialogsystemen*, Band 115 in *Informatik-Fachberichte*. Springer, Berlin, Heidelberg.

Kobsa, A. (1993). Adaptivität und Benutzermodellierung in interaktiven Softwaresystemen. In: O. Herzog, T. C. u. D. S. (Hrsg.), *17. Fachtagung KI*, Berlin, Heidelberg. Springer.

Kobsa, A. (2001). Generic User Modeling Systems. *User Modeling and User-Adapted Interaction*, 11(1):49–63.

Kobsa, A. (2004). Adaptive Verfahren Benutzermodellierung. In: R. Kuhlen, T. S. und Strauch, D. (Hrsg.), *Grundlagen der Information und Dokumentation*, S. 299–302. K. G. Saur, Munich, 5. Auflage.

Kobsa, A. (2007a). Generic User Modeling Systems. In Brusilovsky et al. (2007), Kapitel 4, S. 136–154.

Kobsa, A. (2007b). Privacy-Enhanced Web Personalization. In Brusilovsky et al. (2007), Kapitel 21, S. 628–670.

Langley, P. (1999). User modeling in adaptive interfaces. In: Kay, J. (Hrsg.), *UM '99: Proceedings of the seventh international conference on User modeling*, S. 357–370, Secaucus, NJ, USA. Springer-Verlag New York, Inc.

Mobasher, B. (2004). Web Usage Mining and Personalization. In: Singh, M. P. (Hrsg.), *Practical Handbook of Internet Computing*. Chapman Hall & CRC Press, Baton Rouge.

Mobasher, B. (2006). Web Usage Mining. In: Liu, B. (Hrsg.), *Web Data Mining: Exploring Hyperlinks, Contents and Usage Data*, Data-Centric Systems and Applications, S. 449–483. Springer, Berlin, Heidelberg.

Mobasher, B. (2007). Data Mining for Web Personalization. In Brusilovsky et al. (2007), S. 90–135.

Mobasher, B., Cooley, R., und Srivastava, J. (2000). Automatic personalization based on Web usage mining. *Communications of the ACM*, 43(8):142–151.

Omari, A. und Conrad, S. (2006). Web Usage Mining for Adaptive and Personalized Websites. In: Althoff, K.-D. und Schaaf, M. (Hrsg.), *LWA 2006:*
Lernen - Wissensentdeckung - Adaptivität, Hildesheim, October 9th-11th
2006, joint workshop event of several interest groups of the German So-
ciety for Informatics (GI) - 14th Workshop on Adaptivity and User
Modeling in Interactive Systems (ABIS 2006) - Workshop Informati-
on Retrieval 2006 of the Special Interest Group Information Retrieval
(FGIR 2006) - Workshop on Knowledge and Experience Management
(FGWM 2006) - 12th Workshop on Knowledge Discovery, Data Mi-
ning, and Machine Learning (KDML 2006), Hildesheimer Informatik-
Berichte. University of Hildesheim, Institute of Computer Science.

Pazzani, M. und Billsus, D. (2007). Content-Based Recommendation Systems.
In Brusilovsky et al. (2007), Kapitel 10, S. 325–341.

Pierrakos, D., Paliouras, G., Papatheodorou, C., und Spyropoulos, C. D. (2003).
Web Usage Mining as a Tool for Personalization: A Survey. *User Mode-*
ling and User-Adapted Interaction, 13(4):311–372.

Rich, E. (1979). User modeling via stereotypes. *Cognitive Science*, 3(4):329–354.

Rich, E. (1983). Users are individuals: individualizing user models. *International*
Journal of Man-Machine Studies, 18:199–214.

Sarwar, B., Karypis, G., Konstan, J., und Reidl, J. (2001). Item-based collaborative filtering recommendation algorithms. In: *WWW '01: Proceedings*
of the 10th international conference on World Wide Web, S. 285–295,
New York, NY, USA. ACM.

Schafer, J., Frankowski, D., Herlocker, J., und Sen, S. (2007). Collaborative
Filtering Recommender Systems. In Brusilovsky et al. (2007), Kapitel 9,
S. 291–324.

Sharma, A. (2001). A Generic Architecture for User Modeling Systems and
Adaptive Web Services. In: Nebel, B. (Hrsg.), *Proceedings of the Seven-*
teenth International Joint Conference on Artificial Intelligence, IJCAI
2001, Workshop on E-Business & the Intelligent Web, Seattle, USA.
Morgan Kaufmann.

Shen, X., Tan, B., und Zhai, C. (2005). Implicit user modeling for personali-
zed search. In: Herzog, O., Schek, H.-J., Fuhr, N., Chowdhury, A., und
Teiken, W. (Hrsg.), *Proceedings of the 2005 ACM CIKM International*
Conference on Information and Knowledge Management, Bremen, Ger-
many, October 31 - November 5, 2005, S. 824–831, New York, NY, USA.
ACM Press.

Sieg, A., Mobasher, B., und Burke, R. (2007). Web search personalization with
    ontological user profiles. In: Silva, M. J., Laender, A. H. F., Baeza-Yates,
    R. A., McGuinness, D. L., Olstad, B., Olsen, Ø. H., und Falcão, A. O.
    (Hrsg.), *Proceedings of the Sixteenth ACM Conference on Information
    and Knowledge Management, CIKM 2007, Lisbon, Portugal, November
    6-10, 2007*, S. 525–534, New York, NY, USA. ACM.

Smyth, B. und Cotter, P. (2002). Personalized Adaptive Navigation for Mobile
    Portals. In: van Harmelen, F. (Hrsg.), *Proceedings of the 15th Eureopean
    Conference on Artificial Intelligence, ECAI'2002, Lyon, France, July
    2002*, S. 608–612. IOS Press.

Stumme, G., Hotho, A., und Berendt, B. (2002). Usage Mining for and on
    the Semantic Web. In: *National Science Foundation Workshop on Next
    Generation Data Mining*, Baltimore, USA.

Sugiyama, K., Hatano, K., und Yoshikawa, M. (2004). Adaptive web search based
    on user profile constructed without any effort from users. In: Feldman,
    S. I., Uretsky, M., Najork, M., und Wills, C. E. (Hrsg.), *Proceedings of
    the 13th international conference on World Wide Web, WWW 2004,
    New York, NY, USA, May 17-20, 2004*, S. 675–684. ACM Press.

Ubisworld (2009). http://ontology.ubisworld.org. Letzter Zugriff am 06.08.2009.

Wahlster, W. und Kobsa, A. (1989). User Models in Dialog Systems. In: Kobsa,
    A. und Wahlster, W. (Hrsg.), *User Models in Dialog Systems*, S. 4–34,
    Berlin. Springer.

Zhu, T. und Greiner, R. (2003). Learning a model of a web users interests. In:
    Brusilovsky, P., Corbett, A. T., und de Rosis, F. (Hrsg.), *User Modeling
    2003, 9th International Conference, UM 2003, Johnstown, PA, USA,
    June 22-26, 2003, Proceedings*, Band 2702 in *Lecture Notes in Computer
    Science*, S. 65–75. Springer.

5 Techniken und Mechanismen des Adaptive Navigation Support in adaptiven Hypermedia-Systemen

Tobias Steimer

5.1 Einführung

Adaptive Navigation Support (ANS) bezeichnet eine spezifische Gruppe von Techniken, die Nutzer bei der Navigation in geschlossenen, sogenannten Closed-Corpus-Hypermedia-Systemen aktiv unterstützen. Ziel dabei ist es, die Effizienz bei der Verwendung solcher Systeme zu erhöhen, definierte Zielsetzungen wie z.b. Lernziele schneller zu erreichen und die allgemeine Zufriedenheit und Motivation der Anwender bei der Benutzung des Systems zu steigern.

Der vorliegende Beitrag definiert zunächst Adaptive Navigation Support sowie kontextrelevante Begrifflichkeiten und grenzt Adaptive Navigation Support von verwandten Technologien ab. Die theoretische Umsetzung des Adaptive Navigation Support wird anschließend anhand der aktuell verwendeten Techniken und Mechanismen beschrieben, wobei verschiedene Linktypen und deren Besonderheiten hinsichtlich des Einsatzes der verschiedenen Technologien berücksichtigt werden. Daraufhin findet eine Beschreibung von beispielgebenden Anwendungen in der Praxis und dem konkreten Einsatz der ANS-Techniken statt. Die sich nach jedem Beispiel anschließende Diskussion reflektiert die verschiedenen Techniken und schätzt deren Effizienz und Auswirkungen ein.

Den Abschluss des Kapitels bildet eine Zusammenfassung der wesentlichen Inhalte sowie ein Ausblick, indem zukünftige Perspektiven und Herausforderungen aufgezeigt werden.

Unterschiedliche Menschen verfolgen beim Surfen unterschiedliche Ziele und bringen hinsichtlich Ihres Wissensstandes und ihrer Erfahrung im Umgang mit Hypermedia-Systemen unterschiedliche Voraussetzungen mit sich. Ungeachtet dieser Tatsache präsentieren klassische, nicht adaptive Hypermedia-Systeme allen Nutzern des Systems die gleiche Navigationsstruktur. Bei diesem unter dem Schlagwort „One-Size-Fits-All" bekannten Ansatz besteht nun das Problem, dass die Links je nach Nutzer einen unterschiedlich hohen Grad an Relevanz besitzen. So kann beispielsweise Link 1 für Person A von großem Interesse sein, wohingegen Link 1 für Person B völlig irrelevant zur Erreichung seiner Vorhaben sein kann. Zudem wissen Nutzer häufig nicht, wohin sie zur Erreichung ihrer Ziele navigieren sollen und wenn sie es wissen haben sie häufig keine Kenntnis darüber, wie sie dorthin gelangen.

An diesen Schwachstellen setzt Adaptive Navigation Support an und verfolgt dabei das Ziel, den Nutzer beim Navigieren durch Hypermedia-Systeme aktiv zu unterstützen. Dies geschieht durch den Einsatz verschiedener Techniken, die die Navigation, unter Einbezug der individuellen Ziele, des derzeitigen Wissensstandes und der Eigenschaften eines Nutzers, individuell anpassen (Brusilovsky, 2007, S. 263). Die Intention dabei ist, die Effizienz bei der Nutzung des Systems zu steigern, sodass der Nutzer seine individuellen Ziele schneller erreicht und die Motivation und Zufriedenheit bei der Verwendung erhöht wird (Brusilovsky, 2007, S. 263).

Ziel dieses Beitrags ist es, einen Überblick über die aktuellen Möglichkeiten, Techniken und Methoden des Adaptive Navigation Support (ANS) in adaptiven Hypermedia-Systemen (AHS) zu geben, deren Funktionsweise zu erläutern und deren Wirkung und Effizienz kritisch zu reflektieren.

5.2 Definition und Beschreibung kontextrelevanter Begrifflichkeiten

Adaptive Navigation Support wird in sogenannten *adaptiven Hypermedia-Systemen*, kurz AHS, eingesetzt. Hypermedia-Systeme im Allgemeinen sind Systeme, in welchen elektronische Dokumente (Knoten) mittels gerichteter Kanten miteinander verbunden werden (Henze, 2005, S. 231). Adaptive Hypermedia-Systeme, als eine Unterart von Hypermedia-Systemen, gehören zur Klasse der sogenannten „user-adaptive software systems" und sind durch Brusilovsky[1] wie folgt beschrieben:

Adaptive Hypermedia Systeme sind „... all hypertext and hypermedia systems which reflect some features of the user in the user model and apply this model to adapt various visible aspects of the system to the user." (Brusilovsky et al., 1998, S. 2). Gemäß dieser Beschreibung erfüllt ein adaptives Hypermedia-System zwei wesentliche Merkmale: Es besitzt ein Nutzermodell und ist ausgehend von diesem in der Lage, Hypermedia-Inhalte durch visuelle Modifikationen des Systems individuell anzupassen (Brusilovsky et al., 1998, S. 2). Abbildung 5.1 (S. 141) stellt diese Funktionsweise eines AHS grafisch dar.

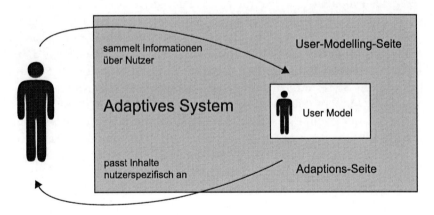

Abbildung 5.1: System Nutzermodel und Adaption in Adaptiven Systemen

---

[1]Peter Brusilovsky gehört zu den bekanntesten Wissenschaftlern im Bereich von adaptiven Hypermedia-Systemen und forscht in diesem Bereich an der Universität in Pittsburgh.

Das dafür erforderliche Nutzermodell besteht aus unterschiedlichen Informationen, die in *Nutzerdaten, Benutzungsdaten* und *Umgebungsdaten* unterteilt werden können. Nutzerdaten sind beispielsweise demographische Informationen wie Alter, Geschlecht und Herkunft, wohingegen Benutzungsdaten Angaben darüber beinhalten, wie und auf welche Weise ein Nutzer ein System verwendet. Umgebungsdaten umfassen Details über die Software- und Hardwareumgebung des Systems, das ein Nutzer verwendet. Auf Grundlage dieser und weiterführenden Informationen werden die inhaltlichen und strukturellen Anpassungen am System vorgenommen. Wie der Begriff „Adaptive" im Ausdruck „Adaptive Hypermedia-System" vermuten lässt, ist dabei das System selbst und nicht der Nutzer aktiv, d.h. es findet eine implizite und vom System aus automatisierte Anpassung der Inhalte statt. Dies kann auf Basis zweier sich ergänzenden Ansätze erfolgen: Der *Adaptive Presentation-Technology* (auch content-level-adaption genannt) und dem *Adaptive Navigation Support* (auch Link-Level-Adaption genannt) (Brusilovsky und Eklund, 1998, S. 2). Während sich Adaptive Presentation mit der Anpassung von Inhaltsobjekten wie Text oder Multimedia beschäftigt, hat Adaptive Navigation Support das Ziel, Hyperlinks zwischen Seiten und deren Strukturen nutzerspezifisch anzupassen. Darüberhinaus soll den Nutzern angezeigt werden, wo sich diese im Hyperspace befinden und wohin sie als nächstes navigieren können. Dies kann durch Einsatz verschiedener Techniken erreicht werden, welche in Abbildung 5.2 im Zweig Adaptive Navigation Support dargestellt sind und in Kapitel 5.3 näher beschrieben werden.

Im Bereich der Adaption und Personalisierung von digitalen Inhalten existieren diverse Ansätze, die häufig ähnliche Zielsetzungen wie Adaptive Hypermedia-Systeme bzw. ANS verfolgen. Dies gilt insbesondere für die Techniken der Web-Personalisierung, die sich jedoch bei näherer Betrachtung im Detail von ANS unterscheiden. Um die Unterschiede deutlich zu machen, werden diese auf Basis bestehender Literatur hergeleitet und analysiert.

Zunächst wird, ausgehend von Balik (2008), unter Personalisierung folgendes verstanden: „...the activity where a system is chan-

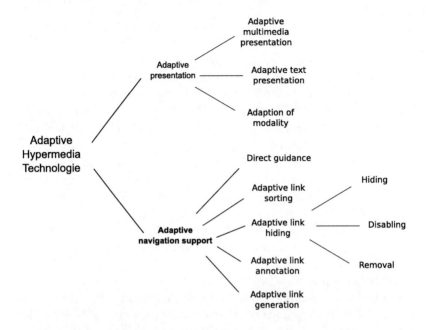

Abbildung 5.2: Taxonomie der Adaptive-Hypermedia-Techniken und Einordnung des ANS; Brusilovsky (2001) in (Bailey et al., 2002, S. 3)

ged to conform better to the user."(Balik, 2008, S. 2). Da durch ANS Anpassungen an der Navigationsstruktur und -gestaltung vorgenommen werden, entspricht ANS dem Verständnis der Personalisierung und kann somit auch zu dessen Techniken gezählt werden. Allerdings bezieht sich Personalisierung auf jegliche Art von Systemen, und nicht wie Web-Personalisierung nur auf Systeme, die im sich World Wide Web befinden, also auf einem Hypertext- bzw. Hypermedia-System, das über das Internet abrufbar ist. Somit kann ANS nur dann zu den Methoden der Web-Personalisierung gezählt werden, wenn es in webbasierten AHS eingesetzt wird.

Auch Brusilovsky bezieht in seinem Buch „The Adaptive Web–Methods and Strategies of Web Personalization" die Techniken des

ANS mit ein, macht allerdings in weiterführenden Berichten die Einschränkung, dass die Techniken des ANS nicht bzw. noch nicht auf offene, sogenannte Open-Corpus-Systeme wie das gesamte Web übertragen werden können, da diese derzeit noch die Anreicherung der Dokumente mit Metainformationen voraussetzen (Brusilovsky, 2004, S. 24). Gerade dies lässt sich jedoch bei einem überdimensionalen und sich ständig ändernden Dokumentenraum wie dem World Wide Web nur schwer bewerkstelligen.

Auch Henze (2006) teilt diese Auffassung, indem sie zwei Klassen von webbasierten Informationssystemen unterscheidet: Personalisierbare Systeme, die auf einem gesamten Webgraphen arbeiten (Open-Corpus) und Systeme, die auf einem abgegrenzten, überschaubaren Teilgraphen arbeiten (Closed-Corpus). Letzteres System ordnet sie Adaptiven Hypermedia-Systemen zu (Abb. 5.3) (Henze, 2006, S. 137) und macht somit ebenfalls eine Unterscheidung hinsichtlich der Größe des Dokumentenraumes, indem sich die Dokumente befinden. Da Henze (2006) AHS den webbasierten Informationssystemen zuordnet, und dort eine adaptive Personalisierung der Inhalte stattfindet, lässt sich auch in diesem Fall ebenfalls folgern, dass AHS zu den Techniken der Web-Personalisierung gehören, allerdings wie angedeutet, bezogen auf eine definierte Anzahl von Dokumenten und strukturierten Daten.

Webbasierte Informationssysteme

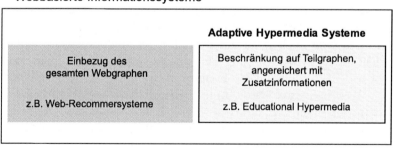

Beschränkung auf Teilgraphen,

Abbildung 5.3: Abgrenzung (eigene Darstellung)

Als Beispiele zur Differenzierung nennt Henze (2006) klassische Recommendersysteme im E-Commerce, die personalisierte Empfehlungen basierend auf ähnlich agierenden Nutzern erstellen (Collaborative Filtering). Derartige Systeme sind auf dynamische, nicht vollständig definierbare Ansammlungen von Dokumenten, sprich Open-Corpus-Systeme ausgerichtet (Henze, 2006, S. 137) und gehören demnach zu den webbasierten Personalisierungs- und Informationssystemen. Durch Methoden des Data-Mining werden in solchen Systemen die Nutzung von Webressourcen und deren Verlinkung untereinander analysiert, um daraus generische Informationen nutzerspezifisch zu adaptieren. Im Gegensatz dazu setzt ANS, wie bereits erwähnt, die Anreicherung der Links (Kanten eines Graphen) mit Zusatzinformationen voraus, welche in webbasierten, dynamischen Systemen nicht vorhanden und nur in einem Raum abgrenzbarer Menge an Dokumenten einsetzbar sind. Derartige Informationen über Links können beispielsweise Lernsequenzreihenfolgen innerhalb einer E-Learning-Anwendung sein (Henze, 2006, S. 3 f.).

Ausgehend von dieser Herleitung werden die Techniken adaptiver Hypermedia-Systeme, insbesondere diese der ANS, zu den Methoden der Web-Personalisierung gerechnet, auch wenn sich diese nur bedingt auf Open-Corpus-Systeme wie dem World Wide Web anwenden lassen. Aktuelle Berichte in Richtung Open-Adaptive Hypermedia-Systeme (Henze, 2001, S. 2) zeigen aber, dass Forschungen existieren, die sich mit der Übertragbarkeit bzw. Modifizierung der Techniken des ANS auf Open-Corpus-Systeme beschäftigen. Dies ließe dann schlussendlich eine gesicherte und eindeutige Zuordnung der AHS bzw. der Techniken der ANS zur Web-Personalisierung zu.

5.3 Techniken

Um die Techniken des ANS beschreiben zu können ist es zunächst notwendig, eine Differenzierung verschiedener Linkarten vorzunehmen. Grund hierfür ist, dass nicht alle der nachfolgend beschriebe-

nen Techniken auf alle Arten von Links angewendet werden können
und somit eine Unterscheidung notwendig wird.

Kontextuelle Links oder auch „echte Hypertext-Links" genannt,
zeichnen sich dadurch aus, dass ein bestimmtes Schlüsselwort verlinkt ist, das sich direkt im Text befindet. Der Linktext kann somit
weder aus dem Satz entfernt, versteckt noch sortiert werden. Es lassen sich lediglich grafische Anmerkungen hinzufügen oder die Link-
Funktionalität im Gesamten deaktivieren. *Lokale, nicht kontextuelle
Links* sind Linktypen, die sich weder inmitten eines Satzes befinden, noch in den Kontext einer Seite eingebettet sind. Beispiele sind
Linksammlungen oder Listen. Links dieser Art können vielseitig modifiziert werden, z.B. indem die Links in ihrer Reihenfolge sortiert,
die Linkfunktionalität entfernt bzw. hinzugefügt oder indem sie mit
zusätzlichen Anmerkungen angereichert werden. *Links aus Inhalts-
verzeichnissen und anderen Indizes* zeichnen sich durch eine spezielle
Art der Sortierung aus, die trotz ihrer Kategorisierung als nicht kontextuelle Links weder sortiert noch versteckt werden können. *Links
in lokalen und globalen Seitenübersichten* sind grafische Repräsentationen eines Hyperspaces oder eines Teilgebietes, in welchen die
Verbindungen zwischen den Dokumenten (Knoten) durch Pfeile visualisiert sind. Durch Klick auf einen Link kann der Nutzer direkt
zur entsprechenden Seite navigieren (Brusilovsky, 2007, S. 272).

Nach dieser Beschreibung der verschiedenen Linktypen, werden
nun die verschiedenen Techniken des ANS betrachtet (siehe Abb.
5.2). Diese basieren allesamt auf spezifischen Anpassungsalgorith-
men und sind nahezu ausnahmslos auf den Einsatz in AHS zugeschnitten (Brusilovsky, 1996, S. 89).

Direct Guidance. Direct Guidance, was etwa mit „zielgerichte-
ter Führung" übersetzt werden kann, ist die einfachste Möglichkeit, einen Nutzer durch Adaption der Navigationsstruktur zu unterstützen. Dies geschieht durch gezieltes Hervorheben eines bereits
bestehenden Links, indem dieser beispielsweise umrandet oder farblich betont wird. Existiert auf der entsprechenden Seite kein Link,

der für den Nutzer von Interesse sein könnte, kann dieser alternativ auch dynamisch neu generiert werden. Dieser kann dann, versehen mit einer Bezeichnungen wie beispielsweise „Weiter ", den Nutzer gezielt zu einem empfohlenen Seiteninhalt führen (Brusilovsky, 1997, S. 14).

Ein Nachteil der durch Direct Guidance entstehen kann ist dann gegeben, wenn der Nutzer dem vorgeschlagenen Link nicht folgen möchte. In der Praxis wird dieser Umstand häufig dadurch umgangenen, dass Direct Guidance mit weiteren, im Folgenden vorgestellten Ansätzen kombiniert wird (Brusilovsky, 1997, S. 3).

Link Sorting. Beim Link-Sorting (oder auch Link-Ordering genannt), also der gezielten Anpassung der Reihenfolge mehrerer Links, werden diese hinsichtlich ihrer Bedeutung innerhalb einer Seite individuell sortiert. Je weiter oben ein Link in der erstellten Liste steht, desto relevanter ist dieser für die Verfolgung der Ziele des Nutzers. Die dafür erforderliche Gewichtung wird anhand des Nutzermodells vorgenommen. Ist der Nutzer mit der aktuellen Link-Reihenfolge nicht einverstanden, kann diese auch manuell angepasst werden. Eine solche Änderung wiederum wird zu einer genaueren Spezifizierung des Nutzermodells genutzt (Brusilovsky, 2007, S. 266). Die Einsatzmöglichkeiten von Link Sorting sind in der Praxis recht beschränkt, da diese Technik nur die Anpassung weniger Linktypen erlaubt. Inhaltsverzeichnisse, andere Indizes oder kontextuelle Links beispielsweise können nicht in der Reihenfolge verändert werden, da dadurch deren ursprüngliche Bedeutung verloren gehen würde. Ein weiterer Nachteil dieser Technik ist, dass die Reihenfolge der Links aufgrund des sich ständig ändernden Nutzerprofils keine fortwährende Konstanz aufweisen kann. Betritt ein Nutzer zum Beispiel eine von ihm bereits besuchte Seite zum zweiten Mal, so kann sich die Linkstruktur dieser Seite beim zweiten Besuch geändert haben, da die Aktionen des Nutzers zwischen beiden Besuchen eine Änderung des Nutzerprofils und somit der Sortierung der Links notwendig machte. Dies ist besonders bei Anfängern problematisch und kann für Verwirrung sorgen, da diese im Umgang mit adaptiven Systemen wenig geübt sind.

Trotz der genannten Nachteile kann Link Sorting in vielen Anwendungsszenarien, wie etwa Online-News-Systemen, gewinnbringend eingesetzt werden und dort die Navigationszeit und die notwendigen Schritte zum Erreichen bestimmter Ziele beträchtlich verkürzen (Brusilovsky, 1997, S. 4). Link Ordering ist immer dann von Vorteil, wenn die Systeme aufgrund ihrer strukturellen Gestaltung eine sich ständig ändernde Linkstruktur aufweisen (Brusilovsky, 2007, S. 5).

Link Hiding. Das Verstecken, Entfernen oder Deaktivieren von Links, gehört zu den am meisten genutzten Techniken des ANS. Das Prinzip dahinter ist, für den Nutzer in seiner derzeitigen Situation unnötige und irrelevante Links zu verstecken bzw. auszublenden. Dies kann auf verschiedene Art und Weise geschehen: Entweder werden die visuellen Merkmale eines Links (Unterstreichung und farbliche Hervorhebung), die Funktionalität oder der Linktext an sich entfernt (Brusilovsky, 2007, S. 267).

Ein positiver Effekt kann durch Link Hiding dann erzielt werden, wenn Inhalte, auf die ein Link verweist, den Nutzer überfordern würden, z.B. weil die diese zu komplex oder zu umfangreich für diesen sind. Link Hiding kann dann dazu beitragen, die Komplexität des Hyperspaces zu reduzieren und eine kognitive Überlastung des Nutzers zu verhindern. Ein weiterer Vorteil von Link Hiding ist, dass diese Technik bei nahezu allen Linktypen anwendbar ist. Kontextuelle Links beispielsweise können angepasst werden, indem klickbare Schlüsselwörter in normalen Text transformiert werden. Durch derartige Modifikationen erscheint dem Nutzer das System im Gegensatz zu Link Sorting konsistenter und „stabiler". Abgesehen von den vielen Vorteilen, kann Link Hiding den Nachteil mit sich bringen, dass in den Köpfen der Nutzer falsche Vorstellungen des gesamten Hyperspaces und dessen Struktur entstehen können (Brusilovsky, 1997, S. 4). Dies kann statt des gewünschten Nutzens gegenteilige Wirkungen hervorrufen, den Nutzer gänzlich verwirren und somit die Navigationszeit insgesamt verlängern.

Link Annotation. Unter Link Annotation (oder auch Adaptive Annotation genannt) (Brusilovsky, 1997, S. 4) wird die Anreicherung der Links durch Anmerkungen (Annotations), Kommentare oder weiteren Zusatzinformationen verstanden. Diese sollen dem Nutzer weitere Details zu der Seite zur Verfügung stellen, auf die der Link verweist. Derartige Anmerkungen können neben textlichen Informationen auch durch grafische Elemente wie etwa Icons, unterschiedliche Farben, Schriftarten oder Schriftgrößen abgebildet werden (Brusilovsky, 1997, S. 4).

Bekanntester Vertreter der Klasse der Link-Annotations ist die History-Based-, also vergangenheitsbasierte Funktion der meisten Browser, in welchen bereits besuchte Links farblich hervorgehoben werden. Selbst diese schlichte Form kann für den Anwender sehr nützlich sein und die Effizienz des Navigierens beträchtlich steigern (Brusilovsky, 1997, S. 15). Link Annotations haben außerdem den Vorzug, dass im Gegensatz zu Link Hiding keine falschen Modelle des Hyperspaces im Kopf des Nutzers entstehen können und neben dichotomen Merkmalen wie relevant/irrelevant auch weitere Informationen wie Relevanzgrade, textuelle Anmerkungen „abgeschlossen" oder „in Bearbeitung" verwendet werden können. Ferner können durch die hohe Flexibilität von Link Annotations auch Techniken wie Link Hiding simuliert werden. Bei dem sogenannten Text-Dimming beispielsweise wird nahezu die selbe Link- und Hintergrundfarbe verwendet, wodurch dem Nutzer der Eindruck erweckt wird, dass der Link gar nicht vorhanden sei.

Link Generation. Link Generation zählt zum neusten Vertreter der hier vorgestellten Techniken (Brusilovsky, 2007, S. 270), bei dem vom System gänzlich neue Links auf einer Seite erstellt werden. Hierbei können grundsätzlich drei unterschiedliche Arten zur Erstellung eines Links differenziert werden (Brusilovsky, 2007, S. 8): (1) Analyse neuer nützlicher Links zwischen Dokumenten und Überführung in sogenannte Permanent-Links; (2) Erstellung von Links basierend auf Ähnlichkeiten zwischen Dokumenten; und (3) dynamische Empfehlung von Links, die im aktuellen Kontext für den Nutzer von Interesse sind. Letzterer Typus kann auch in adaptiven webbasierten Systemen Anwendung finden, wobei hierbei lediglich Links generiert werden, die grundsätzlich für den Nutzer von Interesse sein könnten und im Gegensatz zu adaptiven Hypermedia-Systemen nicht den aktuellen Kontext des Nutzers miteinbeziehen. Web-basierte Recommender Systeme wie etwa Amazon[2] empfehlen Links, die allgemein und langfristig für den Nutzer von Interesse sein könnten. Anwendungen, bei welchen der aktuelle Kontext des Nutzers einbezogen wird, ist beispielsweise ALICE, ein elektronisches Lernprogramm über Java-Programmierung. Die einzelnen Lerneinheiten werden bei ALICE durch dynamisch erstellte Linkempfehlungen, basierend auf dem derzeitigen Kenntnisstand des Nutzers, miteinander verbunden (Brusilovsky, 2007, S. 270 f.).

Neben den hier vorgestellten Techniken existieren noch weitere Ansätze des ANS. Diese werden aber aufgrund ihrer geringen Verbreitung, der schlechten Einsetzbarkeit in der Praxis oder aufgrund unzureichender wissenschaftlicher Abhandlungen nicht näher beleuchtet. Um eine abschließende Übersicht der hier vorgestellten Techniken zu geben, stellt Tabelle 5.1 die verschiedenen Techniken und deren Einsatzmöglichkeiten im Rahmen der verschiedenen Linktypen dar.

5.4 Mechanismen

Nachdem im vorherigen Abschnitt die verschiedenen Techniken des ANS vorgestellt wurden, hat dieses Kapitel die gebräuchlichsten Mechanismen des ANS zum Inhalt. Mechanismen stellen die Informations- bzw. Ereignisbasis dar, auf welcher die Techniken des ANS angewendet werden können und sind gleichzeitig die „... generalization

---

[2]http://www.amazon.de, zugegriffen am 01.08.09

	Direct Guidance	Sor- ting	Hiding	Anno- tation	Gene- ration
Kontextuelle Links	JA		Deakt. Link- funk.	JA	
Nicht- kontextuelle Links	JA	JA	JA	JA	JA
Inhalts- verzeichnisse	JA			JA	
Indizes	JA			JA	
Seitenüber- sichten	JA		JA	JA	

Tabelle 5.1: Übersicht über Techniken und deren Einsatzmöglichkeiten

of existing adadption techniques", also die Grundidee, auf welcher die Techniken des ANS beruhen (Brusilovsky, 1996, S. 89).

5.4.1 Simple Adaption Mechanisms

Bei Simple Adaption Mechanisms werden verschiedene Unterarten unterschieden: Die sogenannten *History-Based Mechanisms* registrieren, wie häufig auf ein Dokument, respektive einen Knoten in der Vergangenheit zugegriffen wurde. Diese Information kann dann anschließend nutzerspezifisch visualisiert werden. Ältestes und gleichzeitig auch bekanntestes Beispiel ist die Darstellung eines Links in einer anderen Farbe, sobald dieser einmal besucht wurde. Neuere Ansätze bauen diese Idee aus, indem grafisch dargestellt wird, inwieweit der Bereich des Hyperspaces hinter einem Link bereits bearbeitet wurde. Dies kann beispielsweise in Form von verschiedenen Lupensymbolen (weiß, grau und schwarz)[3] dargestellt werden, die

---

[3]Dieser Ansatz wurde beispielsweise bei der Lernsoftware MANUAL EXCEL eingesetzt.

dem Nutzer auf verständliche Art und Weise anzeigen, welche Bereiche er noch zu bearbeiten hat (Brusilovsky, 2007, S. 273).

Die *Trigger-Based Mechanisms* stellen eine Erweiterung der History-Based-Mechanismen dar. Dabei wird ein Link mit einem bestimmten Trigger bzw. Ereignis verknüpft, bei dessen Eintreten der Status des Links und damit dessen visuelle Erscheinung verändert wird. Dies kann beispielsweise in Lernumgebungen sinnvoll eingesetzt werden, indem ein Link zur nächsten Lernsequenz nur dann dargestellt wird, wenn zuvor eine obligatorische Lerneinheit abgeschlossen wurde.

Progress-Based Mechanisms beziehen neben rein vergangenheitsorientierten auch spezifische nutzerverhaltensbezogene Informationen mit ein. In Informationssystemen beispielsweise kann festgehalten werden, wie lange ein Nutzer damit verbracht hat, eine bestimmte Seite zu lesen oder inwieweit dieser sich mit dem Seiteninhalt beschäftigt hat (z.B. durch Nutzung von Eye- oder Mouse-Tracking). Im Kontext von Lernsystemen kann der Lernerfolg durch Quiz-Fragen gemessen werden. Ein grafischer Prozessbalken beispielsweise kann dem Lernenden neben den Link anzeigen, inwieweit das Quiz in der Vergangenheit abgeschlossen wurde und ob es für ihn Sinn macht, diese Seite noch einmal zu besuchen. In hierarchisch organisierten Hyperspaces kann durch einen solchen Prozessbalken angezeigt werden, in welchem Umfang ein entsprechender Knoten dieser Hierarchie bereits bearbeitet wurde um damit den aktuellen Status der Arbeit anzuzeigen.

Content-Based Mechanisms entscheiden auf Grundlage einer Inhaltsanalyse, ob ein bestimmter Pfad zu einer Seite vorgeschlagen werden soll oder nicht. Üblicherweise werden hierfür Schlüsselwortvektoren aus den Seiteninhalten extrahiert, die anschließend mit dem jeweiligen Nutzerprofil abgeglichen werden. Abhängig vom Ergebnis dieses Abgleichs wird dann entschieden, welche Seiten empfohlen werden. Folgt der Nutzer einem Vorschlag, wird diese Information dazu verwendet, das Interessensprofil des Nutzers entsprechend zu aktualisieren. Inhaltsbasierte Mechanismen wurden auch bereits

in Open-Corpus-Systemen erfolgreich eingesetzt.[4] Ein Agent prüfte
hierbei ausgehend vom aktuellen Standort des Nutzers im Hyperspace alle Linkmöglichkeiten und schlug anschließend die relevantesten Links vor. Ein weiteres, konkretes Beispiel, in welchem inhaltsbasierte Mechanismen zum Einsatz kommen ist das System Scent-
Trails. Ausgehend von einer explizit formulierten Suchanfrage des
Nutzers werden unterschiedliche Schriftgrößen dazu verwendet, dem
Nutzer visuell darzustellen, welcher Pfad für diesen am geeignetsten
ist. Für eine solche Relevanzanalyse eines Links werden ganze Hy-
perspaceregionen mit in die Bewertung einbezogen, das heißt, dass
sich eine relevante Seite nicht zwingendermaßen direkt hinter dem
Link mit der größten Schriftgröße befinden muss, sondern auch einige Ebenen dahinter (Brusilovsky, 2007, S. 275 ff.).

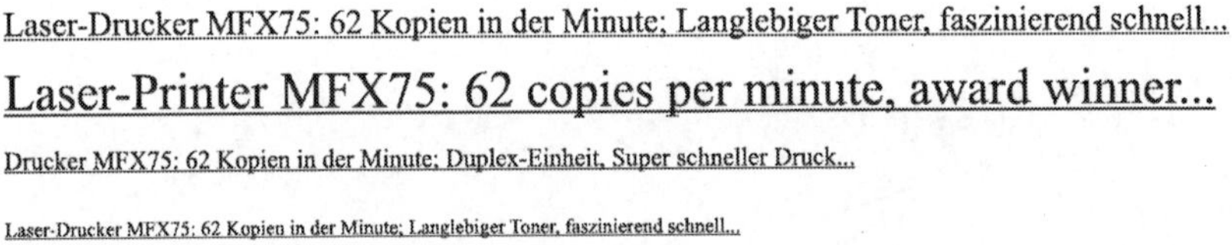

Laser-Drucker MFX75: 62 Kopien in der Minute; Langlebiger Toner, faszinierend schnell...

Laser-Printer MFX75: 62 copies per minute, award winner...

Drucker MFX75: 62 Kopien in der Minute; Duplex-Einheit, Super schneller Druck...

Laser-Drucker MFX75: 62 Kopien in der Minute; Langlebiger Toner, faszinierend schnell...

Abbildung 5.4: Beispielhafte Darstellung inhaltsbasierter Navigations-
unterstützung ähnlich ScentTrails

5.4.2   Indexing-Based Mechanisms

Die sogenannten Indexing Based Mechanisms zählen zu den bekanntesten und zugleich leistungsfähigsten Mechanismen des ANS.
Indexing-Based Mechanisms und Content-Based Mechanisms verfolgen dieselbe Idee: Abgleich der Inhalte einer Seite mit dem individuellen Nutzerprofil und Darstellung der entsprechenden Seiten-
empfehlungen. Der entscheidende Unterschied zwischen diesen bei-

---

[4]Ein Beispiel ist hierfür ist das Letizia System, das einen Nutzer durch Beobachtung seines Surfverhaltens während des Browsens unterstützt.

den Mechanismen liegt in der Art der Repräsentation der Seiteninhalte, die als Grundlage für die Bestimmung des Seiteninhalts herangezogen werden. Während Content-Based Mechanisms automatisch erstellte Repräsentationen auf Wortbasis verwenden, werden bei Indexing-Based Mechanisms manuell erstellte Inhaltsrepräsentationen verwendet. Diese sogenannten Concept-Level Representations sind präziser bei der Analyse des Seiteninhalts, sind aber aufgrund des notwendigen manuellen Eingriffs auch kostenintensiver. Darüberhinaus lässt sich dieser Ansatz nicht auf Open-Corpus-Systeme anwenden, was diesen Mechanismus auf den Einsatz in Closed-Corpus-Systemen beschränkt (Brusilovsky, 2007, S. 279 f.). Concept-Level Representations bestehen aus mehreren sogenannten Concept Models. Diese wiederum bestehen aus miteinander vernetzten Begriffen und Ausdrücken, die die wesentliche Inhalte eines Dokumentes wiedergeben[5].

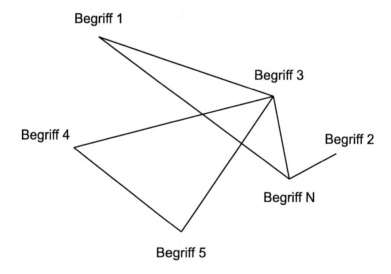

Abbildung 5.5: Beispielhafte Darstellung Concept-Model

---

[5]Dieser Vorgang wird als Indexing bezeichnet.

5.4.3 Social Mechanisms

Social Mechanisms basieren auf der Annahme, dass Menschen in
der Regel dazu tendieren, Entscheidungen anderer Menschen zu folgen. Dies lässt sich auch auf die Verhaltensweisen beim Navigieren
im Hyperspace übertragen, indem Menschen anderen Personen folgen, die eine bestimmte Seite schon einmal besuchten. Bei diesem
sogenannten *Social Navigation Support* werden zwei Arten unterschieden: eine *direkte* und *indirekte* Form. Direct Social Navigation
beschreibt die direkte Interaktion zwischen Nutzern innerhalb eines
Informationsraumes. Indirect Social Navigation Support kumuliert
die Aktionen einer Vielzahl von Nutzern, um neue Besucher bei deren Navigation durch den Hyperspace zu unterstützen (Brusilovsky,
2007, S. 278). Ein Beispiel für die Form der direkten Unterstützung
ist es, Links mit entsprechenden Icons zu versehen, die zum gleichen Zeitpunkt von anderen Nutzern besucht werden. Dies kann
dazu verwendet werden, die Interaktion bzw. Kommunikation zwischen Besuchern derselben Seite zu unterstützen (Brusilovsky, 2007,
S. 278) um beispielsweise einen fachlichen Austausch zu fördern. Anwendungen der indirekten Form können wiederum in zwei Gruppen
eingeteilt werden. Sogenannte History-Enriched Environments und
Collaborative-Filtering Systeme. Umgebungen, die durch vergange-
ne Aktionen anderer Nutzer angereichert werden, unterstützen den
Nutzer, indem die aggregierten oder individuellen Aktionen anderer Nutzer visualisiert werden. Auf dieser Grundlage basieren Systeme wie die Footprint-Anwendung von Wexelblat and Maes, in
welcher Nutzungspfade innerhalb einer Webseite grafisch dargestellt
wurden. Somit konnten neue Nutzer die Relevanz und Bekanntheit
bestehender Links bewerten und dieser community-basierten Empfehlung folgen. Dieser Ansatz wurde später durch weitere Parameter
erweitert, indem z.B. die Zeit, die ein Nutzer auf einer Seite verbrach-
te, ebenfalls dargestellt wurde. Auch beim Collaborative Filtering
werden Empfehlungen generiert, die auf Interessen ähnlicher Nutzer
basieren. Die dazu obligatorischen Interessensprofile ähnlicher Nutzer können unter anderem durch explizite Bewertungen der Nutzer

generiert werden, wobei implizite Interessensindikatoren den Vorteil besitzen, dass diese während der gesamten Interaktion des Nutzers mit dem System gemessen werden können.

5.5 Praxisbeispiele und Diskussion der verschiedenen Techniken

Um nach den theoretischen Abhandlungen einen Einblick in den praktischen Einsatz der verschiedenen Techniken und Methoden des ANS zu bekommen, werden in diesem Abschnitt bekannte und erfolgreich eingesetzte AHS in Kombination mit ANS vorgestellt und in ihrer Effizienz diskutiert. Der Schwerpunk bei der Darstellung der Praxisbeispiele liegt im Bereich der Educational Systems (Lernsysteme), da diese zu den meist gebräuchlichsten Anwendungen im Kontext der ANS zählen. Neben diesen Systemen findet ANS aber auch Anwendung in Online-Informations-Systemen (Online Information Systems) wie z.b. Enzyklopädien, Online-Hilfe-Systemen (Online Help Systems), Information-Retrieval-Systemen (Hypermedia for Information Retrieval), institutionellen Systemen (institutional hypermedia) und in Systemen zur Verwaltung personalisierter Ansichten in Informationsräumen (systems for managing personalized views in information spaces) (Brusilovsky, 2001, S. 88).

Link Annotation. Ein Beispiel, in welchem Link-Annotations in diversen Ausprägungen eingesetzt wurde, ist das Lernsystem Quizguide. Bei diesem adaptiven Hypermedia-System werden Lerninhalte in grobe Themeneinheiten eingeteilt, welche wiederum als Link fungieren und mit adaptiven Symbolen angereichert werden (Brusilovsky et al., 2008, S. 1 ff.). Diese Link-Annotations visualisieren dem Nutzer des Systems, welche Inhalte im Moment am wichtigsten sind und für welche er zur Bearbeitung weiterführende Kenntnisse benötigt.

Quiz-Guide existiert in zwei Versionen, die auf unterschiedlichen Ansätzen basieren: 1. Dem *Topic-Based-Ansatz* und 2. dem *Concept-Based*-Ansatz, der mit dem *Topic-Based Ansatz* kombiniert wird.

Bei der reinen Topic-Based Adaption werden die verschiedenen Themenbereiche der Lerninhalte mit Pfeil-Icons versehen. Während die Anzahl der Pfeile den aktuellen *Wissensstand* in diesem Themengebiet symbolisiert (Abb. 5.6)[6] [7], gibt die Farbe die *Relevanz* des entsprechenden Themas für das im Nutzermodell hinterlegte Lernziel an (Abb. 5.7)[8]. Die dunkelblaue Färbung des Icons steht dafür, dass der mit diesem Symbol versehene Themenbereich relevant für das derzeitige Lernziel ist. Ist ein Themenbereich eine zwingende Voraussetzung für das derzeitige Lernziel, wird dies mit einem abgeschwächten, hellblauen Symbol gekennzeichnet. Das graue Symbol wiederum visualisiert bereits bearbeitete und erfolgreich abgeschlossene Lerneinheiten. Wenn ein Themenbereich mit einem durchgestrichenen Symbol versehen wird, steht dies dafür, dass diese Inhalte keine Relevanz für das aktuelle Lernziel besitzen.

Innerhalb des Systems dienen Aufgaben dazu, den Lernfortschritt zu überprüfen. Werden diese Aufgaben, welche den verschiedenen Themenbereichen zugeordnet sind erfolgreich gelöst, wird dies mit einem grünen Häkchen entsprechend symbolisiert (Abb. 5.8).

In einer zweiten Version wurde der bereits implementierte Topic-Based-Ansatz mit Concept-Based-Annotations (begriffsbasierte Anmerkungen) kombiniert. Während beim Topic-Based Ansatz lediglich ein grünes Häkchen anzeigt, ob eine Aufgabe gelöst wurde oder nicht, werden bei der kombinierten Concept-Based-Version zusätzliche Informationen für den Nutzer bereitgestellt: Dabei kodiert ein vertikaler Statusbalken (Abb. 5.9, S. 159) das themenbezogene Wissen, ein steigender Kenntnissstand wird mit einem steigenden Sta-

---

[6] Je mehr Pfeile, desto höher der Kenntnisstand in diesem Themengebiet.

[7] Siehe http://www.sis.pitt.edu/~ir/qg_incom/bin/qguide.cgi?ums=
http://www.sis.pitt.edu/~ir/qpplus/server/qpum.cgi&gid=
demo&kt_sid=000&kt_user=is12, zugegriffen am 26.07.2009

[8] Siehe http://www.sis.pitt.edu/~ir/qg_incom/bin/
qguide.cgi?kt_user=tsteimer&kt_sid=100&gid=2m, zugegriffen am 26.07.2009

Abbildung 5.6: Einsatz der Pfeildarstellung beim Topic-Based-Ansatz

Abbildung 5.7: Farbcodierung beim Topic-Based-Ansatz

Abbildung 5.8: Kennzeichnung einer erfolgreich gelösten Aufgabe (eigene Darstellung)

Abbildung 5.9: Zusätzliches Symbol beim Concept-Based-Ansatz (eigene Darstellung)

tusbalken und zusätzlich durch eine zunehmende Verblassung des Symbols dargestellt.

Auf Basis der verschiedenen Versionen des Systems Quizguide fand ein direkter Vergleich der Unterschiede bei der Nutzung des Lernsystems mit und ohne den oben beschriebenen Techniken statt. Beim Einsatz von ANS waren die Studierenden grundsätzlich bereitwilliger, Aufgaben abzurufen und mit dem System zu arbeiten (Brusilovsky et al., 2008, S. 197). Dies zeigte sich beispielsweise daran, dass beinahe doppelt soviele Themenbereiche von den Studierenden besucht worden sind, als ohne den Einsatz von ANS. Außerdem beschäftigten sich diese durchschnittlich mehr als doppelt so lange mit den angebotenen Inhalten.

Beim Vergleich des reinen Topic-Based-Ansatzes zum kombinierten Ansatz wurden ebenfalls signifikante Unterschiede deutlich: So zeigte sich am Ende des Semesters, dass die Studierenden mit dem kombinierten Ansatz (Version 2) umfangreichere Kenntnisse erwarben, als diejenigen, die lediglich auf Basis der Topic-based-Annotations lernten.[9]

Eine zweite Studie bewertete die Effizienz der Techniken „Annotation" und „Hiding" anhand des ISIS-Tutor. ISIS-Tutor ist eine intelligente Lernumgebung, in welcher Adaptive Annotations als primäre Technik des ANS Anwendung findet, wobei es optional auch möglich ist, Link-Hiding zusätzlich zu aktivieren. Hiding ist im Kon-

---

[9]Genauere Informationen zu den Inhalten der Studien und dem direkten Vergleich beider ANS-Techniken können im Paper: Re-assessing the Value of Adaptive Navigation Support in E-Learning Context von Brusilovsky et al. (2008) nachgelesen werden.

text dieses Systems von Vorteil, um die Knoten zu verstecken, die nicht Bestandteil des Lerninhaltes sind (Brusilovsky, 1997, S. 26). Im ISIS-Tutor werden vier verschiedene Status unterschieden, in welchen sich ein Lernender befinden kann. Diese sind durch verschiedene Linkfärbungen kenntlich gemacht: *not-ready-to-be-learned (keine Farbe), ready-to-be-learned (rot), in-work (grün)* und *learned (grün mit zusätzlichem +-Zeichen)*. Links innerhalb des Lernziels wurden zusätzlich mit einem „-"-Präfix versehen.

Getestet wurden drei Versionen des ISIS-Tutor: Eine Version, die dem Nutzer kein ANS bietet, eine Version, die adaptive Annotations verwendet und eine Version, in welcher die Annotion- und Hiding-Technik eingesetzt wird. Jedem der 26 Experiment-Teilnehmer wurden nach einer 45-minütigen Einarbeitungszeit zehn Themeneinheiten mit zehn dazugehörigen Aufgaben zur Bearbeitung vorgelegt. Die Ergebnisse zeigen, dass sowohl die Anzahl der Navigationsschritte, als auch die Anzahl der Wiederholungen pro gestellter Aufgabe bei beiden eingesetzten ANS-Varianten gegenüber der nicht-adaptiven Version auffällig dezimiert waren (Brusilovsky, 1997, S. 28). Allerdings wurden beim Vergleich der beiden adaptiven Versionen keine signifikanten Unterschiede festgestellt. Es kann zusammengefasst festgestellt werden, dass sowohl Hiding, als auch Annotations effiziente Adaptionstechniken des ANS darstellen. Im Kontext des E-Learning kann lernzielorientierter gelernt und gearbeitet werden, was zu großen Teilen auf die reduzierte Anzahl der Navigationsschritte und besuchten Dokumente zurückzuführen ist. Folglich kann dadurch die gesamte Lernzeit reduziert werden (Brusilovsky, 1997, S. 28). Ähnliche Resultate konnten beim Test mit den Lernsystemen ELM-ART und InterBook beobachtet werden (Hoeoek und Svensson, 1998, S. 4). Auch wenn mit der Hiding- und Annotion-Technik im Bereich des E-Learning positive Auswirkungen erzielt werden können, kann dies nicht auf alle Systeme gleichermaßen übertragen werden. Es ist davon auszugehen, dass die Effizienz stark von der vorgegebenen Strukturierung und den eigentlichen Inhalten des Systems abhängig ist, was eine individuelle Prüfung der einzelnen Techniken in Verbindung mit zielgruppenrepräsentativen Probanden notwendig macht.

Link Sorting. Das System HYPERFLEX ist ein Beispiel, in welchem Link Sorting eingesetzt wird. HYPERFLEX ist ein Online Information System, das den Nutzern Hilfestellung beim Navigieren gibt, indem eine nach Prioritäten geordnete Liste von Knoten angezeigt wird (Steinmetz, 2000, S. 830). Als Ausgangspunkt für die Generierung der Liste wird hierfür die Seite genommen, auf der sich der Nutzer des Systems gerade befindet. Alternativ besteht die Möglichkeit, sich eine Liste durch die Auswahl eines Zieles aus einer vorgegebenen Menge erstellen zu lassen. In diesem Fall werden die sich auf der aktuellen Seite befindlichen Links in Abhängigkeit des gewählten Zieles sortiert. Ist die Auswahl nach Meinung des Nutzers nicht passend, kann dieser die Reihenfolge der Links manuell verändern. Eine solche Modifikation wird anschließend zur Spezifizierung des Nutzermodells verwendet (Brusilovsky, 1997, S.19).

Im Rahmen einer Pilotstudie im Jahre 1993 wurde die Effizienz der Sorting-Technik anhand des Systems HYPERFLEX bewertet. Dabei fand ein Vergleich der folgenden zwei Ausprägungen der Sorting-Technik statt: Bei der *Current-Node-Based Adaption* wählt der Nutzer ein Themengebiet aus, das ihn interessiert, woraufhin das System die dazugehörigen Links nach Relevanz in Bezug auf den derzeitigen Knoten bestimmt und in einer Liste darstellt. Bei der *Current-Goal-Adaption* hingegen selektiert der Nutzer sein gewünschtes Lernziel, auf dessen Basis das System anschließend eine Liste aus Links entsprechend der Relevanz zur Erreichung dieses Ziels sortiert (Brusilovsky, 1997, S. 24). Im Rahmen des Experiments wurden drei Varianten des Systems bewertet: Ein System mit Current-Node-Based Adaption, eines mit Current-Goal-Adaption und eine Version, die beide Ansätze in einem System kombinierte. Trotz der relativ kleinen Probandengröße[10] konnte nachgewiesen werden, dass die Nutzer, die das umfangreiche System bestehend aus der Kombination beider Ansätze verwendeten, schneller die in der Aufgabe definierten Inhalte fanden (Brusilovsky, 1997, S. 26). Die Zeit, die ein Nutzer benötigte, bestimmte Inhalte in diesem System zu fin-

---

[10]Insgesamt 18 Teilnehmer – sechs Probanden pro System.

den konnte durch Einsatz beider Techniken um bis zu 40% reduziert werden (Hoeoek und Svensson, 1998, S. 3).

Ein weiteres Beispiel für die Einsatzmöglichkeiten von Link-Ordering / Link-Sorting ist die personalisierte Suchfunktion von Google namens Search-Wiki. Meldet sich ein Nutzer mit seinen Benutzerdaten bei Google an, kann dieser, wie bei der anonymen Suche, einen Suchvorgang zu einem bestimmten Suchwort starten. Die Ergebnisse werden ebenfalls aufsteigend nach Relevanz sortiert. Im Unterschied zur klassischen Suche hat hier der Nutzer jedoch die Möglichkeit, die Position und damit die subjektive Relevanz eines Links zu bestimmen. Die Veränderung der Reihenfolge wird von Google dazu verwendet, die Präferenzen und Interessen eines Nutzers genauer zu spezifizieren. Diese Informationen werden wiederum bei späteren Suchanfragen berücksichtigt. Gibt beispielsweise ein Nutzer den Suchbegriff „Jaguar" in das Suchformular ein und wertet anschließend Seiten auf, die Informationen rund um die Automarke „Jaguar" beinhalten, so fließen diese Informationen in die Verfeinerung des Nutzerprofils mit ein. Somit können Webseiten mit Informationen rund ums Auto in Zukunft bei Suchanfragen mit kontextrelevanten Suchbegriffen weiter oben platziert werden (Zorn, 2008).

Die Effizienz des Link-Sorting am Beispiel von Google lässt sich nur schwer bewerten, da hier die individuellen Suchanfragen, deren Häufigkeit und zeitlicher Abstand mit in die Bewertung einfließen müssen. Dies kann anhand des folgenden Beispiels erläutert werden: Person A sucht nach der Automarke „Jaguar", weil ein neues Modell auf den Markt gekommen ist. Eine manuelle Sortierung wäre nur kurzfristig von Relevanz, da eine solche Suchanfrage stark zeitsensitiv ist. Würden zukünftige Anfragen nach dem Suchwort „Jaguar" grundsätzlich nur Ergebnisse aus dem Automobilbereich ergeben, bestünde die Gefahr einer *self-fulfilling prophecy*. Das bedeutet, dass der Nutzer aufgrund einseitiger Ergebnisse zukünftig nur noch die Möglichkeit hat, Linkergebnisse aus dem Bereich der Automobilbranche zu bewerten. In letzter Konsequenz würde dann eine Suchanfrage nach „Jaguar" nur noch automobilrelevante Informationen ergeben und das Tier „Jaguar" völlig aus den Suchergebnissen verschwinden. Dieses Problem könnte somit nur durch künstliches Einfügen weiterer Seiten oder einer Neudefinition des Suchbegriffes gelöst werden.

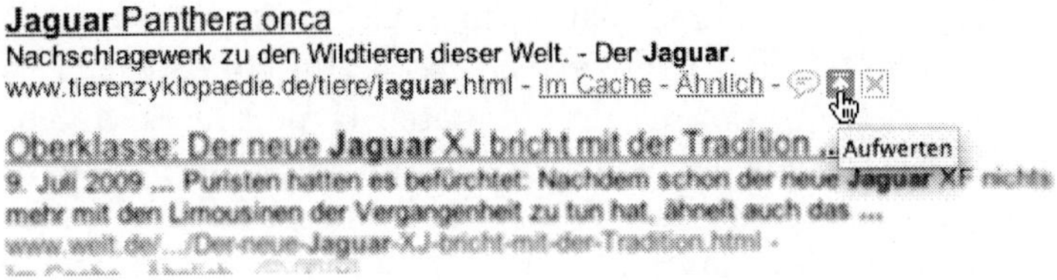

Jaguar Panthera onca
Nachschlagewerk zu den Wildtieren dieser Welt. - Der **Jaguar**.
www.tierenzyklopaedie.de/tiere/**jaguar**.html - Im Cache - Ähnlich -

Oberklasse: Der neue **Jaguar** XJ bricht mit der Tradition ... Aufwerten
9. Juli 2009 ... Puristen hatten es befürchtet: Nachdem schon der neue **Jaguar** XF nichts
mehr mit den Limousinen der Vergangenheit zu tun hat, ähnelt auch das ...
www.welt.de/.../Der-neue-Jaguar-XJ-bricht-mit-der-Tradition.html -

Abbildung 5.10: Beispieldarstellung Google SearchWiki (eigene Darstellung)

Direct Guidance. Das System ELM-ART II verwendet neben anderen ANS-Techniken wie Link-Annotations auch Direct-Guidance. ELM-ART II ist ein webbasiertes, intelligentes und interaktives Lehrbuch, das Studierenden die Programmiersprache LISP näher bringen soll. ELM-ART hilft den Lernenden, indem diese beim Navigieren durch die einzelnen Lektionen aktiv unterstützt werden. Im Rahmen des Direct Guidance geschieht dies durch einen Next-Button, der den Studierenden zum nächstbesten Inhalte führt. Im Rahmen einer empirischen Studie von Weber und Specht wurde Adaptive Link Annotation mit der Direct-Guidance-Technik verglichen. Die Ergebnisse der Messung der Anzahl besuchter Übungseinheiten zeigten im Kontext des Direct Guidance, dass diese Technik hauptsächlich für Anfänger von Nutzen ist, die weder Erfahrung mit dem Hyperspace, noch mit dem zu lernenden Material haben. Bei Nutzern, die bereits Vorkenntnisse im Programmieren besaßen, hatte Direct Guidance keine nennenswerten Auswirkungen (Weber und Brusilovsky, 2001, S. 27). Positive Effekte des Direct Guidance konnten auch in Form einer reduzierten Anzahl notwendiger Navigationsschritte zur Lösung einer Aufgabe festgestellt werden. Außerdem konnte beobachtet werden, dass sich die Anfänger unter Einsatz der Direct-

Guidance-Technik länger mit dem System beschäftigten (Weber und Brusilovsky, 2001, S. 27 f.).

Trotz dieser nahezu durchweg positiven Resultate bei der Bewertung der Techniken zeigen konträre Studien, wie etwa die Analysen von Carter aus dem Jahre 1996, auch negative Auswirkungen des ANS. Im konkreten Fall resultierten diese dadurch, dass eine kontinuierliche Restrukturierung des gesamten Hyperspaces, abhängig vom im Fokus stehenden Thema (Hoeoek und Svensson, 1998, S. 3) stattfand. Die negativen Auswirkungen zeigten sich in einer verlängerten Suchzeit nach Informationen, einer ausgedehnteren Besuchszeit pro Seite und verschlechtertem Erinnerungsvermögen an die Struktur des Hyperspaces. Gründe für diese Resultate könnten, so Carter, darin begründet liegen, dass dem Nutzer durch die sich ständig ändernde Hyperspacestruktur wichtige Festpunkte fehlen, auf die er im Falle eines unbrauchbaren Dokumentes zurückspringen kann (Hoeoek und Svensson, 1998, S. 3 f.). Studien von Eklund et al. auf Basis des Systems InterBook bestätigen dies ebenfalls und inferieren, dass die mit ANS zu treffenden Entscheidungen eines Nutzers (Bewertung der Annotations) dazu führen würden, dass sich dieser weniger mit den eigentlichen Inhalten, als mit dem ANS beschäftige. Dies führe in Folge dazu, dass sich der Lernprozess insgesamt nicht verbessere.

Auf Basis dieser Studien kann abgeleitet werden, dass die gleichbleibende Struktur eines adaptiven Hyperspaces in vielen Fällen ein erfolgskritischer Faktor bei der Effizienz von ANS darstellt. Demnach ist davon auszugehen, dass Link-Hiding nur dann eingesetzt werden sollte, wenn die im Hyperspace angebotenen Inhalte überschaubar und in Bezug auf die inhaltliche Struktur nicht zu komplex sind. Die Ergebnisse der Studien lassen zudem vermuten, dass nicht generell davon ausgegangen werden kann, dass mit ANS in jedem Fall eine nutzenstiftende Wirkung erzielt werden kann. Vielmehr hängt dies von der eigentlichen Konzeption bzw. Bestimmung des Systems, dessen Inhalten und der entsprechenden Zielgruppe ab.

5.6 Zusammenfassung und Ausblick

Adaptive Navigation Support als eine Form der Anpassung von adaptiven Hypermedia-Systemen besteht aus einer Ansammlung verschiedener Techniken. Direct Guidance, als eine der einfachsten Techniken, unterstützt aktiv einen Nutzer, indem existierende Verweise hervorgehoben oder gänzlich neue Links erzeugt werden. Link Sorting bzw. Link Ordering sortiert Links nach deren Relevanz in Bezug auf das gesetzte Ziel. Eine nachträgliche, manuelle Sortierung des Nutzers kann für eine kontinuierliche, individuelle Spezifizierung des Nutzerprofils genutzt werden. Beim Link-Hiding, der meistgenutzten Technik des ANS, werden Links ausgeblendet bzw. deren Funktionalität deaktiviert, falls die sich dahinter befindlichen Inhalte zu komplex oder umfangreich für den Nutzer sind. Durch Link-Generation, die Neuste aller hier vorgestellten Techniken, werden gänzlich neue Links erstellt, die ausgehend vom Nutzerprofil für den Nutzer relevant sein könnten.

Die beschriebenen Techniken basieren auf Aktionen und Ereignissen des Nutzers bei der Verwendung des Systems. Um diese Informationen sammeln und analysieren zu können existieren verschiedene Methoden des ANS, welche sich in folgende drei Kategorien einteilen lassen: (1) Simple Adaption Mechanisms beziehen vergangenheits-, ereignis-, fortschritts- und inhaltsbasierende Informationen bei der Nutzung eines Systems mit in die Analyse ein. (2) Indexing-Based Mechanisms verwenden manuell erstellte Inhaltsrepräsentationen als Ausgangspunkt, was diesen Mechanismus insgesamt sehr leistungsfähig, aber durch die manuelle Bearbeitung zugleich auch sehr aufwändig macht. (3) Social Mechanisms analysieren Aktionen anderer Nutzer und bilden diese entsprechend visuell im System ab.

Bei der Evaluation bzw. Diskussion der verschiedenen Techniken konnte festgestellt werden, dass die Techniken des ANS in der Regel nutzenstiftende Wirkung erzielen können. Allerdings müssen hierbei die entsprechende Zielgruppe, die Inhalte und die eigentliche Bestimmung des Systems berücksichtigt werden. Im praktischen Einsatz ist häufig eine Kombination der einzelnen Techniken zu empfehlen, um eine optimale Unterstützung der Nutzer beim Navigieren durch das Hypermedia-System zu gewährleisten. Durch zunehmende Erfahrung der Nutzer im Umgang mit adaptiven Systemen und dessen Techniken ist davon auszugehen, dass die Effizienz von ANS-Techniken weiter zunehmen wird und somit noch bessere Ergebnisse erzielt werden können.

Zukünftig besteht die Herausforderung, neue Techniken zu entwickeln, die effektiv auf Open-Corpus-Systemen eingesetzt werden können oder Ansätze zu erforschen, um die vorgestellten und bereits existierenden Techniken auch auf Open-Corpus-Systeme übertragen zu können. Obwohl dies bei manchen Techniken schon möglich ist, scheitern viele Ansätze aufgrund der Erfordernis von manuell erstellten Metainformationen. Die Schwierigkeit besteht dabei, dass Dokumente von Open-Corpus-Systemen jederzeit in Inhalt und Anzahl variieren können und sich damit Beziehungen und Bestand jederzeit verändern können (Brusilovsky, 2008, S. 12). Ein Ansatz zur Lösung dieses Problems besteht in Community-Based Mechanisms, bei dem die Katalogisierung der Dokumente durch die Nutzer vorgenommen wird. Denkbar sind in diesem Kontext sogenannte *Footprint-Based Open-Corpus Adaptive Hypermedia-Systeme*, also die Unterstützung eines Nutzers auf Basis von Navigationsmustern früherer Nutzer (siehe Knowledge Sea) (Brusilovsky, 2008, S. 26). Derartige innovative Ansätze lassen vielversprechende Tendenzen erkennen, jedoch bleibt abzuwarten, welche neuen Techniken entwickelt werden und welche sich davon langfristig in den vielseitigen Einsatzgebieten adaptiver Hypermedia-Systeme bewähren werden.

Literatur

Bailey, C., Hall, W., Millard, D. E., und Weal, M. J. (2002). Towards Open Adaptive Hypermedia. In: *AH*, S. 36–46.

Balik, M. und Jelinek, I. (Hrsg.) (2008). *Towards Semantic Web-based Adaptive Hypermedia Model.*

Brusilovsky, P. (1996). Methods and techniques of adaptive hypermedia. *User Modeling and User-Adapted Interaction*, 6(2):87–129.

Brusilovsky, P. (1997). Efficient techniques for adaptive hypermedia. In: *Intelligent Hypertext*, S. 12–30. Springer Berlin / Heidelberg.

Brusilovsky, P. (2001). Adaptive Hypermedia. *User Modeling and User-Adapted Interaction*, 11:24.

Brusilovsky, P. (2004). Adaptive Navigation Support: From Adaptive Hypermedia to the Adaptive Web and Beyond. *PsychNology Journal of Universal Computer Science*, 2:7 – 23.

Brusilovsky, P. (2007). Adaptive Navigation Support. In: *The Adaptive Web*, S. 263–290. Springer Berlin, Heidelberg.

Brusilovsky, P. (2008). *Adaptive Navigation Support for Open Corpus Hypermedia Systems*, S. 6–8. Springer Berlin / Heidelberg, 1., Ed.

Brusilovsky, P. und Eklund, J. (1998). A study of User Model Based Link Annotation in Educational Hypermedia. *Journal of Universal Computer Science*, 4(4):429–448.

Brusilovsky, P., Kobsa, A., und Vassileva, J. (1998). *Adaptive Hypertext and Hypermedia*. Springer-Verlag Gmbh, 2.

Brusilovsky, P., Lee, D. H., Zadorozhny, V., Zhou, X., und Sosnovsky, S. (2008). Re-assessing the Value of Adaptive Navigation Support in E-Learning Context. *Adaptive Hypermedia and Adaptive Web-Based Systems*, 5149:193–203.

Henze, N. (2001). Towards Open Adaptive Hypermedia. In: *9. ABIS-Workshop 2001, im Rahmen der Workshopwoche Lernen - Lehren - Wissen - Adaptivität (LLWA 01).*

Henze, N. (2005). Personalisierung. *Informatik Spektrum*, 28:230–233.

Henze, N. (2006). *Personalisierbare Informationssysteme im Semantic Web*, S. 135–146. Springer Berlin Heidelberg.

Hoeoek, K. und Svensson, M. (1998). Evaluating Adaptive Navigation Support. In: *IUI '99: Proceedings of the 4th international conference on Intelligent user interfaces*, S. 119–128. ACM Press.

Steinmetz, R. (2000). *Multimedia-Technologie. Grundlagen, Komponenten und Systeme*. Springer, Berlin, 3., berarb. A.

Weber, G. und Brusilovsky, P. (2001). ELM-ART: An adaptive versatile system for Web-based instruction. *International Journal of Artificial Intelligence in Education*, 12:351–384.

Zorn, N. (2008). http://www.werbeanzeige.de/2008/11/26/google-searchwiki-das-ende-der-suchmaschinenoptimierung/. Letzter Zugriff: 01.08.2009.

6 Ranking-Verfahren zur Sortierung von Suchergebnissen

Gunther Heinrich

6.1 Einführung

Zur verbesserten Sortierung von Suchergebnissen werden von Suchmaschinen der zweiten Generation Methoden der Linkanalyse zur Bewertung und somit dem Ranking einzelner Webseiten eingesetzt. Der folgenden Beitrag skizziert zunächst die Gründe, die zur Entwicklung derartiger Ranking-Verfahren führte. Anschließend werden die einzelnen Ranking-Verfahren Hyperlink Induced Topic Search (HITS), PageRank, Stochastic Approach for Link Structure Analysis (SALSA), Hilltop, und TrustRank dargestellt und erläutert.

Als das World Wide Web im Jahr 1991 für die allgemeine Benutzung freigegeben wurde, erwies es sich im Zuge des einsetzenden Wachstums als zunehmend schwierig, die bis dahin genutzten Methoden und Dienste zum Finden von Web-Dokumenten einzusetzen. Sowohl die manuelle Pflege von einfachen Link- oder Serverlisten[1] als auch zum damaligen Zeitpunkt internetbasierte FTP-Suchprogramme wie Archie (Thomas, 1997) konnten mit dem Wachstum und veränderten Anforderungen nicht mehr Schritt halten. An deren Stelle rückten Suchmaschinen, welche automatisiert das Web durchwanderten, die Ergebnisse in einem Index speicherten und diese Ergebnisse bei einer webbasierten Suchanfrage ausgaben. Jump-Station aus dem Jahr 1993 kann als eine der ersten Suchmaschinen bezeichnet werden, die alle diese Eigenschaften erfüllte (Michael und Salter, 2003, S. 3). In den anschließenden Monaten und Jahren

---

[1]Siehe dazu auch ein archiviertes Beispiel unter http://web.archive.org/web/20010620073530/http://archive.ncsa.uiuc.edu/SDG/Software/Mosaic/Docs/old-whats-new/whats-new-1293.html, zugegriffen am 29.10.2009

gingen unter anderem Webcrawler (April 1994), Infoseek (Februar 1995) und AltaVista (Dezember 1995) online (Spink und Zimmer, 2008, S. 183). Neben der stetig zunehmenden Zahl an Suchmaschinen verzeichnete auch das WWW einen starken Anstieg der dort abrufbaren Webseiten. So schätzten Lawrence und Giles (2000) die Größe des Webs für das Jahr 1997 auf bereits 320 Millionen Seiten. Für die Suchmaschinen jedoch stellte dieses Wachstum eine Herausforderung dar, da das bis dahin genutzte Information Retrieval (IR) in Bezug auf die Qualität und die Sortierung der Ergebnisse an seine Grenze stieß.

Ein Beispiel für die aus Nutzersicht schlechter werdenden Ergebnisse geben Page und Brin in ihrer Arbeit „The Anatomy of a Large-Scale Hypertextual Web Search Engine" (Brin und Page, 1998). Dort stellen sie für November 1997 fest, dass nur eine der vier zu dieser Zeit wichtigsten Suchmaschinen sich selber findet, also bei Eingabe ihres Namens die eigene Homepage unter den ersten zehn Ergebnissen auflistet. Brin und Page führen dieses Nicht-Ergebnis auf die Größe zurück, auf die das Web gewachsen ist und damit die Indizes der Suchmaschinen, wobei jedoch die Suchenden selbst in der Regel nur an den ersten zehn Ergebnissen interessiert sind.

Zu einem ähnlichen Ergebnis kommt der italienische Computerwissenschaftler Massimo Marchiori, der im Jahr 1996 mit *Hyper-Search* einen ersten praktischen Versuch unternimmt, einen neuen Ranking-Algorithmus zu entwickeln (Marchiori, 1997). Statt wie bisher das Ranking der Webseiten auf textuelle Informationen hin auszurichten, gestaltet Marchiori HyperSearch derart, dass neben textuellen Informationen auch die sogenannten *Hyperinformationen* in die Analyse mit einbezogen werden. Hyperinformationen definiert Marchiori dabei als „the dynamic information content which is provided by hyperlinks". Aus Sicht von HyperSearch ergibt sich die Information einer *Webseite* α somit aus den textuellen Informationen plus den Hyperinformationen ($Information(\alpha) = Textinfo(\alpha) + Hyperinfo(\alpha)$), welche in diesem Fall die von α verlinkten Seiten darstellen. Da jedoch die Hyperinformationen mit Kosten verbunden sind (der Benutzer muss auf den Link klicken), versteht Marchiori die Hyperinformationen primär als potenzielle Informationen und gleicht die Werte daher durch einen *Fading-Factor* an (siehe Marchiori (1997) für weitere Details).

Nach HyperSearch folgen zwischen 1997 und 1998 ähnliche linkbasierte Ranking-Verfahren zur Verbesserung der Suchergebnisse in Suchmaschinen. Ein Ansatz ist hierbei das von Kleinberg entwickelte *Hyperlink Induced Topic Search (HITS)*. Das *PageRank-Verfahren*, welches bei der Suchmaschine Google[2] Verwendung findet, wird nahezu zeitgleich zu HITS von Page und Brin Ende 1997 bzw. Anfang 1998 in ihren Arbeiten vorgestellt (Battelle, 2005, S. 81f.). Lempel und Moran stellen im Jahr 2000 mit dem *Stochastic Approach for Link Structure Analysis (SALSA)* einen weiteren Ansatz vor, der Elemente und Konzepte sowohl von HITS als auch von PageRank übernimmt. Ein Jahr später wird von Bharat und Mihaila das *Hilltop-Verfahren* veröffentlicht, das sich stark an HITS orientiert. *TrustRank* wird im Jahr 2004 von den Autoren Gyöngyi, Garcia-Molina und Pedersen vorgestellt, dass somit nicht nur das jüngste der hier vorgestellten Verfahren darstellt, sondern sich von den anderen Verfahren dahingehend unterscheidet, dass der Fokus auf der Bekämpfung von Spam-Webseiten liegt.

Im Allgemeinen können die Jahre 1996 bis 1998 als Höhepunkt der Entwicklung neuer linkbasierter Ranking-Verfahren angesehen werden. Einerseits entstanden in diesem Zeitraum die heute gängigen Ansätze zur besseren Sortierung von Suchergebnissen, andererseits entwickelten sich mit PageRank und HITS zwei einflussreiche Verfahren. PageRank kann in Bezug auf Marktdurchdringung über die Suchmaschine Google als das wirtschaftlich erfolgreichste Verfahren betrachtet werden, während HITS mit seinem Ansatz unter anderem Hilltop und SALSA stark beeinflusste.

---

[2]http://www.google.de, zugegriffen am 29.10.2009

6.2 HITS

Das *Hyperlink Induced Topic Search (HITS)*, welches von Kleinberg
entwickelt wurde, stellt ein zweistufiges Verfahren zur Linkanalyse
dar, welches zunächst eine begrenzte Zahl an thematisch relevanten Webseiten zusammenstellt und anschließend diesen zwei Werte
zuweist. Diese Werte legen die Reihenfolge in der Präsentation der
Suchergebnisse fest (Kleinberg, 1999a). HITS setzt dabei am so genannten *Problem des Überflusses* an, das eintritt, wenn Suchanfragen
thematisch unspezifisch sind und somit eine große Zahl an relevanten
Suchergebnissen geliefert werden. Somit kann dieser Algorithmus im
Vergleich zu HyperSearch und dem später vorgestellten PageRank-
Verfahren als ähnlicher Lösungsansatz mit einem divergent formulierten Problemansatz verstanden werden.

Vergleicht man HyperSearch und HITS in Bezug auf ihre kon-
krete Umsetzung, so ist erkennbar, dass beide invers zueinander arbeiten. Ein Link von einer *Webseite α* zu einer weiteren *Webseite β*
wird von HyperSearch als Informationsgewinn für *Webseite α* interpretiert, während HITS diesen Link als zugewonnene Autorität
(*Authority*) für *Webseite β* versteht. Dieser Unterschied kann darauf
zurückgeführt werden, dass ein Link im HITS-Verfahren als Beurteilung einer Webseite und einer daraus folgenden inhaltlichen Akzeptanz interpretiert wird.

Kleinberg verweist in diesem Kontext allerdings darauf, dass
Links nicht nur für einen, sondern prinzipiell für viele Zwecke eingesetzt werden können, so unter anderem zur Navigation innerhalb
einer Webseite. Weiterhin existieren Webseiten wie zum Beispiel Ya-
hoo[3], die im Allgemeinen eine sehr hohe Zahl eingehender Links
aufweisen und somit für alle dort vorkommenden Begriffe einen hohen Authority-Rank erhalten würden, auch wenn derartige Seiten
sich mit der gesuchten Thematik nicht explizit auseinandersetzen.
Darüber hinaus existiert das Problem der Begrifflichkeiten. Kleinberg verdeutlicht dies beispielhaft am Suchbegriff „java", durch den

---

[3]http://de.yahoo.com/, zugegriffen am 29.10.2009

sowohl Webseiten über die Programmiersprache als auch Webseiten über die indonesische Insel präsentiert werden. Dieser Herausforderung der technischen und thematischen Diversifikation begegnet Kleinberg, indem sich die Authority einer Seite durch die *Hubs* ergibt, eine Authority also eine Webseite darstellt, die von vielen Hubs verlinkt wurde.

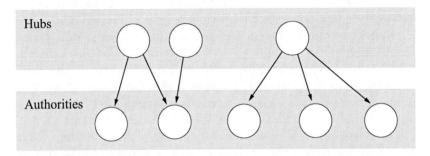

Abbildung 6.1: HITS' Hubs und Authorities

Unter einem Hub kann man zunächst eine Webseite verstehen, die eine hohe Zahl an ausgehenden Links aufweist, also invers verstanden wird wie eine Authority. Genauer definiert Kleinberg jedoch ein Hub als eine Webseite, welche explizit auf viele Authorities verweist (siehe Abbildung 6.1). Untersucht man die ursprüngliche Ausarbeitung von Kleinberg näher, so wird erkennbar, dass er unter Hubs implizit Link-Verzeichnisse (Directories) und ähnliche Linksammlungen versteht, welche Authorities „zu einem Thema zusammenziehen und es uns erlauben, eine große Zahl nicht relevanter Seiten zu entfernen" (Kleinberg, 1999a, S. 7). In einer späteren Arbeit klassifiziert Kleinberg Hubs explizit als (hochwertige) Listen (Kleinberg, 1999b). Diese Definition wird von Manning, Raghavan und Schütze übernommen, welche Hubs als manuell erstellte Listen verstehen, die von Menschen mit einem Interesse auf dem jeweiligen Gebiet aufgebaut werden (Manning et al., 2008). Letztendlich ergibt sich bei HITS somit eine kreisförmig verstärkende Wirkung von Authorities und Hubs, die von Kleinberg als *Mutual Reinforcing Relationship* bezeichnet wird.

Um die Frage zu beantworten, ob es sich bei einer Webseite α um eine Authority oder um einen Hub handelt, werden durch HITS zwei Werte für α berechnet: Der *Authority-Score* und der *Hub-Score*. Beide Score-Werte werden in Echtzeit ermittelt, also nach Eingabe eines Suchbegriffes durch den Benutzer, weshalb HITS auch als *query-dependent* bezeichnet wird (Langville und Meyer, 2006).

Betrachtet man in diesem Zusammenhang das Web, welches mehrere Milliarden Seiten umfasst, so wird deutlich, dass eine Echtzeitberechnung unter Einbezug aller Seiten nur mit einem hohen rechnerischen Aufwand zu erreichen wäre. HITS löst dieses suchökonomische Problem, indem nicht das gesamte Web in die Berechnungen mit einbezogen wird, sondern nur Webseiten berücksichtigt werden, die in Bezug auf eine bestimmte Suchanfrage relevant sind. Dazu wird im ersten Hauptschritt des HITS-Algorithmus eine Untergruppe von Webseiten sowie deren benachbarten Dokumente gebildet, welche von Kleinberg als *fokussierter Untergraph (focused subgraph)* bezeichnet wird.

Dieser fokussierte Untergraph basiert auf der Graphentheorie, welche es ermöglicht, eine Sammlung von Webseiten mit eingehenden und ausgehenden Links als Knoten mit gerichteten Kanten darzustellen (siehe Turau (2004)). Ein derartiger Graph kann sowohl rein visuell als auch mathematisch in Form einer $n \times n$-Adjazenzmatrix dargestellt werden, wobei n der Gesamtzahl an Webseiten entspricht. Diese Matrix bzw. in diesem Kontext der fokussierte Untergraph bildet die spätere (mathematische) Ausgangsbasis für die Berechnung der eigentlichen Authority- und Hub-Scores. Abbildung 6.2 illustriert einen Graphen aus fünf unterschiedlichen Webseiten, die über gerichtete Kanten (Links) miteinander verbunden sind, sowie die dazugehörige Matrixdarstellung.

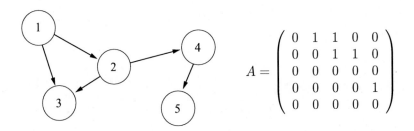

Abbildung 6.2: Graph und dazugehörige Adjazenzmatrix nach (Turau, 2004)

Der HITS-Algorithmus bildet den fokussierten Untergraphen, indem zunächst eine Suchanfrage an eine andere Suchmaschine[4] weitergeleitet und die dort höchstgelisteten Webseiten extrahiert werden. Diese Sammlung von Webseiten bezeichnet Kleinberg als *Root-Set* R_σ. Da R_σ zwar eine effiziente Größe und eine hohe Zahl an relevanten Seiten aufweist, jedoch aufgrund der Suchmaschinentechnologie in der Regel nicht alle Authorities enthalten sind, wird in einem zweiten Schritt R_σ zum *Base-Set* S_σ erweitert. Dazu werden die einzelnen Webseiten in R_σ um ihre jeweilige *Nachbarschaft* ergänzt. Der fokussierte Untergraph kann daher alternativ als *Neighborhood-Graph* bezeichnet werden (Bharat und Henzinger, 1998). Der Algorithmus fügt somit alle Webseiten zu R_σ hinzu, die einerseits von R_σ aus verlinkt sind (ausgehende Links) und andererseits auf R_σ verlinken (eingehende Links), wobei Verlinkungen innerhalb einer Webseite ignoriert werden (Kleinberg et al., 1999). Ausgehende Links aus dem Root-Set können von HITS anhand der bereits gewonnenen Dokumente abgelaufen werden. Da dies bei eingehenden Links jedoch nicht möglich ist, ist es erforderlich, den bis dahin erfassten Untergraphen zu verlassen und normale Suchmaschinen nach Links

---

[4]Kleinberg erwähnt in diesem Kontext HotBot (http://www.hotbot.com) und AltaVista (http://www.altavista.com), also Suchmaschinen der ersten Generation.

abzufragen, die auf eine Webseite im Root-Set verlinken (Kleinberg, 1999a).

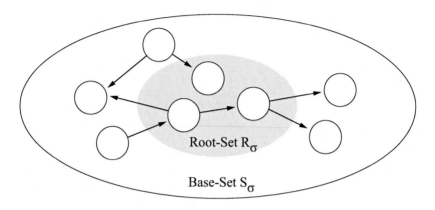

Abbildung 6.3: Fokussierter Untergraph nach Kleinberg (1999a)

Nach der Bildung des fokussierten Untergraphen erfolgt im zweiten Hauptschritt des HITS-Algorithmus die Berechnung der Hub-Scores und Authority-Scores bzw. *Hub-Weights* y und *Authority-Weights* x aller dort gespeicherten Webseiten. Da nach der Eingabe des Suchbegriffes zunächst die Authority- und Hub-Scores aller sich im Root-Set befindlichen Webseiten nicht feststehen, werden diese mit dem Standardwert „1" initialisiert und jeweils als Vektor gespeichert. Die endgültigen Zielwerte für alle Authorities und Hubs errechnen sich nach dem bereits erwähnten Prinzip, dass eine Authority von vielen Hubs verlinkt ist und umgekehrt. Der Authority-Weight x einer Webseite α ergibt sich daher aus der Summe aller Hub-Weights der Webseiten β, die auf α verlinken, umgekehrt errechnet sich der Hub-Weight y von α aus der Summe aller Authority-Weights derjenigen Webseiten β, die von Seite α aus verlinkt sind (siehe Abbildung 6.4). Die jeweiligen Weights der beiden Beurteilungsmaße ergeben sich dabei nicht sofort, vielmehr muss der Algorithmus iterativ abgearbeitet werden, bis eine zufriedenstellende

Konvergenz der Werte eingetreten ist. Experimente von Bharat und Kleinberg haben gezeigt, dass dies nach etwa 10 bis 20 Iterationen der Fall ist (Bharat und Henzinger, 1998; Kleinberg, 1999a). Für eine detaillierte Darstellung des Berechnungsprozesses sei auf Kleinberg (1999a), Bharat und Henzinger (1998) und Langville und Meyer (2006) verwiesen.

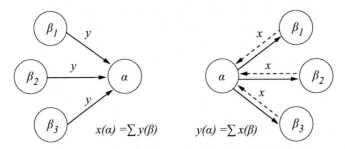

Abbildung 6.4: Berechnungsprinzip von HITS nach Kleinberg (1999a)

Betrachtet man das vorgestellte Konzept des HITS-Algorithmus, so wird deutlich, dass man diesen als einen Filter auffassen kann, welcher vor einer normalen Suchmaschine der ersten Generation wie AltaVista oder HotBot platziert wird und die dort ausgegebenen Suchergebnisse gewichtet und entsprechend sortiert. Dieser Algorithmus ist dabei so aufgebaut, dass er textuelle Inhalte nach der Bildung des Root-Set R_σ vollständig ignoriert und nur auf Basis der extrahierten Linkstrukturen zwei Maße berechnet.

Bharat und Henzinger (1998) stellen bezüglich HITS im Allgemeinen fest, dass dieses Verfahren in bestimmten Szenarien keine zufriedenstellenden Ergebnisse liefert. Die Autoren identifizieren dabei drei Probleme: Neben automatisch erzeugten Links, dem Auftreten von thematisch nicht relevanten Webseiten im fokussierten Untergraphen (*Topic-Drift*) identifizieren sie darüber hinaus die bereits erwähnte gegenseitige Beeinflussung von Webseiten als Problemstellung. Hierbei wird eine hohe Anzahl Links von einer Webseite α bzw.

Domain α auf die verlinkte Webseite β gesetzt und dieser somit ein unverhältnismäßig hoher Authority-Weight x „zugeschanzt".

Neben verschiedenen Modifikationen der HITS-Algorithmen, auf die Bharat und Henzinger (1998) näher eingehen, findet sich somit auch der Ansatz, jedem Link in der Berechnung ein domainabhängiges Gewicht zuzuweisen. Dieses Gewicht bestimmt sich hierbei aus der Gesamtzahl an Links die von einer Webseite α bzw. einer Domain α auf ein einzelnes Dokument einer anderen Webseite β verweisen. Anstatt somit beispielsweise eintausend Links als solche in die Bewertung einfließen zu lassen, werden diese durch ihre Gesamtzahl dividiert und letztendlich als ein einzelner Link interpretiert. Dieser Ansatz zur Verbesserung von HITS kann grundsätzlich mit einem ähnlichen Lösungsansatz im PageRank-Verfahren von Google verglichen werden, welches im folgenden Kapitel näher vorgestellt wird.

6.3 PageRank

PageRank wurde in den Jahren 1997/1998 von Page und Brin entwickelt und wird in der Suchmaschine Google eingesetzt, welche in (Brin und Page, 1998) näher vorgestellt wird. Grundsätzlich kann dieses Verfahren mit dem Analyse-Prinzip von HITS verglichen werden, da es analog zu Letzterem die Linkstrukturen des World Wide Web zur Bewertung der „Wichtigkeit" von einzelnen Webseiten nutzt und diese numerisch zwischen den Werten eins bis zehn abbildet. Die Autoren interpretieren einen Link somit wie Kleinberg als eine Bewertung und daraus ableitend eine inhaltliche Akzeptanz einer Webseite.

Page et al. (1999) stellen in ihrer Analyse der Ausgangssituation zwar fest, dass sich die Analyse der Linkstrukturen als Bewertungsgrundlage für Webseiten anbietet, merken jedoch an, dass klassische Verfahren zur Zitationsanalyse, wie sie beispielsweise zur Auswertung von wissenschaftlichen Dokumenten genutzt werden und sich auf die Zählung von Zitationen beschränken, für die Zählung von

Links nur bedingt geeignet sind. Als Begründung nennen sie das World Wide Web selbst. Während wissenschaftliche Ausarbeitungen in der Regel Texte darstellen, die sich sowohl in Ziel und Aufbau ähneln als auch einer gewissen Form der Qualitätskontrolle unterliegen, handelt es sich bei Webseiten in der Regel um Dokumente, auf welche diese Feststellungen nicht angewendet werden können. Die Autoren erwähnen in diesem Zusammenhang das Beispiel von automatisch generierten Webseiten, welche mit einer großen Zahl an automatisch geschaffenen Links versehen werden können und diese Form der Manipulation somit das Prinzip der einfachen Zählung von eingehenden Links als Qualitätsmerkmal eines Online-Dokuments unterwandert.

PageRank berücksichtigt daher nicht nur die reine Anzahl an Links, die auf eine Webseite zeigen, sondern bezieht - ähnlich wie das HITS-Verfahren - die „Wichtigkeit" dieser Links in die Analyse mit ein. In der Praxis bedeutet dies, dass beispielsweise ein Link eines international bekannten Nachrichtenportals genau so viel wiegen kann, wie eine große Zahl an Links von kleinen Webseiten. Die Wertigkeit eines Links und die daraus resultierende Weitergabe dieser Wertigkeit ergibt sich im Kontext von PageRank somit aus dem PageRank-Wert der Webseite, auf der dieser Link auftritt. Die Weitergabe eines PageRanks von einer Webseite α zu einer Webseite β erfolgt jedoch nicht uneingeschränkt, vielmehr wird der PageRank einer Webseite auf sämtliche ausgehenden Links gleichmäßig verteilt (Page et al., 1999). Langville und Meyer (2006) vergleichen dieses Vorgehen mit Empfehlungsschreiben. Zwar wiegt beispielsweise ein Empfehlungsschreiben eines Industriemagnaten zunächst mehr als das eines unbekannten Arbeitgebers, doch der Wert jedes einzelnen Schreibens nimmt umso mehr ab, je häufiger diese ausgestellt werden. Abbildung 6.5 zeigt eine schematische Graphendarstellung von fünf Webseiten, die ihren PageRank abhängig von der Gesamtzahl an ausgehenden Links weitergeben.

Neben Empfehlungsschreiben kann zur Erklärung von PageRank das Modell des *wahllosen Surfers (random surfer)* herangezogen werden, das von Page et al. (1999) in ihrer Arbeit vorgestellt wird. Ein

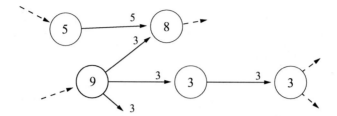

Abbildung 6.5: Vereinfachte Darstellung der Weitergabe von PageRank nach Page et al. (1999)

wahlloser Surfer stellt für die Autoren eine mathematische Beschreibung eines Surfers dar, der sukzessive den Linkstrukturen im World Wide Web folgt, indem er auf jeder neuen Webseite wahllos einem Link aus einer Gruppe von dort vorgefundenen Links folgt. Langville und Meyer stellen diesbezüglich fest, dass Page et al. im Kern eine Markow-Kette beschreiben und damit einhergehend eine Irrfahrt auf den Linkstrukturen im World Wide Web. Da es sich bei einer Markow-Kette um ein stochastisches Verfahren handelt, kann das PageRank-Verfahren und die daraus resultierenden PageRank-Werte somit als Wahrscheinlichkeit angesehen werden, mit welcher ein Benutzer eine bestimmte Webseite erreicht.

Im Gegensatz zu HITS handelt es sich bei PageRank um einen *query-independent* Algorithmus, was bedeutet, dass die Berechnung der Ranking-Werte nicht zum Zeitpunkt einer Suchanfrage erfolgt, sondern unabhängig davon geschieht. Daraus resultiert einerseits, dass PageRank das gesamte Web im Index zur Berechnung einbeziehen kann und somit im Gegensatz zum lokalen Ranking bei HITS prinzipiell ein globales Ranking darstellt, andererseits kann dieses Ranking jedoch aufgrund der ständigen Veränderungen „veralten".

Die Kalkulation der PageRank-Werte erfolgt analog zum HITS-Verfahren iterativ. Während die Anzahl derartiger Iterationen theoretisch gegen unendlich streben kann, zeigen die Versuche von Page et al. (1999) mit einer Sammlung von 322 Millionen Links, dass eine akzeptable Konvergenz innerhalb 52 Iterationen erreicht wird.

Die PageRank-Werte verändern sich somit zwischen zwei Iterationen nicht mehr über eine definierte Toleranzschwelle hinaus. Während Kamvar et al. (2003) diesen Wert ebenfalls nennen, erwähnt das von Larry Page verfasste Patent wiederum 100 Iterationen, die notwendig sind, um eine akzeptable Konvergenz der Werte für mehrere Millionen Dokumente zu erreichen (Page, 2001).

Zu Beginn der iterativen Berechnung von PageRank wird zunächst allen Webseiten im Index - also allen Knoten im Graphen - ein einheitlicher Startwert zugewiesen. Obwohl dieser Startwert keinen Einfluss auf den endgütigen PageRank einer Webseite besitzt und damit prinzipiell willkürlich gewählt werden kann, verweisen Page et al. in diesem Kontext darauf, dass der Startwert zumindest Einfluss auf die Konvergenzrate und damit einhergehend die Zahl der Iterationen nimmt. Die Autoren verwenden daher als Startwert $\frac{1}{N}$, wobei N für die Gesamtzahl der Webseiten im Index der Suchmaschine steht. Gespeichert werden diese Werte in Form eines $1 \times n$-Spaltenvektors, auf Basis dessen der Algorithmus in den späteren Schritten die PageRank-Werte errechnet. Initialisiert man beispielsweise den PageRank-Vektor V anhand des in Abbildung 6.6 gezeigten Graphen, so ergibt sich daraus der Vektor $V = (\frac{1}{5} \frac{1}{5} \frac{1}{5} \frac{1}{5} \frac{1}{5})$.

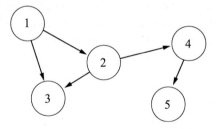

Abbildung 6.6: Kleiner Graph bestehend aus fünf Webseiten

Es ist erkennbar, dass der PageRank-Vektor V die vorhandenen Linkstrukturen nicht abbilden kann, da er sich auf die Gewichtung der Knoten im Graphen beschränkt. Um nun die Berechnung von PageRank durchführen zu können, ist eine bereits erläuterte $n \times n$ Ad-

jazenzmatrix M erforderlich, welche die gerichteten Kanten im Graphen mathematisch abbildet und daher auch als Hyperlink-Matrix
bezeichnet werden kann (Langville und Meyer, 2006). Existiert nun
ein Link von einer Webseite β zu einer Webseite α, so wird die Zelle
$m_{\alpha\beta}$ der Adjazenzmatrix mit dem Wert $\frac{1}{N_\beta}$ versehen, wobei N_β für
die Gesamtzahl der ausgehenden Links der Webseite β steht (Have-
liwala, 1999). Anhand des in Abbildung 6.6 dargestellten gerichteten
Graphen ergibt sich somit eine Matrixdarstellung, wie sie in Abbildung 6.7 zu sehen ist.

$$M = \begin{pmatrix} 0 & \frac{1}{2} & \frac{1}{2} & 0 & 0 \\ 0 & 0 & \frac{1}{2} & \frac{1}{2} & 0 \\ 0 & 0 & 0 & 0 & 0 \\ 0 & 0 & 0 & 0 & 1 \\ 0 & 0 & 0 & 0 & 0 \end{pmatrix}$$

Abbildung 6.7: Matrixdarstellung des kleinen Graphen

   Der PageRank-Algorithmus in seiner hier vorgestellten verein-
fachten Form errechnet die Werte anhand dieser beiden Elemente,
was bedeutet, dass die Matrix und der Vektor sukzessive miteinander multipliziert werden. Das Produkt einer solchen Matrix-Vektor-
Multiplikation in der Iteration k stellt ein neuer PageRank-Vektor
V^k dar, welcher wiederum in der darauf folgenden Iteration $k+1$ mit
der Hyperlink-Matrix M multipliziert wird. Mathematisch stellt der
PageRank-Algorithmus somit eine Potenzmethode bzw. von-Mises-
Iteration dar, welche dazu dient, den *dominanten Eigenvektor* einer
Matrix - in diesem Fall der PageRank-Vektor - zu berechnen (Langville und Meyer, 2006). Ein Eigenvektor ist ein Vektor V, der bei
einer Multiplikation mit einer Matrix A seine Richtung nicht ändert
und somit auf ein Vielfaches von sich abgebildet wird. Das Vielfa-
che wird hierbei durch den Eigenwert λ ausgedrückt ($A \cdot V = \lambda \cdot V$),

wobei der dominante Eigenvektor wiederum einen Eigenvektor V darstellt, dessen Eigenwert λ am größten ist.

Im Fall von PageRank besitzt der dominante Eigenvektor - der PageRank-Vektor - den Eigenwert 1, da die oben dargestellte Matrix M stochastisch ist, also die Summe der Werte jeder Spalte 1 ergibt. Dies bedeutet somit, dass der finale PageRank-Vektor V^* bei einer Multiplikation mit der Hyperlink-Matrix M auf sich selber abgebildet wird ($M \cdot V^* = V^*$). Das Wissen um diese Eigenschaft kann nun bei der Berechnung von PageRank dazu herangezogen werden, um den Grad der Konvergenz zu messen. Dazu wird ein temporärer Vektor V_R berechnet, in dem der PageRank-Vektor V mit dem Vektor V aus der vorhergegangen Iteration subtrahiert wird ($V_R = M \cdot V^k - V^k$ bzw. $V_R = V^{k+1} - V^k$). Das Ergebnis stellt einen Vektor V_R dar, dessen Betrag, also $|V_R|$, zeigt, wie stark die Konvergenz fortgeschritten ist (Haveliwala, 1999). Je näher dieser gegen Null tendiert, desto höher fällt die Konvergenz aus. Da sich die Konvergenz asymptotisch an Null annähert und somit niemals diesen Wert erreichen wird, wird wie bereits erläutert eine Toleranzschwelle definiert, um die iterative Kalkulation zu beenden. Wie niedrig die Toleranzschwelle für PageRank festgelegt wurde, kann zwar nicht mit letzter Sicherheit festgestellt werden, doch haben Langville und Meyer auf Basis von 50 Iterationen den Wert 0,000296 errechnet, was bedeutet, dass der finale PageRank-Vektor auf drei Stellen genau ist und $|V_R|$ unter dieser Schwelle liegt (Langville und Meyer, 2006). Unter Berücksichtigung der Angabe von 100 Iterationen im Patent für das PageRank-Verfahren wäre dies der Wert $8,74 \cdot 10^{-8}$.

In dem hier vorgestellten iterativen Berechnungsprozess ergibt sich für das PageRank-Verfahren eine Problemsituation, welche die Kalkulation verfälschen kann. Es handelt sich dabei um bestimmte Konstellationen von Webseiten, die von Page et al. (1999) als *Rank-Sinks* bezeichnet werden (siehe Abbildung 6.8). Rank-Sinks stellen zyklisch verlinkte Webseiten dar, von denen eine der Webseiten einen eingehenden Link aufweist. Diese Seite erhält somit einen gewissen PageRank-Wert und gibt diesen aufgrund des einzelnen ausgehenden Links vollständig an die nächste Seite im Kreis weiter. Jene Web-

seite im Zyklus gibt wiederum ihren PageRank vollständig an die
folgende Webseite weiter. Im Laufe der Iterationen wird der Page-
Rank somit nicht nur an alle Webseiten im Zyklus weitergegeben,
sondern wird darüber hinaus aufgrund des eingehenden Links von
außen sukzessive kumuliert.

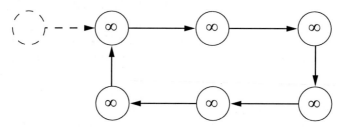

Abbildung 6.8: Einfacher Rank-Sink nach Page et al. (1999)

Berücksichtigt man das bereits vorgestellte Modell des wahllosen Surfers, dann stellt ein Rank-Sink in diesem Zusammenhang
eine Gruppe von Webseiten dar, aus dieser der hypothetische Surfer
nicht wieder herausfindet, wenn er sich nur vorwärts durch den Graphen bewegt, also den „Zurück"-Button im Browser nicht betätigt.
Sowohl in dieser Situation, als auch im Allgemeinen, kann allerdings
nicht davon ausgegangen werden, dass ein Surfer ständig und ausschließlich den Links folgt, die er vorfindet. Vielmehr springt ein
Surfer häufig oder beginnt seinen Surfvorgang von neuem, indem er
beispielsweise eine URL in den Browser eingibt oder einen Favoriten
aufruft. Insofern würde ein Benutzer nicht ständig in einem Rank-
Sink verbleiben, sondern diesen wieder nach kurzer Zeit verlassen,
indem er auf einer anderen Webseite den Surfvorgang von vorne beginnt.

Mathematisch wird dieser Sprung des Zufalls-Surfers durch ei-
ne Erweiterung des PageRank-Algorithmus abgebildet, die auch als
Damping-Factor γ bezeichnet wird und die PageRank-Werte, die von
Webseiten weitergegeben werden, begrenzt. Während der Damping-
Factor prinzipiell einen beliebigen Wert zwischen null und eins an-
nehmen kann, nennen Brin und Page in ihrer Arbeit den Wert $\gamma =$

0, 85. Dieser Wert scheint auch heute noch im Algorithmus eingesetzt zu werden, wobei eine detaillierte Analyse des Dämpfungsfak-
tors und des gewählten Wertes unter Boldi et al. (2005) zu finden ist.
$\gamma = 0,85$ bedeutet letztendlich, dass ein wahlloser Surfer mit einer
Wahrscheinlichkeit von 15% den auf einer Webseite vorgefundenen
Links nicht folgt und stattdessen auf einer nicht bezogenen Seite den
Surfvorgang von vorne beginnt. Bezogen auf den Rank-Sink bedeutet diese Erweiterung des Algorithmus, dass die PageRank-Werte
nicht mehr unbegrenzt kumuliert werden (Haveliwala, 2002; Page,
2001).

Ein weiteres Problem für PageRank stellen nach Page et al.
(1999) so genannte *Dangling-Pages* dar, also Webseiten, welche keine ausgehenden Links aufweisen. Diese Situation kann unter anderem darauf zurückgeführt werden, dass beispielsweise auf Nicht-
Webseiten wie Bilder oder PDF-Dateien verlinkt wird oder verlinkte
Webseiten noch nicht indiziert worden sind. Man kann diese Webseiten ebenfalls als Rank-Sinks verstehen, da sie selber PageRank
akkumulieren, diesen jedoch nicht weitergeben - der wahllose Surfer kommt nicht weiter und der PageRank jener Seiten geht „verloren". Brin und Page umgehen dieses Problem in ihren ursprüngli-
chen Arbeiten, indem sie diese Dangling-Pages vor der PageRank-
Kalkulation aus dem System entfernen und sie nach der Beendigung
der Kalkulation wieder einfügen (Brin et al., 1998; Page et al., 1999).
Langville und Meyer stehen diesem Vorgehen kritisch gegenüber und
verweisen darauf, dass Dangling-Pages grundsätzlich nicht als unwichtig eingestuft werden können, da beispielsweise Dangling-Pages
mit einer großen Zahl an eingehenden Links einen höheren PageRank
erhalten können als Webseiten mit ausgehenden Links (Langville
und Meyer, 2006, S. 80 f.). Weiterhin machen sie auf ein iteratives
Problem des Lösungsansatzes von Brin und Page aufmerksam, da die
temporäre Löschung von Dangling-Pages weitere Dangling-Pages zur
Folge haben kann. Neben Langville und Meyer sowie anderen Autoren haben Bianchini et al. mit sogenannten *Dummy-Pages* einen
alternativen Ansatz vorgestellt, welcher unter Bianchini et al. (2005)
näher beschrieben wird.

Wie stark sich die zugrunde liegende Formel zu PageRank seit
der Patentierung und Erstveröffentlichung verändert hat, konnte
nicht festgestellt werden. Jedoch legen die teils unterschiedlichen
Ausprägungen der PageRank-Formel in den ersten Arbeiten von
Sergey Brin und Larry Page nahe, dass sich PageRank stetig wei-
terentwickelt und verändert haben dürfte. Da das hier vorgestellte PageRank-Verfahren als vereinfachte Version angesehen werden
kann und nicht alle technisch-mathematischen Details erläutert wurden, sei an dieser Stelle auf die verwendeten und referenzierten Arbeiten verwiesen, welche den vollständigen PageRank-Algorithmus
sowie die mathematischen Grundlagen wie zum Beispiel die Markow-
Kette detaillierter beschreiben.

6.4 SALSA

Der *Stochastic Approach for Link Structure Analysis (SALSA)* wurde erstmals im Jahr 2000 von Lempel und Moran vorgestellt und
ein Jahr später in einer erweiterten Fassung erneut veröffentlicht
(Lempel und Moran, 2000, 2001). Die Autoren übernehmen für ihren
SALSA-Algorithmus sowohl Elemente von HITS als auch von Page-
Rank. In Bezug auf HITS folgen die Autoren unter anderem der Feststellung von Kleinberg, dass Webseiten zu einem bestimmten Themengebiet in Authorities und Hubs aufgeteilt werden sollten. Auf
praktischer Ebene gestalten die Autoren den Algorithmus auf Basis der übergeordneten Berechnungsschritte des HITS-Algorithmus,
welche von ihnen als Meta-Algorithmus bezeichnet werden. In Bezug
auf PageRank wiederum übernehmen sie das Prinzip der Markow-
Kette (wahlloser Surfer) zur Berechnung der Scores. Ein Unterschied
zu HITS ergibt sich nun dahingehend, dass bei SALSA die Verbindung zwischen Authorities und Hubs, die beidseitig-verstärkende Beziehung (mutual reinforcing relationship), weniger stark ausgeprägt
sein soll.

SALSA arbeitet aufgrund des von den Autoren definierten Meta-
Algorithmus anfangs analog zu HITS, was bedeutet, dass nach der

Eingabe eines Suchbegriffes zunächst ein dazu relevanter Ausschnitt des Webs konstruiert wird, der *Neighbourhood-Graph N*. Im nächsten Schritt wird vom Algorithmus ein bipartiter Graph G mit ungerichteten Kanten erzeugt (Lempel und Moran, 2000). Dies bedeutet, dass ein Graph gebildet wird, dessen Knoten in die zwei Teilmengen V_a und V_h für die Authorities und Hubs aufgeteilt sind, wobei innerhalb beider Teilmengen keine Kanten auftreten. Weiterhin werden die Kanten des Graphen, also die Verbindungen zwischen den Teilmengen, in E (Menge der Kanten) abgebildet. Der ungerichtete Graph hat somit den Aufbau $G = (V_a, V_h, E)$. Je nachdem, ob eine Webseite eingehende Links aufweist und damit eine Authority ist oder ausgehende Links enthält und damit einen Hub darstellt, wird sie einer oder beiden Teilmengen zugeordnet. Anhand der in Abbildung 6.9 dargestellten Graphen ergibt dies $V_a = \{2, 3, 4, 5\}, V_h = \{1, 2, 4\}$ und $E = \{(1, 2)(1, 3)(2, 3)(2, 4)(4, 5)\}$.

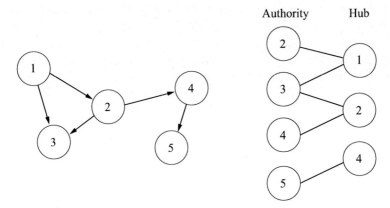

Abbildung 6.9: Graph und dazugehörige Teilmengendarstellung

Im weiteren Verlauf arbeitet SALSA analog zum PageRank-Verfahren, wobei jedoch im Gegensatz zu PageRank zwei Irrfahrten nachgebildet werden, von denen eine die Authority-Seite und die andere die Hub-Seite abwandert (Lempel und Moran, 2000). Da innerhalb der Teilmengen V_a und V_h keine Kanten existieren (diese

verlaufen nur zwischen den beiden Teilmengen), werden pro Schritt
zwei Kanten abgelaufen. Dies bedeutet, dass eine Irrfahrt, welche
beispielsweise auf einer beliebigen Webseite in V_h startet, einem ausgehenden Link auf die Authority-Seite folgt und sofort einen eingehenden Link rückwärts auf die Hub-Seite zurückwandert. Auf diese
Weise bleibt jede Irrfahrt damit letztendlich auf der „eigenen" Seite
des Graphen.

Vereinfacht ausgedrückt berechnet der Algorithmus die Ergebnis-
werte für Hubs und Authorities, indem zwei stochastische Matrizen
gebaut werden. Grundlage dafür bildet eine Adjazenzmatrix mit den
darin enthaltenen gerichteten Kanten zwischen den Webseiten, aus
der wiederum zwei Matrizen geformt werden. Die erste Matrix W_r
stellt diejenige Matrix dar, bei der jeder Eintrag größer Null durch
die Gesamtzahl an Einträgen der Reihe geteilt wird. Bei der zweiten
Matrix W_c erfolgt die gleiche Operation basierend auf der Summe
der Einträge in den jeweiligen Spalten. Die Hub-Matrix errechnet
sich dann aus dem Produkt aus $W_r \cdot W_c^T$, wobei es sich bei W_c^T um
die transponierte Matrix W_c handelt, die - da sie quadratisch ist - in
ihrer Diagonalen gespiegelt wurde. Die Authority-Matrix entsteht
durch eine Multiplikation der Matrizen W_c^T und W_r. Im weiteren
Verlauf arbeitet SALSA mit der aus dem PageRank-Verfahren bekannten Potenzmethode, die so lange durchläuft, bis eine Stabilisie-
rung der Werte erreicht wird.

Aufgrund der Modifikationen, welche die Autoren für SALSA
vorgenommen haben, kann festgestellt werden, dass er im Vergleich
zu HITS weniger anfällig ist für den so genannten *Tightly-Knit-
Community-Effect (TKC)*. Unter einer TKC versteht man im Allgemeinen eine kleine Menge an Webseiten, die sehr stark untereinander durch Links verbunden sind. Der TKC-Effect stellt somit eine
Situation dar, in welcher die dort enthaltenen Webseiten hohe Werte
durch die Algorithmen erhalten, obwohl diese nicht oder nur teilwei-
se relevant sind in Bezug auf eine Suchanfrage. Lempel und Moran
(2000) gehen in ihren beiden Arbeiten detailliert auf die mathematischen Grundlagen und die dazugehörigen Beweise ein, die zeigen,

dass ihr Ansatz im Vergleich zu HITS TKC's nicht so stark gewichtet wie größere Communities.

6.5   Hilltop

Hilltop stellt ein weiteres Verfahren zum Ranking von Webseiten dar, welches von Bharat und Mihaila (2001) vorgestellt wurde. Der Ansatz von Hilltop zum Ranking von Webseiten basiert dabei grundsätzlich auf den gleichen Annahmen, wie sie bei den bisher vorgestellten Ranking-Verfahren formuliert wurden: Sowohl Anzahl als auch Qualität der verweisenden Webseiten (und damit einhergehend der dort enthaltenen Links) können als Maß für die Beurteilung der Qualität einer Webseite genutzt werden. Im Gegensatz zu PageRank greift das Hilltop-Verfahren allerdings nicht auf alle im Index gespeicherten Webseiten einer Suchmaschine zurück, sondern fokussiert sich auf *Expert-Sources* (Expertenquellen), um die Wertigkeit und damit die Authority einer Webseite zu berechnen. Bharat und Mihaila verstehen unter Expert-Sources im Allgemeinen Webseiten, welche sich mit einem bestimmten Thema auseinandersetzen und dabei eine große Zahl an ausgehenden Links auf Webseiten zu diesem Thema aufweisen. Konkret verstehen die Autoren darunter manuell erzeugte Linklisten oder Directories, welche regelmäßig aktualisiert werden und inhaltlich umfassend aufgestellt sind. Auch wenn die Autoren den Begriff des Hubs in ihren Ausführungen nicht explizit erwähnen, so weist ihr Ansatz der Expert-Sources eine hohe Ähnlichkeit mit dem von Kleinberg entwickelten Konstrukt auf, wobei diese Ähnlichkeit weiter zunimmt, wenn man Hubs eng als Linklisten oder ähnliche Online-Dokumente definiert (siehe Abschnitt 6.2).

Vergleicht man den Hilltop-Algorithmus in Bezug auf die Berechnung der Ranking-Werte mit HITS und PageRank so wird erkennbar, dass Hilltop sowohl query-dependent als auch query-independent arbeitet. Diese Mischung kann auf die Phasen zurückgeführt werden, die von Bharat und Mihaila Hilltop zugrunde gelegt werden. Während das Target-Ranking als zweite Phase query-dependent ar-

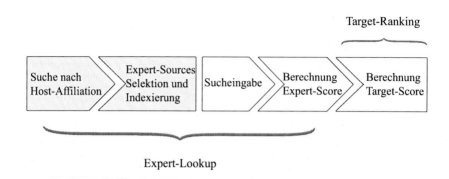

Abbildung 6.10: Vereinfachte Hilltop-Prozesskette

beitet, besitzt die erste Phase, das Expert-Lookup, zwei Prozess-
schritte, welche unabhängig von den Sucheingaben zunächst alle
Expert-Sources im Suchmaschinenindex identifiziert und entsprechend in einem dafür vorgesehenen Index abspeichert (vgl. Abbildung 6.10, grau unterlegte Prozessstufen).

Um zu gewährleisten, dass die Suchergebnisse einen gewissen
Grad der Objektivität widerspiegeln, wird im ersten Schritt des
Expert-Lookups eine Analyse der *Host-Affiliation* durchgeführt. Im
Zuge dieser Analyse werden Domains bzw. Webseiten untersucht und
nur dann als zueinander unabhängig interpretiert (*non-affiliated*),
wenn sich die ersten drei Stellen der IP-Adressen oder der letzte
Teil des Hostnamens vor der Domainerweiterung (z.B. .de oder .com)
voneinander unterscheiden. Diese Eigenschaften sind dabei transitiv
definiert, was bedeutet, dass A mit C in Verbindung gesetzt wird,
sobald diese beiden jeweils mit B verknüpft sind ($A \rightarrow B, B \rightarrow
C \Rightarrow A \rightarrow C$). Auf Basis der gewonnen Ergebnisse werden die Hosts
in Gruppen zusammengefasst und jeweils mit einer eindeutigen ID
versehen, welche im weiteren Verlauf zur Prüfung der Zusammen-
gehörigkeit herangezogen wird.

Im nächsten Schritt, der Auswahl und Indexierung der Expert-
Sources, erfolgt eine Anfrage nach allen gespeicherten Webseiten im

Index einer Suchmaschine, wobei die dort gewonnenen Ergebnisse temporär lokal gespeichert werden. Aus dieser Menge an Webseiten wird nun eine Untergruppe derjenigen Seiten selektiert, die eine Mindestanzahl an Links auf unabhängige Hosts aufweisen (z.B. fünf Links oder mehr), und somit als Expert-Sources aufgefasst werden können. Diese Webseiten werden anschließend nach *Key-Phrases* durchsucht, die für die jeweiligen Links Gültigkeit besitzen und später die Grundlage für die Suche bilden (Lempel und Moran, 2000). Diese Key-Phrases können unter anderem der Seitentitel sein, der für alle Links einer Webseite gilt oder Überschriften, unter welchen Links auftreten. Eine weitere Key-Phrase ist der Text eines einzelnen Links, welcher somit nur für diesen Link relevant ist. Die Webseiten werden schließlich anhand der vorgefundenen Key-Phrases in einem invertierten Index gespeichert, was bedeutet, dass beispielsweise eine ID der Webseite zu einem bestimmten Schlagwort hinzugefügt wird. Der invertierte Index kann daher mit dem Stichwortverzeichnis in Büchern verglichen werden.

Geht eine Suchanfrage eines Benutzers ein, beginnt die Phase des query-dependent Expert-Lookups. Anhand der Suchanfrage wird zunächst eine Liste von relevanten Expert Sources gebildet, wobei die Relevanz dadurch bestimmt wird, dass der oder die Suchbegriffe in den gesuchten Expert-Sources mindestens einmal vorkommen. Im nächsten Schritt berechnet der Hilltop-Algorithmus für jede Webseite in dieser Liste einen *Expert-Score*, wobei die mathematische Formel unter anderem mit einem *LevelScore* arbeitet, welcher den einzelnen Key-Phrases ein bestimmtes Gewicht zuweist (z.B. 16 für Seitentitel), sowie mit einem *FullnessFactor*, der vereinfacht dargestellt die Gesamtzahl an Ausdrücken auf der Webseite wiedergibt, die in der Suchanfrage enthalten sind. Für eine detailliertere Beschreibung sei auf Bharat und Mihaila (2001) verwiesen.

Anhand der Expert-Scores wird die Liste der relevanten Webseiten sortiert, wobei die höchstgelisteten Seiten als Expert-Sources zum gesuchten Themengebiet betrachtet werden können. Diejenigen Webseiten, die von diesen Expert-Sources verlinkt sind, werden von Bharat und Mihaila als *Targets* bezeichnet und stellen diejenigen

Dokumente dar, welche schließlich als Suchergebnisse dem Benutzer präsentiert werden. Ähnlich wie beim Expert-Score wird dazu ein Target-Score für jede Webseite berechnet, wobei nur diejenigen Seiten in die Berechnung einbezogen werden, die von mindestens zwei unabhängigen Expert-Sources aus verlinkt worden sind.

Der Target-Score errechnet sich ähnlich wie im PageRank-Algorithmus aus der Summe der *Edge-Scores*, also der Summe der eingehenden Experten-Links auf eine Webseite. Die Gewichtung der Links erfolgt dabei nicht auf Basis der Gesamtanzahl an Links, sondern der Gesamtanzahl von Key-Phrases auf der Zielseite (siehe Bharat und Mihaila (2001)). Die Zielwebseiten werden abschließend anhand ihrer Target-Scores sortiert und entsprechend dem Benutzer als Suchergebnisse präsentiert.

Zwar ist es bei Hilltop aufgrund der bereits erläuterten Vermischung von query-independent und query-dependent möglich, die Echtzeit-Kalkulation in höherer Geschwindigkeit durchzuführen, allerdings kann sich auf der anderen Seite das Problem der geringen Ergebnismenge ergeben. Sowohl die Anzahl der Expert-Sources, als auch die Voraussetzungen beispielsweise für die Zielwebseiten üben hier eine starke Filterfunktion aus. Bharat und Mihaila erwähnen diesen Umstand in ihren Ausführungen, betonen dabei allerdings, dass Hilltop mehr auf Ergebnisgenauigkeit ausgerichtet ist, als auf die Abdeckung aller Anfragemöglichkeiten.

6.6 TrustRank

TrustRank, das von Gyöngyi, Garcia-Molina und Pedersen im Jahr 2004 vorgestellt wurde, stellt ein Verfahren dar, welches semi-automatisch normale Webseiten von betrügerischen Webseiten, auch „Spam-Webseiten" genannt, trennen soll (Gyöngyi et al., 2004). Die Autoren stellen bezüglich der Ausgangssituation fest, dass viele derartiger Seiten mittels unterschiedlicher Methoden, wie zum Beispiel versteckter Schlagwortsammlungen oder selbst erzeugten Links von weiteren Spam-Webseiten, gezielt Suchmaschinen zum eigenen Vor-

teil manipulieren. Damit verlieren die Suchergebnisse aus Nutzersicht an Qualität, auch wenn diese derartige Seiten in der Regel
sofort als Spam-Webseiten erkennen. Die Autoren setzten mit TrustRank an dieser Problematik an.

TrustRank analysiert analog zu den bisher vorgestellten Verfahren die Linkstrukturen des World Wide Web, um Spam-Webseiten
von normalen Webseiten zu unterscheiden. Um dies zu erreichen be-
rufen sich die Autoren auf die von ihnen als *Approximate Isola-
tion* bezeichneten Umstand, dass normale Webseiten in der Regel
nicht auf Spam-Webseiten verlinken. Als eine Ursache nennen die
Autoren die Situation, dass Spam-Webseiten primär dazu dienen,
Suchmaschinen zu unterlaufen und weniger dazu, anderen Informationen bereitzustellen. Gyöngyi et al. (2004) verweisen in diesem
Kontext jedoch darauf, dass es durchaus vorkommen kann, dass
normale Webseiten auf Spam-Webseiten verlinken. Unter anderem
nennen sie als Beispiel Foren oder ähnliche Dienste, auf denen die
Spam-Betreiber neben einem normalen Posting eine URL auf ihre
Spam-Webseite platzieren oder einen Köder in Form interessanter
oder sinnvoller Inhalte auf ihrer Spam-Webseite anbieten und damit
potenzielle Verlinkungen provozieren (siehe Abbildung 6.11, gestri-
chelter Pfeil).

Betrachtet man den Graphen in Abbildung 6.11, so wird erkennbar, dass es nur unter gewissen Umständen möglich wäre, normale
und Spam-Webseiten voneinander anhand fest vorgegebener Werte
zu trennen: Wie die Abbildung beispielhaft illustriert, setzt einerseits eine normale Webseite einen Link auf eine Spam-Webseite und
umgekehrt enthält eine Spam-Webseite einen Link auf eine normale Webseite. Eine Unterscheidung beispielsweise, nach der normale
bzw. „gute" Webseiten eine „1" erhalten und Spam-Webseiten eine
„0", erscheint daher nur unzureichend, da die vorhandene Linkstruktur zu Verfälschungen der Ergebnisse führen würde. Diese Situation
erkennen die Autoren und stellen diesbezüglich fest, dass TrustRank
mehr auf der Ebene der Sortierung arbeitet, als auf Ebene fester
Werte. Nimmt man den beispielhaften Graphen aus Abbildung 6.11
und stellt fest, dass Webseite 4 einen höheren Wert besitzt als Web-

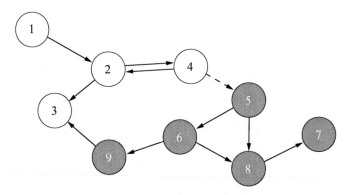

Abbildung 6.11: Graph bestehend aus normalen Webseiten (weiss) und Spam-Webseiten (grau) nach Gyöngyi et al. (2004)

seite 5, so kann man die Feststellung formulieren, dass Webseite 4 besser bzw. weniger „schlecht" als Webseite 5 ist.

TrustRank wird von dessen Autoren im Gegensatz zu PageRank oder HITS weniger als eigenständiges System, sondern mehr als Erweiterung bestehender Systeme und Prozesse verstanden. Das Verfahren kann dabei einerseits als Hilfestellung oder Assistent für menschliche Experten eingesetzt werden, indem es zum Beispiel menschliche Editoren beim Auffinden von Spam-Webseiten im Suchmaschinenindex unterstützt. Andererseits kann TrustRank eine korrigierende Funktion von sich im Einsatz befindlichen Ranking-Algorithmen einnehmen, sodass im Nachhinein durch Spam erlangte Positionen in den Suchergebnissen nach unten korrigiert werden.

Unabhängig von der genutzten Einsatzmethode stellen Gyöngyi et al. fest, dass TrustRank aufgrund der Schwierigkeit, Spam-Webseiten erfolgreich zu identifizieren, nicht ohne menschliche Unterstützung arbeiten kann. Diese Unterstützung äußert sich unter anderem dahingehend, dass Experten (von den Autoren auch als *Oracles* bezeichnet) eine willkürliche Auswahl an Webseiten erhalten und diese entweder als normale Webseiten oder als Spam-Webseiten klassifizieren müssen. Entsprechend der Bewertung erhalten diese Webseiten einen *Trust-Score* von „1" oder „0", allen anderen Webseiten im Index wird aufgrund mangelnder Informationsbasis der Trust-Score 0,5 zugewiesen. Die Autoren bezeichnen den Vorgang aus diesem Grund als *Ignorant Trust Function*. Da Experten nicht in der Lage sind, eine extrem große Zahl an Webseiten zu klassifizieren, wird von TrustRank eine automatische Vorauswahl an zu bewertenden Webseiten vorgenommen, deren mathematische Grundlagen in Gyöngyi et al. (2004) näher vorgestellt und beschrieben werden.

Die Trust-Scores, welche die Ausgangsseiten (*Seed Pages*) von den Oracles zugewiesen bekommen haben, werden im weiteren Verlauf des Algorithmus sukzessive an diejenigen Webseiten weitergegeben, die durch die vorgefundene Verlinkung erreichbar sind. Der TrustScore, den diese Webseiten erhalten, ergibt sich dabei aus dem Abstand zu den Seed Pages: Je weiter entfernt eine Seite ist, also je mehr Links abgelaufen werden müssen, um sie zu erreichen, desto geringer ist der TrustScore und damit das Vertrauen in diese Seite. Abbildung 6.12 zeigt mit *Trust-Dampening* und *Trust-Splitting* zwei mögliche Ansätze zur Gewichtung der TrustScores.

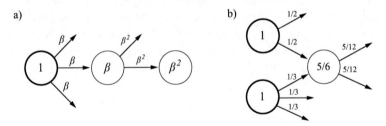

Abbildung 6.12: a) Trust-Dampening und b) Trust-Splitting nach Gyöngyi et al. (2004)

Die Berechnung des TrustScores erfolgt auf Basis des PageRank-Algorithmus, der dazu von den Autoren modifiziert wurde. In diesem Algorithmus wird dabei eine Kombination von Trust-Dampening und Trust-Splitting verwendet. Das bedeutet, dass in jeder Iteration die TrustScores einerseits aufgeteilt und andererseits um einen festgelegten Faktor α_B gedämpft werden, wobei die Autoren in ihren

Versuchen analog zu PageRank den Faktor $\alpha_B = 0,85$ verwendeten.
Ein Unterschied zu PageRank ergibt sich aus der begrenzten Anzahl
an Iterationen (zum Beispiel 20), die dem Algorithmus vorgegeben
wird. Es findet daher keine Berechnung bis zu einer gewissen Konvergenz der Werte statt (siehe Gyöngyi et al. (2004) für eine genaue
Darstellung).

6.7 Zusammenfassung und Ausblick

Mitte bis Ende der 1990er Jahre entwickelten sich die heute bekannten Suchmaschinen der zweiten Generation. Diese analysieren
die Inhalte einzelner Seiten zum Zwecke der Relevanz-Bewertung
zu eingegebenen Suchanfragen nicht ausschließlich durch Information Retrieval-Verfahren. Vielmehr ziehen sie auch die Linkstrukturen
des World Wide Web dazu heran, um Links somit letztendlich als
Bewertung und damit inhaltliche Akzeptanz einer Webseite zu interpretieren. HyperSearch von Marchiori kann in diesem Kontext
als erster praktischer Ansatz angesehen werden, wobei ein Link als
zugewonnene Information für eine Webseite verstanden wird. Das
Hyperlink Induced Topic Search (HITS) von Kleinberg folgte als
weiterer Ansatz, welcher Webseiten in Authorities und Hubs unterteilt, die in einer zyklischen Beziehung zueinander stehen (mutual
reinforcing relationship).

Das von Google eingesetzte PageRank-Verfahren wurde nahezu
zeitgleich mit HITS vorgestellt und kann sowohl als fortgeschritte-
ner Zähler von Links als auch als mathematische Abbildung eines
Benutzers im Internet betrachtet werden, die von den Autoren als
wahlloser Surfer benannt wird. PageRank legt anhand der eingehenden Links auf eine Seite deren eigenen PageRank fest und gibt
diese Werte - geteilt durch die Gesamtzahl an ausgehenden Links -
gleichmäßig an die von dieser Seite verlinkten Dokumente weiter.

Das Stochastic Approach for Link Structure Analysis (SALSA)
greift viele Elemente und Konzepte von HITS auf, so unter anderem
das Konzept von Hubs und Authorities. Die Autoren modifizierten

ihren Ansatz dahingehend, dass die indizierten Webseiten in zwei Gruppen aufgeteilt werden und die Relevanz-Analyse auf Basis dieser Gruppen erfolgt. Diese Phase wiederum greift den Ansatz von PageRank auf.

Hilltop kann ebenfalls als ein zu HITS verwandter Ansatz betrachtet werden. Das von Bharat und Mihaila entwickelte Verfahren nutzt dabei Expert-Sources - ein zu Hubs ähnliches Konstrukt - um die Relevanz von Webseiten festzustellen, wobei alle Webseiten zunächst auf eine mögliche Host-Affiliation geprüft werden. Im Vergleich zu den anderen vorgestellten Verfahren arbeitet Hilltop sowohl query-independent als auch query-dependent.

TrustRank kann in der Gruppe der Linkstruktur-Analyse-Verfahren als etwas anderer Ansatz verstanden werden, da er zum einen die Unterstützung von menschlichen Editoren benötigt, und zum anderen nicht die Wichtigkeit einer Webseite, sondern ihre Qualität im Hinblick auf Spam beurteilt. TrustRank kann daher als Assistent für menschliche Editoren und als korrigierende Instanz für bereits genutzte automatische Analyse-Verfahren betrachtet werden.

Trotz des Erfolges der vorgestellten Analyseverfahren - und aus diesen kann PageRank hervorgehoben werden - deutet sich bereits eine Weiterentwicklung der Verfahren und Technologien an, die auch als Suchmaschinen der dritten Generation bezeichnet werden (Broder, 2002; Papagelis und Zaroliagis, 2005). Diese Suchmaschinengeneration verarbeitet dabei im Prinzip nicht nur die Suchanfrage an sich, sondern bezieht weiterführende Informationen über die suchende Person selbst in die Analyse mit ein. Ein potenzieller Ansatz ist dabei der Einsatz von Benutzerprofilen, die unter anderem Suchpräferenzen oder auch demographische Daten, wie zum Beispiel der Wohnort oder der berufliche Hintergrund, enthalten (Sweeney et al., 2006, S. 37). Diese Profile könnten darüber hinaus mit Verhaltensdaten (z.B. die Verweildauer auf bestimmten Webseiten) versehen werden, um die Suchergebnisse weiter zu verfeinern. Ob sich dieser oder ein anderer Ansatz durchsetzen wird, lässt sich derzeit zwar nicht feststellen, doch unabhängig von der letztendlich eingesetzten

Methode deutet sich eine verstärkte Hinwendung zum eigentlichen Benutzer an.

Literatur

Battelle, J. (2005). *The Search: How Google and Its Rivals Rewrote the Rules of Business and Transformed Our Culture.* Portfolio Hardcover.

Bharat, K. und Henzinger, M. R. (1998). Improved algorithms for topic distillation in a hyperlinked environment. In: *Proceedings of SIGIR-98, 21st ACM International Conference on Research and Development in Information Retrieval,* S. 104–111, Melbourne, AU.

Bharat, K. und Mihaila, G. A. (2001). When Experts Agree: Using Non-Affiliated Experts to Rank Popular Topics. In: *Proceedings of the 10th International World Wide Web Conference,* S. 597–602, Hong Kong. ACM.

Bianchini, M., Gori, M., und Scarselli, F. (2005). Inside PageRank. *ACM Trans. Inter. Tech.,* 5(1):92–128.

Boldi, P., Santini, M., und Vigna, S. (2005). PageRank as a function of the damping factor. In: *Proceedings of the 14th International Conference on World Wide Web,* S. 557–566, New York, USA. ACM Press.

Brin, S., Motwani, R., Page, L., und Winograd, T. (1998). What can you do with a Web in your Pocket? *Data Engineering Bulletin,* 21(2):37–47.

Brin, S. und Page, L. (1998). The Anatomy of a Large-Scale Hypertextual Web Search Engine. In: *Computer Networks and ISDN Systems,* Band 30, S. 107–117. Elsevier Science Publishers B. V.

Broder, A. (2002). A taxonomy of web search. *SIGIR Forum,* 36(2):3–10.

Gyöngyi, Z., Garcia-Molina, H., und Pedersen, J. (2004). Combating web spam with trustrank. In: *Proceedings of the 30th International Conference on Very Large Data Bases,* S. 576–587. VLDB Endowment.

Haveliwala, T. (1999). Efficient Computation of PageRank. Technical Report 1999-31, Stanford InfoLab.

Haveliwala, T. H. (2002). Topic-sensitive PageRank. In: *Proceedings of the 11th International Conference on World Wide Web,* S. 517–526, New York, USA. ACM.

Kamvar, S., Haveliwala, T., und Golub, G. (2003). Adaptive Methods for the Computation of PageRank. Technical Report 2003-26, Stanford InfoLab.

Kleinberg, J. M. (1999a). Authoritative Sources in a Hyperlinked Environment. *Journal of the ACM*, 46:668–677.

Kleinberg, J. M. (1999b). Hubs, authorities, and communities. *ACM Comput. Surv.*, 31(4es).

Kleinberg, J. M., Kumar, R., Raghavan, P., Rajagopalan, S., und Tomkins, A. S. (1999). The Web as a Graph: Measurements, Models, and Methods. *Computing and Combinatorics: 5th Annual International Conference, COCOON'99, Tokyo, Japan, Proceedings*, S. 1 – 17.

Langville, A. N. und Meyer, C. D. (2006). *Google's PageRank and Beyond: The Science of Search Engine Rankings*. Princeton University Press.

Lawrence, S. und Giles, C. L. (2000). Accessibility of information on the Web. *Intelligence*, 11(1):32–39.

Lempel, R. und Moran, S. (2000). The Stochastic Approach for Link-Structure Analysis (SALSA) and the TKC Effect. In: *ACM Transactions on Information Systems*, S. 387–401.

Lempel, R. und Moran, S. (2001). SALSA: the stochastic approach for link-structure analysis. *ACM Trans. Inf. Syst.*, 19(2):131–160.

Manning, C. D., Raghavan, P., und Schütze, H. (2008). *Introduction to Information Retrieval*. Cambridge University Press.

Marchiori, M. (1997). The quest for correct information on the web: Hyper search engines. *Computer Networks and ISDN Systems*, 29(8):1225–1235.

Michael, A. und Salter, B. (2003). *Marketing Through Search Optimization: How to be found on the web*. Butterworth-Heinemann, Newton, MA, USA.

Page, L. (2001). Method for node ranking in a linked database. United States Patent No. 6,285,999.

Page, L., Brin, S., Motwani, R., und Winograd, T. (1999). The PageRank Citation Ranking: Bringing Order to the Web. Technical Report 1999-66, Stanford InfoLab.

Papagelis, A. und Zaroliagis, C. (2005). Searching the Web Through User Information Spaces. In: *Algorithms (ESA 2005) Web Information Systems Engineering (WISE 2005)*, Band 3806 in *Lecture Notes in Computer Science*, S. 611–612.

Spink, A. und Zimmer, M. (2008). *Web Search: Multidisciplinary Perspectives*. Springer Verlag.

Sweeney, S., MacLellan, A., und Dorey, E. (2006). *3G Marketing on the Internet*. Maximum Press, Seventh Edition.

Thomas, B. J. (1997). *The Internet for Scientists and Engineers: Online tools and ressources*. Oxford University Press - SPIE Press, Oxford, Third Edition.

Turau, V. (2004). *Algorithmische Graphentheorie*. Oldenbourg Wissenschaftsverlag, 2. Auflage.

7 Recommendations in Web-Portalen

Inna Avrutina

7.1 Einleitung

Durch den enormen Wachstum des Internets in den letzten Jahren entstand für Benutzer das Problem, die für sie relevanten Inhalte zu finden. Recommendations, die von Web-Portalen gegeben werden, helfen dem Benutzer dabei. Im folgenden Beitrag werden grundlegende Systeme für die Erstellung von Recommendations sowie die dahinter liegenden Konzepte und Verfahren zu deren Realisierung vorgestellt.

Die Menge der Information im Web ist inzwischen so rasant gewachsen, dass das Finden der relevanten Information für Benutzer sehr schwierig geworden ist. Eine besondere Bedeutung gewinnen deshalb von Web-Portalen gegebene *Recommendations* (dt. Empfehlungen), die ihren Benutzern einen schnellen Zugriff auf für sie relevante Inhalte ermöglichen. Im Gegensatz zu den herkömmlichen Suchmaschinen liefern Recommender Systems personalisierte Recommendations, die auf einen konkreten Benutzer zugeschnitten sind.

Recommendations kann man grob in drei wesentliche Gruppen aufteilen: *Content Recommendations, Process Recommendations* und *Person Recommendations* (Klahold, 2009). Am häufigsten werden Content Recommendations ausgesprochen, wobei Produktempfehlungen im Bereich E-Commerce an erster Stelle stehen. So werden dem Benutzer bei dem Onlineshop *Amazon*[1] Bücher zum Kauf vorgeschlagen oder auf dem Portal des Versandhauses *Otto*[2] verschiedene Artikel von Kleidung über Möbel bis zu Elektroartikeln empfohlen. Weiterhin können bei diesem Recommendation-Typ Inhalte wie Nachrichtentexte, Fotos, Videos, Musik usw. empfohlen werden. Ein

---

[1] http://www.amazon.de
[2] http://www.otto.de

Beispiel für Process Recommendations stellt das Portal *ViaMiche-lin*[3] dar: Neben der ausgerechneten Reiseroute werden dem Benutzer unter anderem Hotels und Restaurants in unmittelbarer Nähe des Zielorts empfohlen. Bei Person Recommendations werden Experten auf einem für den Benutzer relevanten Gebiet ermittelt, wie z.B. Fachärzte, Wissenschaftler oder Handwerker.

Um Benutzern Recommendations zu geben, werden in Web-Portalen Recommender Systems realisiert. Klahold (2009, S. 1) definiert ein *Recommender System* als ein System, das einem Benutzer in einem gegebenen Kontext aus einer gegebenen Elementenmenge aktiv eine Teilmenge der für den Benutzer relevanten Elemente empfiehlt. Unter Elementen wird im weiteren die Information verstanden, die von Portalen Benutzern angeboten werden kann: Produkte zum Kauf, wissenschaftliche Artikel, Nachrichtentexte, Musik, Videos usw. So besteht die gesamte Elementenmenge bei Amazon aus allen Büchern, die dort gekauft werden können. Nach Klahold gehören zum Kontext das Benutzerprofil, die gesamte Elementenmenge sowie die aktuelle Situation. In dem Benutzerprofil können unter Umständen vom Benutzer vorgenommene explizite Angaben, wie beispielsweise seine Lieblingsbuchautoren sowie vom Recommender System vorgenommene implizite Angaben über den Benutzer, wie z.B. von ihm gekaufte Bücher, abgespeichert werden. In Abschnitt 7.3.2 wird das Benutzerprofil ausführlicher behandelt. Die Elementenmenge gehört zum Kontext, da nur Elemente aus dieser Menge empfohlen werden können. Weitere relevante Aspekte der realen Welt, wie z.B. das Datum oder die IP-Adresse des Benutzers gehören zur aktuellen Situation.

Es existiert eine Reihe von Aufgaben, die von Recommender Systems übernommen werden können. Die wichtigste davon ist es, dem Benutzer die für ihn relevantesten Inhalte zu empfehlen. Zu diesem Zweck muss ein Recommender System voraussagen können, inwieweit das empfohlene Element für den Benutzer relevant sein wird. Üblicherweise geht man dabei von der Annahme aus, dass die Inter-

---

[3]http://www.viamichelin.de

essen des Benutzers in einer bestimmten Nische liegen. Eine weitere Aufgabe eines Recommender Systems könnte sein, dem Benutzer Elemente aus anderen Nischen vorzuschlagen, um sein Interessengebiet zu erweitern. Ein weiteres vielversprechendes Aufgabengebiet für Recommender Systems wäre es, mit sozialen Netzwerken zu interagieren und Benutzer mit ähnlichen Interessen miteinander zu verbinden (Schafer et al., 2007).

Recommender Systems kann man nach den Konzepten, nach denen sie realisiert sind, in mehrere Gruppen aufteilen. Zu den am häufigsten realisierten „einfachen" Konzepten gehören *Content-based Filtering* und *Collaborative Filtering*. Sie unterscheiden sich in erster Linie darin, auf welcher Basis die Erzeugung der Recommendations stattfindet. Beim Content-based Filtering werden Eigenschaften der einzelnen Elemente aus der Elementenmenge verglichen. Beim Collaborative Filtering spielt die Ähnlichkeit der Benutzerprofile eine übergeordnete Rolle. In der Literatur wird weiterhin zwischen *Case-based*, *Knowledge-based* und *Demographic* Konzepten unterschieden. Viele Recommender Systems arbeiten auf der Basis einer Kombination der oben genannten Ansätze und bilden damit *Hybrid* Recommender Systems.

In den Abschnitten 7.2 und 7.3 werden zuerst die am häufigsten angewendeten Content-based und Collaborative Filtering Recommender Systems ausführlich und in Abschnitt 7.5 weitere „einfache" Recommender Systems kurz beschrieben. In Abschnitt 7.4 werden die Grundkonzepte verglichen und besonders auf deren Herausforderungen eingegangen. Anschließend werden in Abschnitt 7.6 die Kombinationen der einfachen Recommender Systems im Rahmen eines Hybrid Recommender Systems und in Abschnitt 7.8 die aktuellen Entwicklungen auf dem Gebiet diskutiert.

7.2 Content-based Recommender Systems

Content-based Recommender Systems sind Systeme, die Recommendations auf Basis der Ähnlichkeit der Eigenschaften der einzelnen

Elemente aussprechen. So können einem Benutzer z.b. Bücher desselben Autors, Restaurants mit der gleichen Küchenausrichtung oder Filme gleichen Genres vorgeschlagen werden. Bei den meisten dieser Systeme wird auch das Benutzerprofil berücksichtigt. Wenn ein Benutzer die Bände eins bis fünf aus der „Harry Potter"-Serie gekauft hat, erscheint es sinnvoll, ihm den sechsten Band vorzuschlagen. Das Benutzerprofil entsteht entweder durch die Beobachtung des Benutzerverhaltens durch das System oder durch explizite Benutzereingaben (s. Abschnitt 7.3.2).

Welche Verfahren in einem Content-based Recommender System angewendet werden, hängt stark von der Repräsentation der einzelnen Elemente ab. Am einfachsten ist das Aussprechen von Recommendations für strukturierte Elemente, die z.B. in Form einer Datenbank-Tabelle abgespeichert werden. In Tabelle 7.1 wird ein Ausschnitt aus einer einfachen Datenbank mit der Beschreibung von drei Hotels gezeigt. In den einzelnen Spalten der Tabelle sind Eigenschaften der Hotels als Attribute gespeichert, die eindeutige ID-Nummer ist erforderlich, um zwischen gleichnamigen Hotels zu unterscheiden (Pazzani und Billsus, 2007).

Bei den strukturierten Elementen sind einzelne Einträge mit einer geringen Anzahl von Attributen versehen. Jedes Attribut kann einen oder mehrere Werte aus einer vordefinierten Menge annehmen. Das Vergleichen von solchen Elementen und das Aussprechen einer Recommendation ist in diesem Fall ziemlich einfach. Bei dem obengenannten Beispiel können als weitere Attribute die Zimmereinrichtung, das Vorhandensein eines hoteleigenen Restaurants oder

ID	Hotelname	Kategorie	Preis EZ	Preis DZ	$\cdots$
03401	Mercure	3*	43	72	$\cdots$
03402	Millenium	4*	63	88	$\cdots$
03403	Waldhotel	4*	59	84	$\cdots$

Tabelle 7.1: Hotel-Datenbank

einer Sauna in der Datenbank abgespeichert werden. In den meisten Fällen gibt es für jedes einzelne Element auf den Portalen aber viel mehr Information als es in Tabelle 7.1 dargestellt ist. Für ein Hotel können eine textuelle Beschreibung, Bewertungen der Gäste und Spezialangebote dazu kommen. Man könnte einerseits diese Information als weitere Attribute der Datenbank speichern. Allerdings bringen Attribute, die durch unstrukturierten Text beschrieben sind, oft das Problem der Interpretation mit sich, was den Vergleicht der Elemente erschwert.

Ein extremes Beispiel für unstrukturierte Elemente stellen Nachrichten dar (s. Abbildung 7.1). Im Gegensatz zu den (teil-)strukturierten Elementen, besteht bei dem unstrukturierten Text zunächst keine Möglichkeit, ihn durch Einträge mit eindeutig vordefinierten Attributen zu beschreiben. Die Komplexität einer natürlichen Sprache mit polysemantischen Wörtern, Synonymen u.ä. erschwert die Arbeit mit solchen Elementen (Pazzani und Billsus, 2007).

Und zum guten Schluss... Am 31. Juli wird gefeiert: 31 Studierende der Studiengänge E-Services und Wirtschaftsinformatik verabschieden sich offiziell von der Hochschule der Medien und feiern ihren Studienabschluss. Um 16 Uhr ...

Abbildung 7.1: Nachrichtentext

Viele Portale arbeiten mit teilstrukturierten Elementen, bei denen manche Attribute durch einen der vordefinierten Werte beschrieben werden und andere einen unstrukturierten Text darstellen. Damit man die Eigenschaften solcher Elemente vergleichen kann, um eine Recommendation auszusprechen, müssen unstrukturierte Inhalte zunächst strukturiert werden (Pazzani und Billsus, 2007). Da die Bearbeitung von Textelementen besonders aufwendig ist, wird im Weiteren besonders darauf eingegangen.

7.2.1 Methoden zur Eigenschaftsanalyse von Elementen

Um einzelne Elemente auf Ihre Ähnlichkeit zu überprüfen, müssen typischerweise die charakteristischen Eigenschaften der Elemente bestimmt werden. Dieser Schritt bezeichnet man als *Eigenschaftsanalyse* (engl. *Feature Selection*). Wie bereits erwähnt, stellen unstrukturierte Textdokumente dabei eine besondere Herausforderung dar.

Eine wichtige Rolle im Content-based Filtering spielt die semantische Analyse der Texte. Durch den Einsatz von Thesauri, Wörterbüchern oder Synonym-Lexika versucht man Probleme mit Homonymen, Synonymen, Polysemen usw. zu lösen. Dazu werden Verfahren aus der Linguistik angewendet, auf die hier nicht weiter eingegangen wird. Als relevante Beispiele auf dem Gebiet können *Word-Sense-Disambiguation* (WSD)-Verfahren (Agirre und Edmonds, 2007) zur Auflösung der Mehrdeutigkeit eines Textes sowie die Methoden aus *Natural Language Processing* (NLP) (Düsterhöft und Thalheim, 2003) zur Sprachanalyse genannt werden.

Named Entity Recognition (NER) ist ein Verfahren aus dem Gebiet Information Extraction zum automatischen Erkennen und Klassifizieren von Named Entities in unstrukturierten Texten. Als Named-Entity-Typen können Eigennamen wie Personen-, Firmen- und Ortsnamen, Zeitangaben wie Jahreszahlen, Datum und Wochentage usw. genannt werden, die Named Entities wie „Angela Merkel", „IBM", „Stuttgart" und „2007" enthalten können. Im Nachrichtentext, Abbildung 7.1, soll das System mittels NER „E-Services", „Wirtschaftsinformatik", „Hochschule der Medien" und „31. Juli" als Named Entities erkennen. Die NER-Verfahren können in zwei Hauptgruppen aufgeteilt werden, nämlich in die listenbasierten und die regelbasierten Verfahren. Bei dem listenbasierten Ansatz werden Worte und Wortsequenzen des Textes mit Einträgen von Named-Entities-Datenbanken verglichen, um Named Entities zu identifizieren. Beim regelbasierten Ansatz (Bikel et al., 1999) werden Named Entities auf der Grundlage statistischer, syntaktischer, morphologischer, u.U. auch domänenspezifischer und weiterer Information regelbasiert er-

kannt. Auch hybride NER-Verfahren, die die beiden Ansätze verei-
nigen, kommen zum Einsatz.

Zur Textbearbeitung werden Verfahren des Information Retrie-
vals angewendet. Bei den statistischen Verfahren werden Wörter als
Zeichenfolgen angesehen, eine semantische Analyse wird dabei nicht
durchgeführt. Texte werden davor evtl. durch verschiedene Verfahren normiert. Dazu werden z.b. verschiedene *Stemming-Verfahren*
(Frakes, 1992) angewendet, bei denen die Wörter eines Textes auf
deren Wortstämme reduziert werden. *Stoppwörter*, d.h. die Wörter,
die normalerweise im Text sehr häufig auftreten und für die Eigenschaftsanalyse eines Textes keine Rolle spielen, werden aus dem Text
entfernt. Zu den Stoppwörtern in deutschsprachigen Texten gehören
bestimmte und unbestimmte Artikel, Konjunktionen, Präpositionen
und die Negation. Im folgenden werden zwei der statistischen Verfahren zur Eigenschaftsanalyse der Elemente vorgestellt.

Term Frequency-Inverse Document Frequency (TF-IDF) ist eine
Gewichtungsmethode zur Ermittlung der Schlüsselwörter eines Tex-
tes beim Information Retrival (Salton und McGill, 1987). Die Term
Frequency (dt. Termfrequenz) $tf_{i,j}$ zeigt die Häufigkeit des Vorkom-
mens eines Termes i im Text j. Die Inverse Document Frequency (dt.
Inverse Dokumentfrequenz) idf_i misst die allgemeine Bedeutung des
Termes i für die Gesamtmenge der betrachteten Texte $N = |T|$:

$$idf_i = \log \frac{N}{n_i} \tag{7.1}$$

Hierbei entspricht n_i der Anzahl der Texte im Korpus, die den Term
i beinhalten. Das Gewicht eines Termes i im Text j ist nach dem
TF-IDF-Verfahren (Salton, 1989):

$$w_{i,j} = tf_{i,j} \cdot idf_i \tag{7.2}$$

Das Gewicht eines Termes ist umso größer, je öfter der Term innerhalb des Textes j und je seltener innerhalb des gesamten Korpus
vorkommt. Die Terme mit den größten Gewichten stellen daher die
Schlüsselwörter des Textes dar. Als Terme können sowohl einzelne

Wörter als auch zusammenhängende Wortkombinationen angesehen werden.

Beim TF-IDF-Verfahren wird der Kontext, in dem ein Wort vorkommt, nicht berücksichtigt. So kann es sein, dass in der Textbeschreibung zu einem Buch steht „Das ist kein Buch für den, der Liebesgeschichten mag.". Der Algorithmus erkennt aber das Wort „Liebesgeschichten" als ein Schlüsselwort und das Recommender System könnte dabei eine falsche Recommendation aussprechen, wenn es durch die semantische Analyse nicht abgefangen wird.

Ein weiteres statistisches Verfahren zur Eigenschaftsanalyse ist das *Mutual-Information*-Verfahren, dessen Idee im Vergleich der Wahrscheinlichkeit des gemeinsamen Auftretens der Wörter im Text mit der Wahrscheinlichkeit ihres unabhängigen Auftretens liegt. Seien i und j zwei Wörter, die unabhängig voneinander mit den Wahrscheinlichkeiten $P(i)$ und $P(j)$ in einem Text auftreten. Sei ferner $P_F(i,j)$ die Wahrscheinlichkeit, dass die beiden Wörter i und j in einem Textfenster F einer gegebenen Länge gemeinsam auftreten. Dann ist die Mutual Information definiert durch (Klahold, 2009):

$$MI(i,j) = \begin{cases} \log_2 \frac{P_F(i,j)}{P(i) \cdot P(j)} & \text{für} \quad i \neq j \\ 1 & \text{sonst} \end{cases} \tag{7.3}$$

Je größer der Wert $MI(i,j)$ ist, desto ausgeprägter ist die Beziehung zwischen den beiden Wörtern. Für die praktische Anwendung dieser Formel muss die Länge des betrachteten Textfensters festgelegt werden.

7.2.2 Repräsentation der Eigenschaften von Elementen

Um Eigenschaften einzelner Elemente zu vergleichen, werden diese normalerweise in Form von Vektoren in einem Vektorraum dargestellt. Für Textdokumente bedeutet dies, dass jeder Text als mehrdimensionaler Vektor im Vektorraum aller im Korpus vorhandenen Wörter aufgespannt wird. Die Vektoren können entweder binär sein, d.h. jede Komponente gibt das Vorhandensein bzw. Nicht-Vorhandensein einer Eigenschaft eines Elements an oder Komponenten in Form von reellen Zahlen enthalten. Dies kann bei einem Text die Häufigkeit des Vorkommens eines Wortes im Text sein. Durch die Vereinheitlichung der Elementeneigenschaften in Vektorform können spezielle Algorithmen zum Elementenvergleich angewendet werden, auf die im nächsten Abschnitt eingegangen wird.

7.2.3 Algorithmen zur Ähnlichkeitsbestimmung

Nachdem die Eigenschaften eines Elementes durch ein oder mehrere Verfahren (s. Abschnitt 7.2.1) identifiziert und diese in Form von Vektoren repräsentiert wurden, können Verfahren angewendet werden, um die Distanz zwischen den Elementen bzw. deren Ähnlichkeit zu berechnen. Basierend auf diesen Maßen können Recommendations ausgesprochen werden.

Seien i_1 und i_2 zwei Elemente in einem Recommender System. Ein Distanzmaß für diese Elemente stellt eine reellwertige Funktion $dist(i_1, i_2)$ mit $dist(i_1, i_2) = 0$, falls $i_1 = i_2$ dar. Ein Ähnlichkeitsmaß ist eine reellwertige Funktion $sim(i_1, i_2)$ mit $sim(i_1, i_2) = 1$, falls $i_1 = i_2$ (Klahold, 2009). Je näher der Wert des Distanzmaßes zwischen den einzelnen Elementen bei Null bzw. des Ähnlichkeitsmaßes bei Eins liegt, desto ähnlicher sind sich diese Elemente. Sie werden dann Benutzern empfohlen.

Zur Berechnung der beiden Maße stehen mehrere Methoden zur Verfügung , wie z.B. *Kosinus-Ähnlichkeitsmaß, Pearson-Korrelationskoeffizient, Overlap-Koeffizient, Jaccard-Koeffizient, Dice-Koeffizient, Mutual Information* für das Ähnlichkeitsmaß und *Euklidischer Abstand* für das Distanzmaß. Aus Platzgründen wird an der Stelle auf die Beschreibung einzelner Methoden verzichtet. Diese kann Klahold (2009, S. 71-76) entnommen werden.

Sehr häufig wird in Recommender Systems der *Nearest-Neighbor-Algorithmus* verwendet (Dasarathy, 1991). Bei diesem Verfahren werden für ein Element bzw. einen Benutzer die ähnlichsten Elemente bzw. Benutzer (die nächsten Nachbarn) durch Recommender Systems ermittelt. Der Nearest-Neighbor-Algorithmus benutzt oft die oben erwähnten Methoden zur Berechnung eines Distanz- bzw. Ähnlichkeitsmaßes. Ein Beispiel der Anwendung des Verfahrens wird in Abschnitt 7.3.3 vorgestellt.

In manchen Situationen werden einzelne Elemente bzw. Benutzer nicht explizit miteinander verglichen, sondern lediglich gruppiert. Zu diesem Zweck können Klassifikationsverfahren eingesetzt werden, wie beispielsweise *Neuronale Netze* (Zell, 1997), *Minimum Description Length (MDL)*, *Naiver Bayes-Klassifikator (NBK)*, *ID3* und *K-Means-Clustering* (Klahold, 2009, S. 77-86). Diese Verfahren werden u.a. bei modellbasierten Collaborative-Filtering-Algorithmen angewendet, s. Abschnitt 7.3.3.

7.3   Collaborative Filtering Recommender Systems

Unter dem *Collaborative Filtering* (CF) im adaptiven Web versteht man den Prozess der Suche relevanter Information auf der Basis der Bewertungen anderer Benutzer, was CF vom Information Filtering unterscheidet. *Collaborative Filtering Recommender Systems* nutzen die Änlichkeit der Benutzerprofile für die Erstellung einer Recommendation (Schafer et al., 2007).

Der Benutzer hat bei CF Recommender Systems eine Doppelrolle: Zum einen ist er eine Person, die das System benutzt, um Recommendations zu bekommen, zum anderen sind Benutzer die Personen, die Elemente bewerten. Um einem neuen Benutzer Recommendations zu geben, muss ein CF Recommender System zuerst sein Benutzerprofil lernen. Hierfür wird der Benutzer oft gebeten, eine Anzahl von Elementen zu bewerten.

Die Elementbewertung eines Benutzers kann explizit, implizit oder auf beiden Wegen erfolgen. Bei einer expliziten Bewertung wird der Benutzer aufgefordert, ein Element zu bewerten. Die Bewertung kann auf einer diskreten Skala erfolgen (z.B. entsprechend den Schulnoten von 1 für „sehr gut" bis 5 für „mangelhaft"), binär („gut"/„schlecht" bzw. „angesehen"/„nicht angesehen") oder unär sein (ein angekreuztes Feld kann z.b. „interessiert" bedeuten, während ein leeres Feld verschiedene Bedeutungen haben kann: „nicht interessiert", „interessiert", „schon gekauft" usw.). Für eine Bewertung auf einer diskreten Skala braucht man normalerweise explizite Benutzereingaben. Binäre und unäre Elementbewertungen können auch implizit durch das Beobachten des Benutzerverhaltens vom Recommender System vorgenommen werden, indem das System z.b. die Information über die vom Benutzer angesehenen Seiten oder gekaufte Artikel abspeichert. Allerdings ist es offensichtlich, dass explizite Bewertungen viel mehr und vor allem präzisere Information über den Benutzer liefern.

7.3.1 Aufgaben und Eigenschaften von CF Recommender Systems

Die meisten CF Recommender Systems übernehmen folgende drei Aufgaben: Sie geben Recommendations für Elemente, die für Benutzer relevant sein können und sagen voraus, welche Bewertung der Benutzer für dieses Element geben würde. Darüber hinaus geben sie eingeschränkte Recommendations aus der Menge der relevanten Elemente, die bestimmten Bedürfnissen des Benutzers entsprechen. Zusätzlich zu diesen Aufgaben erwartet man von CF Recommender Systems, dass sie das Wissen der Community über ein bestimmtes Element, z.b. die durchschnittliche Kundenbewertung für ein Buch, liefern können, sowie Benutzer mit ähnlichen Interessen miteinander verbinden. Diese Aufgaben werden jedoch nicht von allen CF Recommender Systems unterstützt (Schafer et al., 2007).

Damit ein CF Recommender System optimal seine Aufgaben erledigen kann, müssen bestimmte Voraussetzungen erfüllt werden, die sich in drei Gruppen aufteilen lassen. In der Gruppe *Data Distribution* fasst man die Anforderungen bzgl. der Anzahl der Elemente und Elementbewertungen zusammen. Das System muss viele Elemente besitzen, damit es für Benutzer sinnvoll wäre, es zu benutzen. Für jedes Element müssen mehrere Benutzerbewertungen vorliegen, damit das System qualitative Recommendations aussprechen kann. Es müssen viel mehr Benutzerbewertungen vorliegen, als es Elemente im System gibt und jeder Benutzer muss mehr als ein Element bewerten. Als *Underlying Meaning* werden die Anforderungen bezüglich der *grundlegenden Bedeutung der Daten* bezeichnet. Für jeden Benutzer müssen auf dem Portal (in der Community) andere Benutzer mit gemeinsamen Bedürfnissen oder Präferenzen vorhanden sein. Es ist schwierig, für ein CF Recommender System eine Recommendation für einen Benutzer mit ausgefallenem Geschmack zu geben, wenn keine ähnlichen Benutzer vorhanden sind. Elementbewertungen müssen auf eigenem Geschmack des Benutzers basieren. Der Einsatz eines CF Recommender Systems ist nur dann sinnvoll, wenn subjektive Bewertungen von Benutzern einbezogen werden. Die Elemente eines Portals müssen bezüglich ihrer objektiven Eigenschaften homogen sein. Außerdem besteht die Anforderung an die *Beständigkeit der Daten* (*Data Persistence*). Diese Anforderung verlangt, dass sowohl Elemente als auch Benutzerpräferenzen über längere Zeitspannen beständig bleiben sollen. Nur wenn die oben genannten Anforderungen erfüllt sind, erscheint der Einsatz eines CF Recommender Systems sinnvoll (Schafer et al., 2007).

7.3.2 Benutzerprofil

Ein Benutzerprofil wird in den meisten Recommender Systems verwendet. Bei Content-based Recommender Systems werden basierend auf den Eigenschaften der Elemente Recommendations ausgesprochen, die zu dem Profil eines einzelnen Benutzers passen. Bei Collaborative Filtering Recommender Systems spielt das Benutzerprofil eine wesentlich größere Rolle. Hier werden Recommendations auf der Grundlage der Ähnlichkeit des Profils eines Benutzers zu den Profilen anderer Benutzer ausgesprochen. Die Eigenschaften der Elemente spielen dabei eine untergeordnete Rolle.

Man unterscheidet zwischen einem *flüchtigen* Benutzerprofil, welches nur innerhalb einer Session zur Verfügung steht und einem *persistenten* Benutzerprofil, welches über einen längeren Zeitraum erhalten bleibt. Um ein persistentes Benutzerprofil zu erzeugen, muss der Benutzer erkannt werden, was eine Anmeldung bei einem Portal voraussetzt (Klahold, 2009).

Das Benutzerprofil kann verschiedene Angaben über einen Benutzer enthalten, die vom Benutzer explizit oder vom Recommender System implizit vorgenommen werden. Falls sich ein Benutzer bei einem Portal registrieren lässt, werden von ihm üblicherweise explizite Angaben, wie z.b. sein Geschlecht, Alter oder Wohnort verlangt. Zur manuellen Erstellung des Benutzerprofils kann vom Recommender System weiterhin ein Interface zur Verfügung gestellt werden, welches dem Benutzer eine Auswahl von Attributen (Checkboxen, wie z.b. Interessengebiete beim Buchkauf) oder eine Freitexteingabe (Autorennamen bei Büchern, Musikernamen usw.) ermöglicht. Das Problem der manueller Eingabe besteht darin, dass der Benutzer dazu bewegt werden muss, seine Interessen preiszugeben. Bei der Änderung der Interessen des Benutzers muss dieser sie selbst korrigieren. Weiterhin werden in das Benutzerprofil explizite Benutzerbewertungen für einzelne Elemente aufgenommen.

Bei der automatischen Erstellung des Benutzerprofils beobachtet das System das Verhalten des Benutzers und speichert dieses intern ab. Diese implizite Information über den Benutzer kann unter anderem die Interaktionsgeschichte enthalten, d.h. vom Benutzer angesehene oder gekaufte Elemente, Zeitpunkt der Aufnahme der Elemente ins Profil, Besuchshäufigkeit einer Seite usw.

7.3.3 Collaborative-Filtering-Algorithmen

Bei CF Recommender Systems wird die Korrelation zwischen Elementbewertungen einzelner Benutzer berechnet, um ähnliche Benutzer zu finden. Die Bewertungen ähnlicher Benutzer sind die Grundlage für die Erstellung einer Recommendation. CF-Algorithmen teilen sich in speicherbasierte und modellbasierte Algorithmen auf. Bei den speicherbasierten werden Berechnungen zur Laufzeit über die komplette Datenmatrix, die alle Elemente, Benutzer und Benutzerbewertungen enthält (s. einen Ausschnitt davon in Tabelle 7.2), durchgeführt. Bei großen Datenmengen und Benutzerzahlen ist dieses Vorgehen sehr zeit- und speicherintensiv.

Bei den modellbasierten Algorithmen wird die Auswertung der Datenmatrix periodisch (da immer neue Elemente, Benutzer und Benutzerbewertungen dazu kommen) offline produziert und ein Modell erstellt, das zur Laufzeit benutzt wird. Durch den Einsatz eines Modells werden Recommendations deutlich schneller ausgesprochen. Deren Qualität kann aber der Qualität einer Recommendation bei einem speicherbasierten Algorithmus unterliegen, da im Modell nicht alle Daten berücksichtigt werden. Um die Laufzeit-Komplexität zu verringern, benutzen fast alle Recommender Systems eine Vorberechnung. Deshalb werden in den meisten Fällen modellbasierte Algorithmen angewendet (Schafer et al., 2007).

Bei speicherbasierten Algorithmen benutzt man meist statische Algorithmen, wie z.B. den Nearest-Neighbor-Algorithmus. Bei modellbasierten Algorithmen werden am häufigsten Clusterbildung und Bayes'sche Netze angewendet.

Weiterhin kann man CF-Algorithmen in benutzerbezogene und elementbasierte aufteilen (Klahold, 2009). Bei einem benutzerbezogenem Algorithmus werden die Benutzer gefunden, die dem Benutzer am nächsten sind, d.h. die Benutzer derer Bewertungen für viele Elemente übereinstimmen. Dem Benutzer können dann die Elemente vorgeschlagen werden, die die ähnlichen Benutzer am besten finden.

Die Funktionsweise des benutzerbasierten CF-Algorithmus wird am Beispiel eines Ausschnitts einer Benutzer-Bewertungsmatrix für Bücher (s. Tabelle 7.2) betrachtet. Die Einträge präsentieren Benutzerbewertungen einzelner Bücher auf einer Skala von 1 bis 5. Kein Eintrag in einer Zelle der Tabelle bedeutet, dass der Benutzer das Buch noch nicht bewertet hat.

Will das Recommender System Theresa ein Buch vorschlagen, so wird zuerst festgestellt, dass die Benutzer Marie und Mark Theresa am ähnlichsten sind, weil ihre Bewertungen für viele Bücher (2, 3 und 4) übereinstimmen. Da Theresa die Bücher 1 und 5 noch nicht bewertet hat, wird vermutet, dass sie diese noch nicht gelesen hat. Weil Marie und Mark das Buch 1 gut bewertet haben, wird Theresa

	Buch 1	Buch 2	Buch 3	Buch 4	Buch 5
Theresa		2	1	3	
Robert	4	3			2
Marie	1	2	1	3	3
Julian	5	4		1	
Mark	2	2	1	3	4

Tabelle 7.2: Bücherbewertung

eine Recommendation für dieses Buch gegeben. Das Buch 5 kann dagegen aufgrund der schlechten Bewertung von Marie und Mark nicht empfohlen werden, da basierend auf der Ähnlichkeit der Benutzerprofile von Theresa, Marie und Mark vermutet wird, dass das Buch Theresa auch nicht gefallen würde (Schafer et al., 2007).

Bei elementbasierten Algorithmen wird offline die Ähnlichkeit zwischen den Elementen berechnet. Zur Laufzeit wird für den Benutzer ein Element ermittelt, das den Elementen am ähnlichsten ist, die er am besten bewertet hat. Das Prinzip der beiden Algorithmen wird nun am Beispiel des Nearest-Neighbor-Algorithmus vorgestellt.

Der *Benutzerbasierte Nearest-Neighbor-Algorithmus* arbeitet auf Basis ähnlicher Benutzerprofile (Schafer et al., 2007). Es wird dabei die Voraussage *pred* generiert, inwieweit ein Element i für einen Benutzer u relevant ist, basierend auf der Bewertung r_{ni} dieses Elements durch die Benutzer n, die die nächsten Nachbarn von u sind:

$$pred(u, i) = \frac{\sum_{n \subset neighbors(u)} r_{ni}}{number\ of\ neighbors} \qquad (7.4)$$

Da die nächsten Nachbarn dem Benutzer u jedoch unterschiedlich ähnlich sind, kann man die vorige Gleichung um die Gewichtung der Ähnlichkeit $userSim(u, n)$ zwischen dem Benutzer u und jedem seiner nächsten Nachbarn n erweitern:

$$pred(u, i) = \frac{\sum_{n \subset neighbors(u)} userSim(u, n) \cdot r_{ni}}{\sum_{n \subset neighbors(u)} userSim(u, n)} \qquad (7.5)$$

Die Ähnlichkeit der Benutzer kann durch die Verfahren berechnet werden, die im Abschnitt 7.2.3 beschrieben wurden. Weiterhin könnte man berücksichtigen, dass Benutzer in ihren Bewertungen sehr unterschiedlich sein können. So kann es sein, dass ein Benutzer Elemente auf einer Skala von 1 bis 5 mit maximal 2 für „gut" bewertet, auch in dem Fall, wenn ihm ein Element sehr gut gefällt. Ein anderer Benutzer kann hingegen zur Überbewertung im Durchschnitt neigen. Um das zu kompensieren, wird die Gleichung um die Mittelwerte $\bar{r}_u$ und $\bar{r}_n$ der Benutzerbewertungen erweitert:

$$pred(u, i) = \bar{r}_u + \frac{\sum_{n \subset neighbors(u)} userSim(u, n) \cdot (r_{ni} - \bar{r}_n)}{\sum_{n \subset neighbors(u)} userSim(u, n)} \qquad (7.6)$$

Der hier vorgestellte Benutzerbasierte Nearest-Neighbor-Algorithmus ist sehr zeitintensiv. Bei Tausenden von Elementen und Benutzern eines Portals ist es nicht möglich, innerhalb kürzester Zeit eine Recommendation zu geben. Deshalb wurde nach Lösungen gesucht, um die Zeitintensivität dieses Algorithmus zu verringern. Beim *Clustering* werden alle Benutzer basierend auf ihren Bewertungen offline in Gruppen (Cluster) geteilt, die aus ähnlichen Benutzern bestehen. Zur Ermittlung der Nachbarschaft für einen gegebenen Benutzer wird ein Cluster ermittelt, zu dessen Teilnehmern der Benutzer am nächsten ist (s. Klassifikationsverfahren, Abschnitt 7.2.3). Weitere Berechnungen erfolgen nur innerhalb dieses Clusters.

Der *Elementbasierte Nearest-Neighbor-Algorithmus* ist eine Modifizierung des Benutzerbasierten Nearest-Neighbor-Algorithmus, wobei die Voraussage über ein für einen Benutzer relevantes Element nicht auf Basis der Ähnlichkeit der Benutzerprofile, sondern auf den Ähnlichkeiten zwischen den Elementen basiert. Dabei werden Benutzerbewertungen für ähnliche Elemente einbezogen.

Für einen Benutzer u und ein Element i wird die Voraussage *pred* generiert, die auf den Elementbewertungen des Benutzers u basiert. Dabei wird die Ähnlichkeit *itemSim* zwischen dem Element i und den anderen Elementen j aus den Bewertungen anderer Benutzer berücksichtigt (Schafer et al., 2007):

$$pred(u, i) = \frac{\sum_{j \in ratedItems(u)} itemSim(i, j) \cdot r_{uj}}{\sum_{j \in ratedItems(u)} itemSim(i, j)} \qquad (7.7)$$

Die Ähnlichkeit zwischen den Elementen wird mit den in Abschnitt 7.2.3 genannten Methoden berechnet.

Die Funktionsweise des oben beschriebenen Verfahrens wird am folgenden Beispiel veranschaulicht. In der Tabelle 7.3 sind Benutzerbewertungen für Bücher 1 bis 5 angegeben. Die Aufgabe des Recommender Systems besteht darin, die Bewertung des Buches 1 für den Benutzer Theresa vorauszusagen. Zu diesem Zweck wird zuerst die Ähnlichkeit des Buches 1 mit den anderen Büchern, die Theresa bereits bewertet hat, berechnet. Diese Ähnlichkeit wird aufgrund der Bewertungen aller anderen Benutzern bestimmt. Angenommen, für die Bücher wurden die folgenden Ähnlichkeitswerte bestimmt:

itemSim(Buch 1, Buch 2) $= 0,95$
itemSim(Buch 1, Buch 3) $= 0,15$
itemSim(Buch 1, Buch 4) $= 0,1$

	Buch 1	Buch 2	Buch 3	Buch 4	Buch 5
Theresa		5	1	1	
Robert	4	3	1	1	2
Marie	1	1	4	5	3
Julian	4	4	2	1	5
Mark	2	2	5	5	4

Tabelle 7.3: Bücherbewertungen beim Elementbasierten Nearest-Neighbor-Algorithmus nach (Schafer et al., 2007)

Der Wert *itemSim*(Buch 1, Buch 5) wird nicht benötigt, da Theresa das Buch 5 nicht bewertet hat. Es ist bereits ersichtlich, dass die Bücher 1 und 2 ähnliche Bewertungen bekamen. Deshalb ist es zu vermuten, dass Theresas Bewertung für das Buch 1 ähnlich zu ihrer Bewertung für das Buch 2 ausfallen kann. Tatsächlich berechnet man nach der obigen Formel:

$pred$(Theresa,Buch 1) $= 0,95 \cdot 5 + 0,15 \cdot 1 + 0,1 \cdot 1 \approx 4,2$.

7.4 Herausforderungen für Content-based und Collaborative Filtering Recommender Systems

Jedes der beiden Konzepte des Aufbaus eines Recommender Systems, Content-based Filtering und Collaborative Filtering, besitzt eine Reihe von Vorteilen und ist andererseits mehr oder weniger für eine Reihe von Problemen anfällig. Content-based Recommender Systems zeichnen sich durch die Transparenz der Recommendations aus. Bei diesen Systemen können Recommendations für neue Elemente gegeben werden, ohne auf die Bewertung der Benutzer, wie bei CF Recommender Systems, zu warten. Andererseits benötigen Content-based Recommender Systems Inhalte für die Analyse der Elemente. Dabei kann das *Spärlichkeitsproblem* (engl. *sparsity*) auftauchen, wenn z.B. keine ausreichende textuelle Beschreibung von Elementen vorhanden ist. Andererseits sind manche Inhalte für Content-based Filtering schwer erreichbar und präsentierbar (wie z.B. bei Musik, Videos oder Filmen). CF Recommender Systems brauchen keine Inhalte für ihre Recommendations. Bei der Suche eines Benutzers nach bestimmter Musik in guter Qualität, kann ein Content-based Recommender System ihm normalerweise kaum helfen. Ein CF Recommender System hat aber kein Problem damit, falls entsprechende Bewertungen der Benutzer vorhanden sind. Ein weiteres Problem bei Content-based Recommender Systems ist die *Überspezialisierung*: Wenn die Anfrage zu speziell formuliert ist, können evtl. keine Recommendations gegeben werden, da kein ähnliches Element gefunden werden kann (Schafer et al., 2007).

Ein großer Vorteil bei CF Recommender Systems besteht darin, dass sie keine beschreibende Inhalte für einzelne Elemente brauchen, um Recommendations auszusprechen. Durch die verwendeten Benutzerbewertungen sind sie in vielen Bereichen flexibel einsetzbar und eignen sich für qualitative Cross-Genre-Recommendations, d.h. Recommendations für Elemente aus verschiedenen Kategorien. Andererseits ist bei CF Recommender Systems besonders das *Kaltstartproblem* (engl. *cold start*) ausgeprägt, das bei allen Recommender Systems, bei denen Learning-based-Verfahren im Hintergrund stehen (Collaborative Filtering, Content-based, Case-based und Demographic Recommender Systems) auf eine oder andere Weise stattfindet (Burke, 2007). Ein neues Element kann dabei so lange nicht empfohlen werden, bis es von den Benutzern bewertet wird. Bei einem neuen Benutzer muss zuerst sein Benutzerprofil bekannt werden, damit für ihn eine Recommendation ausgesprochen wird. Dazu soll der Benutzer erstmals eigene Aktionen durchführen, durch die eine explizite oder implizite Bewertung von Elementen vorgenommen wird.

Das Spärlichkeitsproblem bei CF Recommender Systems besteht darin, dass oft eine große Anzahl der auf dem Portal vorhandenen Elemente von Benutzern nicht bewertet wird. Je größer die Spärlichkeit der Bewertungen ist, desto schwieriger ist es, einen Benutzer mit einem ähnlichen Profil zu finden und somit eine qualitative Recommendation auszusprechen. Das Problem ist besonders bei thematischen Nischen ausgeprägt.

Manchmal taucht im Bereich der E-Commerce der *Lemming-Effekt* auf. Im Gegensatz zum Standardkundenverhalten, bei dem eine naturliche Hürde vorhanden ist, vom System empfohlene Produkte anzuschauen bzw. zu kaufen, entfällt diese bei sehr populären Artikeln. Bei sehr vielen Zugriffen auf das Produkt, insbesondere beim Kauf, wird dieser verstärkt empfohlen, auch in den Fällen, in denen keine Ähnlichkeit zu den anderen Produkten festgestellt werden kann (Klahold, 2009).

Weiterhin tritt bei CF Recommender Systems ein sogenanntes *Stabilität vs. Plastizität*-Problem auf: Sobald ein Benutzerprofil im System etabliert ist, ist es schwierig, die Präferenzen eines Benut-

zers implizit zu ändern. Ein Trickfilm-Fan, der inzwischen Horror-
filme lieber anschaut, wird noch ziemlich lange Recommendations
für neue Trickfilme bekommen, bis seine Bewertungen sein Profil
ändern. Manche adaptive Systeme lösen dieses Problem dadurch,
dass die neuen Bewertungen mehr Gewicht als die alten bekommen.
Das allerdings verursacht die Gefahr, die Information über die lang-
fristigen aber sporadischen Interessen eines Benutzers zu verlieren.
Ein Benutzer kann sich z.B. für Naturkatastrophen interessieren,
aber nur wenn diese aktuell in der Welt passieren (Burke, 2007).

Ein weiteres Problem, das primär bei CF Recommender Systems
vorkommen kann, entsteht durch das absichtlich unehrliche Verhalten der Benutzer oder Firmen. Dadurch besteht die Möglichkeit,
dass die Bewertungen einzelner Elemente gefälscht werden, wobei
die benutzerbasierten Algorithmen anfälliger für das Problem sind
als die elementbasierten. Diese sogenannte *„Shilling-Attacken"* haben mehr Einfluss, als es ursprünglich angenommen wurde: Sie beeinflussen Recommendations nicht nur durch falsche Bewertungen,
sondern können auch andere Benutzer dazu bewegen, ihre eigene
Bewertungen an die gefälschten anzupassen (Schafer et al., 2007).

7.5   Weitere einfache Recommender Systems

Neben den bekanntesten Recommender Systems, Collaborative Filtering und Content-based, existieren weitere Typen, die hier nur kurz
beschrieben werden. Bei einem *Demographic Recommender System*
(Burke, 2007) werden Recommendations basierend auf dem demografischen Profil des Benutzers gegeben. Die empfohlenen Elemente
können für verschiedene demografische Nischen produziert werden.
Dabei werden die Bewertungen der Benutzer aus diesen Nischen verwendet. Als Beispiel können hier Jugendliche dienen, denen man
Schuhe einer bestimmten Marke (z.B. Chucks) empfiehlt, weil diese
von den meisten Kunden aus dieser demografischen Nische gekauft
wurden. Ähnlich den CF Recommender Systems sind Demographic
Recommender Systems in der Lage, Beziehungen zwischen verschie-

denen Nischen zu identifizieren und den Benutzer dazu zu bewegen, die vertraute Nische zu verlassen.

Content-based und CF Recommender Systems liefern optimale Recommendations für Benutzer, deren Präferenzen bekannt sind. Das setzt u.a. die Mitarbeit des Benutzers voraus, um eigene Präferenzen dem System möglichst detailliert bekannt zu geben. Ein *Knowledge-based Recommender System* (Burke, 2001) benutzt explizites Wissen darüber, wie bestimmte Elementeigenschaften die Benutzerbedürfnisse erfüllen, um Recommendations auszusprechen. Dabei werden Recommendations basierend auf den Rückschlüssen über die Bedürfnisse und Vorlieben eines Benutzers gegeben. Ein Problem stellt bei diesem Ansatz der *Knowledge Engineering Bottleneck* (dt. Flaschenhals) dar. Allerdings sind Knowledge-based Recommender Systems nicht auf historische Benutzerdaten angewiesen und benötigen kein Retraining, um das Wissen über die Benutzerpräferenzen zu ändern (Burke, 2007).

Case-based Recommender Systems (Smyth, 2007) ist eine Form von Content-based Recommender Systems, die insbesondere im Bereich E-Commerce angewendet wird, um Recommendations für Elemente mit einer klar definierten Menge von Merkmalen (z.B. Preis, Farbe, Marke usw.) zu geben.

7.6 Hybrid Recommender Systems

Die Vor- und Nachteile von Content-based und CF Recommender Systems, die in Abschnitt 7.4 beschrieben wurden, zeigen, dass die beiden Konzepte als komplementär angesehen werden können. Die Vorteile von Content-based Recommender Systems sind oft die Nachteile von CF Recommender Systems und umgekehrt. Um die Nachteile dieser und der anderen Konzepte (s. Abschnitt 7.5) möglichst zu beheben und die Qualität der Recommendations zu erhöhen, werden *Hybrid Recommender Systems* entwickelt, bei deren Realisierung die früher beschriebenen Konzepte miteinander verbunden werden.

Manche Hybrid Recommender Systems kombinieren verschiedene Implementierungen des gleichen Konzeptes (Billsus und Pazzani, 2000), öfter werden aber verschiedene Konzepte der Realisierung der Recommender Systems miteinander kombiniert.

	Weighted	Mixed	Switching	Feature Combination	Cascade	Feature Augmentation	Meta-level
CF/CN	+	+	+	+	+	+	
CF/DM	+						x
CF/KB	+		+	x			
CN/CF	−	−	−	−			+
CN/DM	+			+			x
CN/KB			x				
DM/CF	−	−	−	−			x
DM/CN	−	−	−	−			
DM/KB			x				
KB/CF	−	−	−	−	+	+	
KB/CN	−	−	−	−			
KB/DM	−	−	−	−			x

CF	Collaborative	+	Implementierung existiert
CN	Content-based	−	redundant
DM	Demographic	x	nicht möglich
KB	Knowledge-based		

Tabelle 7.4: Hybrid-Recommender-Systems-Kombinationen nach Burke (2007)

Burke beschreibt in seiner Arbeit sieben Typen von Hybrid Recommender Systems. So werden beim *Weighted*-Typ die Bewertungen von verschiedenen Recommender-Komponenten durch die einfache gewichtete Mittelung kombiniert, um eine einzelne Bewertung zu erhalten. Beim *Switching* Hybrid Recommender System wechselt das System je nach Situation zwischen Recommender-Komponenten. *Mixed* Hybrid Recommender Systems zeigen die Recommendations von verschiedenen Recommender Systems gleichzeitig an. Beim *Cascade*-Typ werden Recommendations durch eine Recommendation-Technik berechnet und sind dabei die Eingabedaten für die zweite Technik. Beim *Meta-level* Recommender wird das von einem Recommender System gelernte Modell die Eingabe des anderen Recommender System. Die ausführliche Beschreibung dieser und weiterer Typen von Hybrid Systems ist Burke (2002) zu entnehmen.

In Burke (2007) werden Hybrid Recommender Systems untersucht, die auf zwei verschiedenen Konzepten der Realisierung der Recommender Systems basieren. Dabei wird besonders die Lösung des Kaltstart-Problems angestrebt und untersucht, welche Hybride für welche Bereiche am besten passen. Die möglichen Hybrid Recommender Systems, die durch eine Doppelkombination der vier Grundkonzepte, Content-based Filtering, Collaborative Filtering, Demographic und Knowledge-based, und der sieben oben genannten Aufbautypen entstehen, sind in Tabelle 7.4 dargestellt. Die Reihenfolge der Anwendung einzelner Verfahren spielt dabei oft eine Rolle. Andererseits sind manche Kombinationen identisch zu den anderen oder nicht realisierbar.

Es gibt derzeit nur wenige Studien, die verschiedene Hybrid Systems, die mit denselben Daten arbeiten, vergleichen. So vergleicht Burke (2007) in seiner Arbeit 41 Hybrid Systems, die auf Basis von Collaborative-, Content-based- und Demographic-Komponenten gebaut wurden und untersucht diese Systeme für die Vergabe von Restaurant-Recommendations. Wichtige Fragen dabei sind, welche Hybride nicht realisierbar sind, welche keine positiven Ergebnisse bringen und welche die Qualität der Recommendations im Vergleich zu Recommendations jeder einzelnen Komponente deutlich erhöhen.

Es wurde gezeigt, dass verschiedene Typen der Hybrid Recommender Systems sich grundsätzlich bei ihrer Effizienz unterscheiden. Cascade Recommender Systems waren sehr effektiv, weil bei ihnen eine erste grobe Recommendation durch das Einsetzen der zweiten Recommender-Komponente verfeinert wurde.

Darüber hinaus wurde festgestellt, dass eine Knowledge-based-Komponente als eine Zusatzkomponente in einem Hybrid Recommender System einen positiven Einfluss auf die Qualität der Recommendation hat. Leider kann man in vielen Arbeiten nicht feststellen, ob die gewonnenen Ergebnisse für alle Anwendungsbereiche verallgemeinert werden können. Die Beschreibung des Aufbaus einiger in den Portalen realisierten Hybrid Recommender Systems kann Klahold (2009, S.144-154) entnommen werden.

7.7 Qualität von Recommendations

Um die Arbeit eines Recommender Systems bewerten zu können, ist es wichtig, die Qualität der von ihm gegebenen Recommendations abschätzen zu können. Bei manchen Portalen kann diese Information leicht von Benutzeraktivitäten abgeleitet werden. So kann man bei Amazon eine Recommendation als eine sehr erfolgreiche bezeichnen, wenn ein Benutzer das empfohlene Buch gekauft hat. Bei Nachrichten könnte man vermuten, dass eine gelesene Nachricht eine gute Recommendation darstellt. Im Fall eines empfohlenen Facharztes kann man i.d.R. nicht nachvollziehen, ob der Benutzer die Recommendation gut fand, falls keine Bewertung von ihm gegeben wurde.

Formal ausgedrückt benötigt man für die Bewertung der Qualität von Recommendations eine eindeutige mengenwertige Funktion f, die zu einem gegebenen Kontext K eine Menge der besten Recommendations $R_1, R_2, \cdots, R_n$ liefert (Klahold, 2009):

$$f(K) = \{R_1, R_2, \cdots, R_n\} \qquad (7.8)$$

Wenn eine solche Funktion existieren würde, könnte man die Qualität eines Recommender Systems einfach bewerten, indem man seine

Ausgabe mit dem Wert der Funktion f vergleicht. Falls diese identisch sind, arbeitet das Recommender System optimal. Das Problem dabei ist, dass Recommender Systems typischerweise in sehr komplexen Umgebungen eingesetzt werden, für die sich die Funktion f nicht explizit definieren lässt. Eine andere Möglichkeit, die Qualität von Recommendations zu bewerten, ist die Bewertung der *Relevanz* der Recommendations durch die Benutzer. Das erfordert jedoch eine durch eine große Anzahl von Benutzern über einen längeren Zeiraum durchgeführte Evaluation, was sich in der Praxis nicht immer realisieren lässt.

Ein theoretisches Maß für die Qualität der Recommendations kann durch *Recall* und *Precision* (Salton, 1989; Salton und McGill, 1987) beschrieben werden. Als Recall bezeichnet man den Anteil der gefundenen relevanten Elemente aus der Gesamtmenge der relevanten Elemente. Die Precision zeigt den Anteil der relevanten Elemente in den gefundenen Elementen.

7.8 Aktuelle Entwicklungen bei Recommender Systems

Gegenwärtig stellen Hybrid Recommender Systems den Gegenstand der intensiven Forschung dar. Es ist inzwischen anerkannt, dass es kein einziges Konzept gibt, das für jedes Recommendation Szenario optimal wäre. Als Ergebnis werden Hybrid Recommender Systems auf der Grundlage der einfachen Konzepte entwickelt und untersucht, für welche Szenarien bestimmte Systemhybride am besten geeignet sind (Burke, 2007).

Case-based Recommender Systems gewinnen derzeit an Bedeutung und sind inzwischen mit Content-based und Collaborative Filtering Recommender Systems gleichberechtigt (Smyth, 2007). Besonders im Bereich E-Commerce spielen diese Systeme eine zunehmende Rolle. Eine wichtige Aufgabe von Case-based Recommender Systems, wie aber auch von den anderen Systemen, sieht Smyth

(2007) darin, dass sie ihre Recommendations transparent aussprechen und Benutzer z.b. über Produkteigenschaften aufklären.

Eine wichtige Entwicklung in Web 2.0 hängt stark mit dem Social
Tagging zusammen. Benutzer können Elementen Schlagwörter (engl.
Tags) zuweisen, durch die eine kurze Annotation zu den Elementen
geliefert wird. Je nach der Realisierung, können Tags aus einer Liste
vordefinierter Tags oder frei angegeben werden. Die daraus entste-
hende Folksonomy, eine von Benutzern erstellte Taxonomie, trägt
stark zur Personalisierung im Web bei. Das Thema Social Tagging
wird in Kapitel 2 ausführlich behandelt.

In der Arbeit von de Gemmis et al. (2008) wird untersucht, ob
die Einführung von Tags in ein Content-based Recommender System die Qualität der Recommendations erhöht. Bei diesem Ansatz
erfolgt das Lernen von Benutzerprofilen auf Basis einer statischen,
textuellen Beschreibung der Elemente und Tags. Dabei werden Benutzerprofile präzisiert. Die Folksonomy sagt auch etwas über die Benutzerinteressen aus, sie kann man in die Algorithmen des Content-
based Filtering integrieren. Die Identifizierung der Benutzerinteressen geschieht nicht nur auf Basis der personalisierten Tags, sondern
auch der sozialen Tags, die durch andere Benutzer entstehen. Ein
auf diesem Ansatz basierendes Hybrid Recommender System wurde
im Rahmen des Projektes mit den Daten der Vatikan-Bildgalerie angewendet. Das Projekt hat gezeigt, dass die Einführung von Tags in
ein Content-based Recommender System die Precision der Recommendation im Vergleich zu der Benutzung eines solchen Systems
ohne Tags erhöht. Es wurden persönliche, die von einem Benutzer
eingefügten, und soziale, die von allen Benutzern eingefügten, Tags
vergeben.

In der Arbeit von Nauerz et al. (2008) wird ein Konzept vorgestellt, bei dem Benutzer personalisierte Recommendations von Hintergrundinformationen, basierend auf der automatischen Extraktion
von Metadaten, erhalten. Wenn ein Benutzer einen Artikel auf einem Web-Portal liest, in dem bestimmte Personen, Begriffe, Städte
erwähnt werden, muss er ein neues Browser-Fenster öffnen, um in
diesem nach weiteren Informationen zu recherchieren. Die Idee des

in der Arbeit vorgestellten Konzepts liegt darin, dass wenn der Benutzer mit der Maus über einem Namen fährt, sich in einem Fenster die Information über diese Person öffnet. Wird der Mauszeiger über den Stadtnamen geführt, so erscheint ein Google-Maps[4]-Fenster. Bei einem Begriff kommt die automatische Information aus Wikipedia[5].

Durch die automatische Analyse der Inhalte von Elementen, werden Named Entities wie Personennamen, Orte und Firmennamen sowie spezielle Begriffe identifiziert, die den bestimmten Named-Entity-Typen zugewiesen werden. In Abhängigkeit des zugehörigen Named-Entity-Typs werden Named-Entities mit einer Anwendung assoziiert: Orte beispielsweise mit Google Maps, Personen z.B. mit den Personalseiten einer Firma usw. Ein wichtiger Punkt ist, dass die Benutzerinteressen bzw. das Benutzerprofil unbedingt berücksichtigt werden müssen. Es muss dem Benutzer nur die für ihn relevante Information geliefert werden und nicht die, die er schon kennt oder diejenige, die ihn nicht interessiert.

7.9 Zusammenfassung

Im vorliegenden Beitrag wurden die grundlegenden Konzepte und Techniken von Recommender Systems sowie deren Herausforderungen kurz beschrieben. Inzwischen werden Recommender Systems bei vielen Internet-Portalen eingesetzt, unter anderem bei Informations- und Nachrichten-, E-Learning-Portalen und insbesondere im Bereich E-Commerce.

Durch die Personalisierung der angebotenen Information helfen Recommender Systems dem Benutzer, die für ihn relevanten Inhalte im Internet zu finden. Um einem Benutzer personalisierte Recommendations geben zu können, benötigen Recommender Systems Daten über diesen Benutzer, und je mehr Information zur Verfügung steht, desto präziser können Recommendations sein. Deshalb hängt die Entwicklung von Recommender Systems mit den Problemen des

---

[4]http://maps.google.de
[5]http://www.wikipedia.de

Datenschutzes und der Datensicherheit zusammen (s. dazu Kobsa, 2007).

Zum heutigen Zeitpunkt lässt sich festhalten, dass viele Algorithmen, die den Recommender Systems zu Grunde liegen, in manchen Fällen sehr effektiv arbeiten und in manchen Fällen fehlschlagen können. Deswegen wird die weitere Entwicklung von Recommender Systems höchstwahrscheinlich in die Richtung der Hybrid Recommender Systems gehen, wobei versucht wird, die Probleme der einfachen Recommender Systems zu umgehen und optimale Hybride für bestimmte Anwendungsbereiche zu konzipieren.

Literatur

Agirre, E. und Edmonds, P. (Hrsg.) (2007). *Word Sense Disambiguation: Algorithms and Applications*, Band 33 in *Text, Speech and Language Technology*. Springer.

Bikel, D. M., Schwartz, R., und Weischedel, R. M. (1999). An Algorithm that Learns What's in a Name. *Machine Learning*, 34(1-3):211–231.

Billsus, D. und Pazzani, M. (2000). User Modelling for Adaptive News Access. *User Modeling and User-Adapted Interaction*, 10(2-3):147–180.

Brusilovsky, P., Kobsa, A., und Nejdl, W. (Hrsg.) (2007). *The Adaptive Web: Methods and Strategies of Web Personalization*, Band 4321 in *Lecture Notes in Computer Science*. Springer-Verlag.

Burke, R. (2001). Knowledge-Based Recommender Systems. In: Kent, A. (Hrsg.), *Encyclopedia of library and information science*, Band 69, S. 180–200. Marcel Dekker, Inc.

Burke, R. (2002). Hybrid Recommender Systems: Survey and Experiments. *User Modeling and User-Adapted Interaction*, 12(4):331–370.

Burke, R. (2007). Hybrid Web Recommender Systems. In Brusilovsky et al. (2007), Kapitel 12, S. 377–408.

Dasarathy, B. (Hrsg.) (1991). *Nearest Neighbor: Pattern Classification Techniques*. IEEE Computer Society Press.

de Gemmis, M., Lops, P., Semeraro, G., und Basile, P. (2008). Integrating Tags in a Semantic Content-based Recommender. In Pu et al. (2008), S. 163 – 170.

Düsterhöft, A. und Thalheim, B. (Hrsg.) (2003). *Natural language processing and information systems*, Band 29 in *Lecture Notes in Informatics*. Gesellschaft für Informatik.

Frakes, W. B. (1992). Stemming Algorithms. In: Frakes, W. B. und Baeza-Yates, R. (Hrsg.), *Information Retrieval: Data Structures and Algorithms*, Kapitel 8, S. 131–160. Prentice-Hall, NJ, USA.

Klahold, A. (2009). *Empfehlungssysteme. Recommender Systems - Grundlagen, Konzepte und Lösungen*. Vieweg+Teubner.

Kobsa, A. (2007). Privacy-Enhanced Web Personalization. In Brusilovsky et al. (2007), Kapitel 21, S. 628 – 670.

Konstan, J. A., Riedl, J., und Smyth, B. (Hrsg.) (2007). *Proceedings of the 2008 ACM Conference on Recommender Systems*.

Nauerz, A., Bakalov, F., König-Ries, B., und Welsch, M. (2008). Personalized Recommendation of Related Content Based on Automatic Metadata Extraction. In: *Proceedings of the 18th Annual International Conference on Computer Science and Software Engineering*.

Pazzani, M. J. und Billsus, D. (2007). Content-based Recommendation Systems. In Brusilovsky et al. (2007), Kapitel 10, S. 325–341.

Pu, P., Bridge, D. G., Mobasher, B., und Ricci, F. (Hrsg.) (2008). *Proceedings of the 2008 ACM Conference on Recommender Systems*.

Salton, G. (1989). *Automatic Text Processing: The Transformation, Analysis, and Retrieval of Information by Computer*. Addison-Wesley Publishing Company.

Salton, G. und McGill, M. J. (1987). *Information Retrieval - Grundlegendes für Informationswissenschaftler*. McGraw-Hill Book Company GmbH.

Schafer, J. B., Frankowski, D., Herlocker, J., und Sen, S. (2007). Collaborative Filtering Recommender Systems. In Brusilovsky et al. (2007), Kapitel 9, S. 291–324.

Smyth, B. (2007). Case-Based Recommendation. In Brusilovsky et al. (2007), Kapitel 11, S. 342 –376.

Zanker, M., Felferning, A., und Burke, R. (Hrsg.) (2008). *Proceedings of the 18th European Conference on Artificial Intelligence.*

Zell, A. (1997). *Simulation Neuronaler Netze.* Addison-Wesley.

Über die Autoren

 Petra Amann-Prazak arbeitete als Diplom-Bibliothekarin (FH) mehrere Jahre in der Stadtbibliothek Bad Kreuznach bevor sie das Aufbaustudium der Informationswirtschaft an der Hochschule der Medien in Stuttgart absolvierte. Es folgte eine mehrjährige Projektarbeit im Bereich der EDV in der Universitätsbibliothek Stuttgart. 2008 begann sie das Masterstudium der Fachrichtung Information Systems & Services an der Hochschule der Medien.

 Inna Avrutina hat ihr Informatikstudium an der Universität Stuttgart absolviert und war dort anschließend u.a. auf den Gebieten Interaktive Systeme für sensorisch Behinderte und E-Learning sowie mit Tätigkeiten in der Lehre und im redaktionellen Bereich beschäftigt. Seit 2007 ist sie als wissenschaftliche Mitarbeiterin im Masterstudiengang Information Systems & Services an der Hochschule der Medien in Stuttgart tätig.

Gunther Heinrich studierte von 2004 bis 2007 Wirtschaftinformatik an der Hochschule der Medien. Während des Studiums arbeitete er unter anderem an einem E-Learning-System im Umfeld des Sondermaschinenbaus und entwickelte in seiner Bachelorarbeit einen Avatar-Prototyp mit einfacher Texterkennung zum Einsatz als Mensch-Maschine-Interface im Kontext eines Besucherführungssystems. Im konsekutiven Masterstudiengang Information Systems & Services vertiefte er seine Kenntnisse im Bereich der Wirtschaftsinformatik. Gunther Heinrich gehört zu den Gründern des Steinbeis-Beratungszentrums Advanced Web Technology.

Hannes Meyer studierte von 2004 bis 2008 an der Hochschule der Medien im Bachelorstudiengang Wirtschaftsinformatik. Anschließend wählte er ein Masterstudium im konsekutiven Studiengang Information Systems & Services, mit Abschluss im Jahr 2010. Er ist langjähriger Mitarbeiter einer Internet-Agentur und Mitbegründer des Steinbeis-Beratungszentrums Advanced Web Technology.

Alexander Schmid beendete 2008 sein Studium an der Hochschule der Medien in der Fachrichtung Wirtschaftsinformatik (Information Systems - Bachelor of Science). Seine Abschlussarbeit widmete sich der Erstellung einer Wissensdatenbank für ein großes Software-Unternehmen. Direkt im Anschluss begann er sein Masterstudium der Fachrichtung Information Systems & Services an der Hochschule der Medien mit Abschluss im Frühjahr 2010. Er ist Mitbegründer des Steinbeis-Beratungszentrums Advanced Web Technology.

Tobias Steimer studierte von 2003 bis 2007 Online-Medien an der Hochschule Furtwangen (Bachelor of Science). Parallel dazu führte er ein eigenes Gewerbe im Bereich Web-Engineering. Im Anschluss an sein Bachelorstudium erweiterte er seine Kenntnisse in diesem Gebiet im Rahmen einer halbjährigen Auslandstätigkeit in Florida, USA. Anfang 2008 nahm er dann das Masterstudium Information Systems & Services an der Hochschule der Medien in Stuttgart auf, mit Abschluss (Master of Science) im Frühjahr 2010. Steimer zählt zu den Gründern des Steinbeis-Beratungszentrums Advanced Web Technology.

Peter Thies ist seit 2003 Inhaber der Professur für Software Engineering an der Hochschule der Medien in Stuttgart. Nach dem Studium der Informatik an der Technischen Universität Clausthal war er langjährig als Mitarbeiter am Fraunhofer-Institut für Arbeitswirtschaft und Organisation sowie an der Universität Stuttgart tätig. Im Rahmen seiner Promotion zum Dr.-Ing. an der Universität Stuttgart bearbeitete er Fragestellungen im Umfeld der Modellierung von Koordinationsanforderungen in kooperativen Arbeitsprozessen. Am Institut für Angewandte Forschung der Hochschule der Medien betreibt er den Forschungsschwerpunkt Serviceorientierte Architektur. Zudem beteiligt er sich an dem Forschungsschwerpunkt Kooperationstechnologie. Peter Thies ist Leiter des Steinbeis-Beratungszentrums Advanced Web Technology.

Schriftenreihe
Information Systems & Services

Herausgegeben von:

Prof. Dr. Peter Lehmann, Prof. Dr. Udo Mildenberger, Prof. Holger Nohr, Prof. Dr. Christian Rathke, Prof. Dr. Alexander Roos, Prof. Dr. Bettina Schwarzer, Prof. Dr. Peter Thies (Hochschule der Medien Stuttgart)

Prof. Dr. Marion Büttgen (Universität Hohenheim)

Band 1:
Melanie Mattes / Holger Nohr
Kundenorientierung
Voraussetzungen, Dimensionen und Messung
2007. 181 S. € 32,00
ISBN 978-3-8325-1636-9

Band 2:
Alexandra Trefz / Marion Büttgen
Digitalisierung von Dienstleistungen
Umsetzung und Potenziale im Bankensektor
2007. 192 S. € 32,00
ISBN 978-3-8325-1689-5

Band 3:
Holger Nohr / Alexander W. Roos
Prozess- und IT-Management in der Broadcast-Industrie
2007. 194 S. € 32,00
ISBN 978-3-8325-1714-4

Band 4:
Sabina Hreljic / Peter Lehmann / Holger Nohr
Anzeigenmanagement in Zeitschriftenverlagen
2008. 225 S. € 37,50
ISBN 978-3-8325-2011-3

Band 5:
Martin Backhaus
IT-gestütztes Rechte- und Lizenzmanagement im Rundfunk
2008. 365 S. € 43,50
ISBN 978-3-8325-2019-9

Band 6:
Holger Nohr / Jan Stillhammer / Annika Vöhringer
Kundenorientierung in der Broadcast-Industrie
2008. 423 S. € 45,50
ISBN 978-3-8325-2065-6

Band 7:
Marion Büttgen
Web 2.0-Anwendungen zur Informationsgewinnung von Unternehmen
2009. 483 S. € 46,50
ISBN 978-3-8325-2290-2

Logos Verlag Berlin
Comeniushof, Gubener Strasse 47
10243 Berlin
http://www.logos-verlag.de